网上商城采购理论与实践

《国有企业网上商城采购交易操作规范》释义

中国物流与采购联合会公共采购分会·组织编写

平庆忠·主编

彭新良　肖　政·副主编

中国财富出版社有限公司

图书在版编目（CIP）数据

网上商城采购理论与实践：《国有企业网上商城采购交易操作规范》释义／中国物流与采购联合会公共采购分会组织编写；平庆忠主编．—北京：中国财富出版社有限公司，2021.12（2023.10 重印）

ISBN 978－7－5047－7629－7

Ⅰ.①网… Ⅱ.①中… ②平… Ⅲ.①互联网络—应用—国有企业—采购—中国 Ⅳ.①F279.241－39

中国版本图书馆 CIP 数据核字（2022）第 000040 号

策划编辑	王　靖	**责任编辑**	庞冰心	**版权编辑**	李　洋
责任印制	梁　凡	**责任校对**	杨小静	**责任发行**	敬　东

出版发行	中国财富出版社有限公司		
社　　址	北京市丰台区南四环西路 188 号 5 区 20 楼	**邮政编码**	100070
电　　话	010－52227588 转 2098（发行部）		010－52227588 转 321（总编室）
	010－52227566（24 小时读者服务）		010－52227588 转 305（质检部）
网　　址	http://www.cfpress.com.cn	**排　　版**	宝蕾元
经　　销	新华书店	**印　　刷**	宝蕾元仁浩（天津）印刷有限公司
书　　号	ISBN 978－7－5047－7629－7/F・3396		
开　　本	710mm×1000mm　1/16	**版　　次**	2022 年 4 月第 1 版
印　　张	21.75	**印　　次**	2023 年 10 月第 2 次印刷
字　　数	356 千字	**定　　价**	80.00 元

网上商城采购理论与实践

《国有企业网上商城采购交易操作规范》释义

编　委　会

《国有企业网上商城采购交易操作规范》团体标准

参与起草与支持单位

组织单位：

中国物流与采购联合会公共采购分会

牵头单位：

国家电网有限公司、国网电子商务有限公司

参编单位：

国家能源集团物资有限公司
南方电网互联网服务有限公司
华润守正招标有限公司
国泰新点软件股份有限公司
北京筑龙信息技术有限公司
用友网络科技股份有限公司

支持单位：

中国中车股份有限公司
中国银联股份有限公司
中国移动通信集团有限公司
中国盐业集团有限公司
中国石油天然气集团有限公司
中国石油化工集团有限公司
阳采集团有限公司

中国联合网络通信集团有限公司
中国交通建设集团有限公司
中国建筑股份有限公司
中国第一汽车集团有限公司
中国人民解放军陆军勤务学院
中通服供应链管理有限公司
招商局集团有限公司
中国公共采购有限公司
震坤行工业超市（上海）有限公司
浙江宏伟供应链集团股份有限公司
鑫方盛控股集团有限公司
咸亨国际科技股份有限公司
五矿矿业控股有限公司
苏宁易购集团股份有限公司
数采小博科技发展有限公司
史泰博（上海）有限公司
上海嘉岩供应链管理股份有限公司
上海晨光科力普办公用品有限公司
平安集团采职管理运营中心
欧菲斯集团股份有限公司
内蒙古电力（集团）有限责任公司
领先未来科技集团有限公司
华侨城集团有限公司
德致商成集团有限公司
得力集团有限公司
标信智链（杭州）科技发展有限公司
北京阳光公采科技有限公司
北京京东世纪贸易有限公司
安徽省优质采科技发展有限责任公司

#《国有企业网上商城采购交易操作规范》团体标准

起　草　组

平庆忠	李阿勇	石瑞杰	武兰民	王玉彬	彭新良
肖　政	王　波	杨和威	杨百兴	孙云飞	李宏斌
宋今歌	刘　懿	孙建文	骆英豪	王贵林	何永龙
杨寅超	陆　建	熊乐琴	刘志兴	吴英健	

序 言

当前，在全球范围内，数字经济正在产生着越来越深远的影响。数字经济发展速度之快、辐射范围之广、产业渗透之深，前所未有。数字经济和实体经济的深度融合，促进了实体经济的转型升级，催生了新产业、新业态、新模式的发展。数字化、平台化、智能化正在成为重组全球要素资源、重塑全球经济结构、改变全球竞争格局的重要变革力量。在此变革过程中，企业数字化一马当先。我国企业正面临数字产业化和产业数字化的重要任务，面临着从消费互联网向产业互联网的转型升级。在未来的全球企业竞争中，我国企业必须跨过数字经济这一关，主要就是要在产业互联网的发展中占得先机，特别要在数字供应链的竞争中取得优势。

网上商城（也称“网上超市”“电子商城”）采购是我国国有企业采购数字化的重要创新。近几年，面对数字经济的变革，许多国有企业特别是中央企业，密切关注采购市场的数字化进程，结合国有企业的特点，建立了一批用于物资、服务采购的网上商城，取得了很大成就。企业通过建立网上商城，对接京东、苏宁、欧菲斯、震坤行等各类平台型供应商，充分借鉴了消费互联网数字化成果，使得采购更加透明、更加高效。同时，企业通过在网上商城建立业务模式和合规流程，使得互联网采购的透明性与国有企业采购的合规要求完美地结合在一起，有效处理了国有企业普遍存在的合规与效率的矛盾、集中采购与分散使用的矛盾、计划性与灵活性的矛盾，大大提升了国有企业采购效率，降低了采购成本，增强了国有企业的活力。

中国物流与采购联合会公共采购分会秉持服务政府、服务行业、服务企业的理念，适时捕捉到了国有企业网上商城这一重要创新，理解了国有企业网上商城采购模式对我国企业采购的普遍意义。在充分调研的基础上，发挥协会桥梁作用，邀请国网电商、国能e购等多家国有企业和平庆忠、石瑞杰、肖政等业内专家，联合组成课题组，及时对网上商城采购模式进行了梳理总结，抽象提炼和标准化处理，编制、发布了《国有企业网上商城采购交易操作规范》这一团体标准。此规范是我国国有企业近年来网上商城采购理论创新和实践智慧的结晶，契合且反映了国有企业采购实践的要求。自2021年8月25日发布以来，受到了广大国有企业的普遍欢迎和认同，并将进一步影响大型民营企业和部分公共部门的采购实践。目前，各种类型的网上商城正在迅速发展，并对我国产业数字化产生着重要影响。

《网上商城采购理论与实践》是对《国有企业网上商城采购交易操作规范》团体标准的解读与释义，更是对网上商城采购模式的理论深化和实践总结。本书全面总结了近几年国有企业的采购实践经验和规范化、标准化工作成果，提出了国有企业采购知识体系的概念，并把这一实践中形成的知识体系作为企业采购数字化的业务基础，提出了国有企业网上商城采购交易模型，深入阐述了基于场景模型的国有企业网上商城采购模式和操作流程。在此基础上，还深入探讨了网上商城技术平台建设以及网上商城发展问题，为国有企业采购数字化转型以及采购供应链的建设提出了有益建议。本书提供的案例和补充材料，不仅印证了网上商城采购理论，还为企业建设和运营网上商城提供了借鉴。

我相信，《网上商城采购理论与实践》将是我国企业采购界特别是数字化采购领域的重要著作，是网上商城运营人员、各类网上商城供应商和采购人的基础读物，期待该书在我国国有企业采购数字化转型和智慧供应链建设过程中发挥重要作用。

是为序。

蔡进

中国物流与采购联合会副会长

国际采购与供应管理联盟亚太区主席

2021年12月

前　言

网上商城采购是我国企业在数字经济时代的重要创新。随着互联网和数字经济的快速发展，企业的数字化转型智慧化升级势在必行。在此过程中，我国国有企业应势而行，把互联网平台的集聚优势与企业采购的规模优势相结合，开创了“网上商城采购模式”，创造性地解决了企业采购中计划性与灵活性、合规与效率、集中采购与分散使用的矛盾，大大降低了采购成本，提高了采购效率，为国有企业提质增效，建立和巩固数字供应链，增强竞争力、控制力和抗风险能力进行了有益探索。

中国物流与采购联合会在充分调查研究、广泛深入交流的基础上，基于国有企业建立和运营网上商城的经验，制定了《国有企业网上商城采购交易操作规范》，对国有企业网上商城采购模式进行了初步总结，形成了网上商城采购的基本理论、术语与定义、交易场景、业务模式及操作流程。本书是对《国有企业网上商城采购交易操作规范》的理论阐释，以期通过这种阐释加深国有企业对网上商城采购模式的理解，促进国有企业网上商城的发展。

实际上，网上商城采购模式有广泛的发展空间。在实践中，除国有企业外，许多民营企业集团也在采用网上商城采购模式；在政府采购中，财政部门也在推广网上商城采购模式。在一定程度上，网上商城采购已经成为企业和公共部门通用的采购模式。因此在理论上深入研究网上商城采购模式，就具有更加普遍的意义。本书尝试建立网上商城通用采购模式的交易场景和业务模式，探索通用网上商城技术平台的架构和运营。因此在本书中也采纳了民营企业集团和政府采购中的实践案例，期待建立具有普遍意义的网上商城采购理论。

网上商城采购是数字经济时代的新生事物，在不长的实践中，已经展现了其广阔的发展前景。本书的研究仅仅是一个开头，远没有抓住网上商城发展的本质，对网上商城未来发展的研究更显浅陋。期待更多的企业和部门加入这项研究的行列，也欢迎采购界的同行和社会各界朋友批评指正。

主　编

2021 年 10 月

目　录

导论　网上商城采购是企业数字化的重要创新

近年来，国有企业网上商城发展迅猛，一大批国有企业创办的网上商城平地崛起并持续繁荣，为国有企业降本增效、做大做强发挥了重要作用。由中国物流与采购联合会公共采购分会组织编写的《国有企业网上商城采购交易操作规范》系统总结了国有企业网上商城采购经验，提出了国有企业网上商城采购交易场景模型，规范了国有企业网上商城采购业务模式、操作流程，为我们进一步研究国有企业采购数字化问题建立了一个理论基础和实践基点。

我们对国有企业网上商城采购模式的认识经历了一个逐渐深化的过程。在研究中逐渐发现，网上商城采购模式不仅是国有企业采购的电子化改造，更是我国国有企业在数字经济条件下的重要创新，对国有企业的数字化转型以及供应链安全和稳定具有重要意义，对国有企业创建新的数字化、平台化生产方式，在新一轮国际竞争中做大做强具有重要意义。

一、国有企业网上商城采购模式演变过程

起初，我们和大多数人一样，认为国有企业网上商城无非解决了企业零星采购的规范化问题，属于企业采购中的小问题，对企业的大宗采购、工程采购及主要供应链采购没有影响，无法构成国有企业采购的主要模式。然而，随着对实际情况的深入了解和对理论的深入研究，我们这种认识完全改变了。

初期，国有企业网上商城通过对接京东和淘宝这样的电商，加上企业网上商城的一套合规程序，使企业的办公用品、日常用品采购实现了合规化和

电商化。对许多企业来说，这种改变的效果是很明显的。首先是采购价格透明。由于电商本身的竞争性和公开性，电商采购的价格接近完全竞争价格。以往企业采购中价格虚高的现象不复存在了。其次是采购程序清晰。采购品类、价格构成、采购人、采购时间、供应商、物流状态随时都可以在网上商城呈现。以往企业采购中经常出现的暗箱操作消失了。电商化采购的价格透明和程序清晰给国有企业零星采购带来了很大变化。不仅节约了资金，而且防止了腐败，同时为国有企业采购开创了利用互联网采购的新机制，促使国有企业在更大范围内应用互联网，向数字化转型。

工业品电商的出现进一步推动了网上商城的发展。对于企业来说，办公用品采购等零星采购在其总采购额中所占比重很小。但生产过程中所需的工具、劳保用品、生产辅助材料、维护材料所占比重就大得多了。随着互联网向实体经济的进一步渗透，社会上出现了一批专门从事工业品销售的工业品电商。这些工业品电商把某一特定领域的工业品厂商的产品集中在电商平台，按照消费品电商的经营模式建立分类目录和设计配送、物流通道，确立验收标准，为用户提供了更加便捷的服务。工业品电商的出现，促使国有企业网上商城对接更多的专业电商平台，使网上商城的规模和服务范围迅速扩大，影响力也进一步提升。由工业品电商支撑的国有企业网上商城，不仅具备价格透明和程序清晰两个特点，还具备企业的行业专门化和技术专业化特点。企业通过网上商城采购工业品，使网上商城与企业专业化生产运营的距离更加接近。特别是专业的 MRO 平台加入网上商城的供应商行列以后，网上商城对企业的生产工具采购、设备维护、劳动保护等具有了更多的发言权。网上商城逐渐成为国有企业集团各子公司、分公司以及相关机构的工业易耗品、劳动保护用品、维护用品、办公用品和日常生活消费品的采购中心。有的企业网上商城每年的营业额高达几百亿元甚至上千亿元，逐渐在工业品专业市场占有了一席之地。在此过程中，国有企业网上商城逐渐理顺了与电商平台的关系，理顺了与内部客户即采购人的关系，形成了相对固定的网上商城采购范围和客户群，进而确立了网上商城在企业采购中的地位。由于在此期间的主要采购标的是那些过去采用直接采购方式采购的金额小、采购频率高的物品，许多企业也把网上商城称为“直采平台”。

1. 实时价业务模式

直采平台初步确定了国有企业网上商城采购模式。这个模式的要点如下：其一，国有企业采购或物资管理部门通过公开招标或其他方式选择平台型供应商，确定平台型供应商与网上商城的供货关系，包括对接到网上商城的商品和服务品类、价格折扣，以及相应的物流和交付要求。其二，国有企业采购或物资管理部门规定该企业集团内部下属机构、分支机构以及相关机构的相关商品和服务采购必须在网上商城进行，通过采购程序约束其采购行为，保证采购的合规性，同时满足最小采购量。其三，网上商城建立合规程序，确保采购的品类、交易过程以及交付和支付流程符合国有企业采购相关规定。由此构成了国有企业采购交易的共同场景，场景角色包括国有企业采购管理部门、网上商城、供应商和采购人，明确了角色之间的关系，产生了国有企业网上商城采购模式的雏形"实时价业务模式"。

"实时价业务模式"概括了网上商城采购业务模式的核心要素，即准入品类、定价方式、履约程序和平台赋能。在直接采购业务中，准入商品由准入协议确定；定价方式为实时定价，即按照电商平台的价格执行并许以网上商城用户一定的折扣；订单履约全程接受网上商城监测；网上商城适时为供应商和采购人赋能，提供数据和金融支持服务。我们可以看到，网上商城的实时价业务模式本质上是国有企业为其下属机构提供的一套网上优惠订货及履约全过程支持平台。这个平台为国有企业零星小额采购管理带来了许多好处。第一，网上商城基于采购规则把供应商和采购人集聚到网上商城技术平台，实际上营造了一个崭新的规范的交易环境，确保了交易的合规性。采购过程透明化，堵塞了采购漏洞，有效防止了采购过程中的腐败行为。第二，标准化的业务模式和操作流程降低了供应商和采购人双方的交易成本，提高了采购效率，解决了国企采购中长期存在的合规与效率的矛盾。第三，依托于工业品电商的专业服务，包括专业物流、专业维护、专业检测，使得采购订单履约效率大大提升。采购订单与履约结果相互对应，强化了供应商绩效和信用管理。第四，交付流和资金流清晰可控。全部支付通过网上商城进行，使得网上商城成为国有企业的交易簿记中心，有利于网上商城在交易的各个环节为交易双方赋能。第五，全部下属机构的采购信息集中到网上商城，使得原来分散的采购信息集中起来，实现了统一管理，有效解决了集中采购与分散使用的矛盾。网上商城成为零星小额采购的信息流、物流、资金流以及业务流的汇集中心，从订货到交付全过程的履约信息中心。为国有企业建构数字供应链奠定了基础。目前大部分国有企业网上商城正处于这一阶段。

网上商城“实时价业务模式”的成功具有重要示范意义。这表明国有企业采购中遇到的一系列矛盾和问题，在互联网条件下有了新的解决方案。首先是集中采购与分散采购的矛盾，可以通过网上商城进行调节。其次，计划性和灵活性的矛盾，也可以通过网上商城进行处理。最后，合规和效率的矛盾可以在网上商城得到协调。在这种认识之下，网上商城的业务进一步扩大到了生产过程中重要物资的采购和履约。

2. 固定价业务模式

对于这类物资来说，如主要燃料、原材料、重要零部件等供应合同，往往是长期合同和固定价合同，具有一次合同、固定价格、分期分散交付的特征。这些交易放在网上商城的意义在于：第一，网上商城可以作为集中采购和框架采购的分发通道，调节集中采购与分散使用的矛盾。对于国有企业集团来说，集中采购是主要材料和物料采购的重要方式。但长期以来，存在集中采购与分散使用不匹配的困扰。有了网上商城以后，集中采购确定采购合同，各分支机构可以根据实际需求，通过网上商城向供应商进行二次订货，确定供货数量和供货时间、发货地点，更好地解决了这个矛盾。这样，网上商城实质上承担了集中采购物品物料的动态分发职能，使供应商和需求方的匹配关系更优更好。第二，履约实施及过程监测。网上商城可以对集中采购或框架采购确定的采购合同的履约过程进行监控和线上履约。如对货物和物料的发货、运输、到货、检测、验收等履约事项进行在线监控、在线执行，将实现用户对物品物料的物流和验收过程精细化管理，减少库存，提高精益化程度。第三，平台赋能，降低履约风险。网上商城作为交易平台，具备了基于交易数据和履约数据对供应商和采购人赋能的条件。网上商城可以在数据支持、金融支持等方面为供应商的履约提供保证，为采购人支付提供支持，使得企业的采购风险大大降低，使得企业可以在小批量多频次的精益采购和供应链建设上迈开更大的步伐，适应互联网时代个性化市场需求。

当企业主要的物品物料供应合同的履约和执行都放在网上商城平台上执行和监控时，实际上意味着企业已经将其主要供应链放在了网上商城。这个变化对网上商城来说是根本性的。对企业来说，也是其数字化转型的关键一步。很显然，这个过程不可能一蹴而就，需要一个长期的过程。但对网上商城来说，则意味着一个新的业务模式——“固定价业务模式”的建立。

“固定价业务模式”把企业与重要供应商签署的战略供应商协议和与其他重要供应商、承包人签署的合作协议、框架协议都看成固定价协议。而把这些协议后续分期分地域供货、物流交付、检测验收等协议履约过程全部作为网上商城的服务对象，由网上商城实施业务跟踪和数据记录。由此就在网上商城构建起了企业主供应链服务平台。这种方式在不打破企业既有组织体系、业务模式的情况下，实现了主供应链的数字化。

3. 定制化业务模式

“固定价业务模式”的引入，使网上商城在企业中的地位发生了根本改变，网上商城采购由边缘化的采购模式变成了主流采购模式。一些国有企业将电子招标投标交易平台与网上商城的履约功能连接起来，形成了企业采购从寻源到履约全过程交易平台，更加强化了网上商城交易平台的主供应链地位。尽管目前并非所有的网上商城都开展了固定价业务模式，但它的确为所有企业网上商城的发展指明了方向。

固定价业务模式发展的同时，一些企业侧重于探讨在网上商城采购非标准化产品和一次性定制产品和服务。这就是定制化业务模式。在实践中，与实时价业务模式和固定价业务模式相比，定制化业务模式的不同之处主要在于准入和定价方式不同。工程项目的电子招标投标实际上就是一个根据业主需求在电子化环境下的工程定制化模式。首先，业主在招标文件中提出明确需求，表现为工程项目的设计方案（施工招标）或设计要求（设计招标），投标人根据招标文件投标。竞标过程实际上是根据需求确定定制化价格的过程。电子招标投标交易平台的顺利实施已经证明了这种定制化模式的现实性和可行性。在网上商城采购模式中，电子招标投标确定的合同可以认为是一个寻源合同，加上后续的执行和履约过程，就是一个完整的工程定制化业务模式。

除工程招标外，还有许多确定定制化价格的方式。对于国有企业来说，限额以上的工程项目属于必须招标项目，也就是法定要求采用招标投标方式定价。对于限额以下的非必须招标项目，企业有权根据实际情况来采用适当的方式进行定价，网上商城因此发展出了专门针对限额以下定制项目的所谓“非招标采购方式”。这类方式本质上属于定制化模式。其他商品和服务一次性定制化采购行为，如商标设计、会议组织服务、检测认证服务等都可以通过网上商城的定制化模式采购。在互联网快速发展的条件下，在社会各专业领域都产生了一批以定制化服务为主的互联网服务平台，这些定制化服务平台与企业网上商城对接，进一步强化了网上商城的定制化能力。

实时价业务模式、固定价业务模式和定制化业务模式，基本涵盖了企业采购的全部模式。拥有全部三种业务模式的网上商城，自然就成为企业采购综合服务平台，成为企业供应链交易中心和数据中心。这是国有企业采购交易发生的一个巨大转变，也是我们在本书中研究探讨的中心议题。

二、通用场景与网上商城采购模式创新

通过三种业务模式的发展过程以及三种业务模式向网上商城集聚的趋势，网上商城的研究者和实践者发现，这三种业务模式本质上是基于一个通用场景而建立的。在这个通用场景之下，不同业务模式的共同业务要素汇集于网上商城技术平台，形成统一的业务模型和操作流程，规范了国有企业的采购程序，在网上商城实现了合规与效率的统一。

网上商城的采购业务场景与传统的企业采购场景有什么不同？与一般的互联网销售平台的场景有什么不同？这是我们在探讨网上商城共同场景之前必须解决的问题。

就个人和家庭采购来说，买方和卖方会直接接触。从百货商店到超市，实际上都是在尽可能增加买方和卖方直接接触的机会，进而促进购买。在这种买卖关系中，除了公认的习俗之外，并不存在对买方的特别约束。因而在消费品电子商务的发展过程中，也基本上遵循了买卖双方直接接触的原则。电子商务平台本质上是一个交易促进平台，加速交易的形成。因此衡量一个

电子商务平台业绩的指标往往是成交总额和交易量。

就企业采购来说，情况则有很大不同。尽管表面上看，企业采购仍然表现为买方与卖方的直接接触，但与个人和家庭采购中的买方与卖方人员的性质根本不同。个人和家庭采购中的采购人更多代表自己，有完全决策权，而企业采购人则仅仅是企业组织的代理人，其采购行为是一种代理行为，而非完全自主行为。因而必然受到企业和其所代表的机构的采购制度约束。特别是对国有企业来说，由于国有企业的公共性质，更要受到国家相关国有企业管理规则的约束，因而在企业采购中合规性问题就更为突出。从根本上来说，如果处理不好合规性问题，企业采购的互联网化将困难重重。

初期的工业品交易平台，完全拷贝消费品电商模式，把工业品当作消费品来经营，一直无法拓展到真正的企业采购用户，特别是大型国有企业采购用户和政府采购用户，其根本原因就在于作为一个外部供应商无法建立企业采购的合规性机制。国有企业网上商城的出现，从制度上打破了企业电子商务发展中的合规性困境，为企业采购对接互联网提供了制度性解决方案。从这个意义上说，网上商城采购模式是我国国有企业适应数字经济的伟大创造。没有网上商城，国有企业无法实现采购数字化，同样，各种工业品采购平台也无法得到发展。

网上商城的根本意义在于构建出了统一的国有企业采购场景，并基于通用场景创造出适合不同产品和服务交易的业务模式和操作流程。

1. 通用场景

网上商城将合规性固化在网上商城技术平台上，把企业采购制度嵌入买卖双方交易的过程中。通过确定的业务模式和操作流程，使交易双方在确定的规则下完成交易全过程。由此就构建了“供应商＋网上商城＋采购人”的基本交易场景。与以往“供应商＋采购人”场景相比，这个嵌入了网上商城的新场景解决了采购人即买方的合规性问题，使得采购人作为企业采购业务代理人的行为处于网上商城规则的监督之下，解除了采购人通过互联网采购的后顾之忧，提升了企业采购效率，节约了企业采购成本，使互联网采购的价值初步显现出来。因而，企业网上商城与消费品电商平台具有根本性的不同，网上商城从一开始就是一个合规性规制平台，它所构建的是一个买卖双方合规操作的场景，是一个规范性的专业化市场。电商平台仅仅作为网上商城的供应商发挥作用。

2. 交易场景模型

“供应商+网上商城+采购人”这个基本业务场景本质上是受特定企业主导的，因而必然要服务于特定企业的战略定位和业务发展。在此场景之中，采购人并非完全独立的采购人，网上商城的合规性规制也并非完全通用的规制，是受特定企业的采购制度所制约的，进入网上商城的供应商也必须预先经过选择。这种情况下，在“供应商+网上商城+采购人”的架构之上，就必然存在一个统一的规制者和监督者，使网上商城采购模式形成一个闭环反馈。因此，“网上商城管理部门”就产生了。网上商城管理部门是对各个企业采购管理机构的抽象，在不同企业中具体表现形式不同。在中央企业中，一般指物资管理部，主要负责制定企业采购制度，选择和维护供应商和供应链，对网上商城业务进行监督，对采购人实施管理。这样，由网上商城管理部门、各种类型的供应商、网上商城和采购人四种角色及其关系形成的网上商城采购交易场景模型就完整地显现出来了，如图1所示。

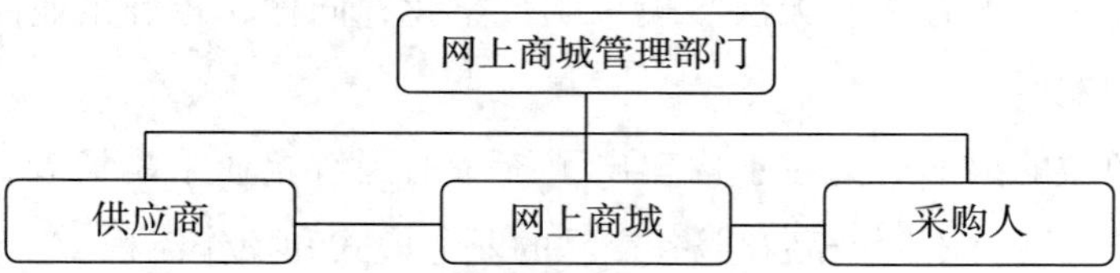

图1　网上商城采购交易场景模型

以上的企业采购交易场景模型是完备的。四种角色定位明确、关系清晰。网上商城管理部门负责确定采购制度、确定准入供应商、监督网上商城和采购人；网上商城负责提供交易平台、监测和记录交易全过程；供应商和采购人依托网上商城交易平台完成交易。四种角色在网上商城形成了三种信息循环，分别是“网上商城管理部门→供应商→网上商城”，保证了供给端的信息畅通；“网上商城管理部门→网上商城→采购人”，保证了需求端的信息畅通；“网上商城管理部门→供应商→网上商城→采购人”的信息循环，保证了供需双方交易信息畅通。最终达成物流和资金流的对称平衡，确保了交易的顺利实施。畅通的信息流加上基于动态数据的评价机制，使得网上商城具备了自我进化和自我完善的智慧化能力，使得这种完备性具有了动态性。企业采购交易场景模型的角色定位和信息循环的完备性，其核心是以网上商城管理部门和网上商城为中心的组织机制。这种组织机制具体化为国有企业原有物资管理机制与数字化机制的结合。在这个意义上，网上商城采购模式是我国国有企业根据企业特点所进行的组织创新。网上商城是原有物资公司数字化的必然结果；网上商城管理部门是原有企业物资管理数字化的必然结果。二者结合，创造了国有企业数字化采购新模式。

3. 业务模式

完备的网上商城采购交易场景模型可以容纳采购业务模式，形成规范的采购流程，指导采购业务。在网上商城采购交易场景之下，实时价业务模式、固定价业务模式和定制化业务模式均可以按照角色定位和业务流程归结为四个环节。

第一个环节，寻源准入。主要由管理部门与供应商配合完成。管理部门按照企业发展目标、经营战略，制定采购制度和采购战略，选择合格供应商。在网上商城采购模式下，由于供应商管理依托于互联网，管理更加便捷和精准，供应商选择范围可以更加广泛，供应商合作层次也可以更加多样化。供应商包括平台型供应商和独立型供应商两类。

平台型供应商主要指各种电商平台，包括消费品电商平台、工业品交易平台以及各类生产性、公共性和金融服务平台。独立型供应商特指非平台型供应商，包括战略型供应商、主要供应商等协议供应商和工程承包商。根据供应商合作层次，也可以包括深度合作供应商，如通过招标投标使协议深度达到标的物和价格完全确定的承包商和供应物料单价和总量确定的战略供应商，也包括通过框架协议确定标的物单价、采购数量需二次竞价的标准框架协议供应商，还可包括仅在准入阶段完成了类别入围的定制供应商。通过供应商准入程序，网上商城管理部门实质上为企业构建了一个体系完备的、产品质量合规的、有弹性的多层次供应网络，形成了网上商城的供方。

第二个环节，商城交易。主要是供应商和采购人在网上商城达成订单或协议的环节。就企业采购的特点来说，交易模式的不同主要体现在这个环节。具体来说，体现为准入品类不同、定价方式不同、适用对象不同。

实时价业务模式，主要解决小批量、临时性的非生产性采购问题。由于消费品电商、工业品电商已经集聚了大量商品，因而这些平台型供应商就成为主要供应商。平台型供应商完成准入手续后与网上商城对接，网上商城与采购人审批机构对接，完成了符合要求的实时价业务模式建构。

固定价业务模式，主要解决了生产性采购问题。生产性采购的供应商准入大部分在生产流程的设计过程中已经完成，网上商城的主要任务是商品和服务分发及履约监测服务。

定制化业务模式，主要解决一次性、创新性、工程性商品和服务的采购。交易过程较为复杂，许多情况下需要线上线下配合。

尽管三种业务模式具有不同的交易特点，但其交易环节是相同的，最终结果都表现为确定的订单或合同和完整的履约计划。网上商城技术平台的复杂性主要体现在这个环节。在此环节，供应商和采购人交易的合规性和交易效率的平衡，是重点需要关注和记录的，因而需要制定供应商操作流程和采购人操作流程，对交易双方行为进行规范。

第三个环节，履约监测。便于跟踪监测订单履行是电子商务的最大优势。正是在此基础上，电商交易中的数千亿订单才能井井有条地在世界范围内得到正确履行，差错率很低。网上商城充分发扬了电子商务这一特点，通过利用互联网已有的物流体系或企业自建物流体系，对订单进行跟踪，确保供应商和采购人可以实时了解订单执行情况、物流状态以及订单交付结果。对于工程项目，随着建筑信息化模型的推广应用和智慧工地的建成，工程项目的进度也可以随时得到监测。

物流跟踪和工程监测系统的建立，使网上商城具备了对交易项目全过程履约监测的能力，同时实现了供应商和采购人合同执行能力和履约信用的信息数字化，确保对交易双方履约信用的正确评价。无论是哪一种业务模式，网上商城都可以实现对交易双方履约情况的监测和记录。由此构成了网上商城的核心能力。

第四个环节，平台赋能。在整个交易过程中，网上商城除了在业务模式中建立了合规性，还承担着数据赋能和交易保证的责任。所谓数据赋能，即通过数据分析，对供应商和采购人在交易过程中的行为合规性进行指导，使得交易过程更为顺畅、便捷。所谓交易保证，就是通过引入担保机制、金融服务机制、中介服务机制，帮助采购人和供应商解决订单执行过程中的质量担保、履约担保以及金融需求，使交易双方可以完全按照订单和合同履约。因此，在网上商城业务模式中，网上商城正是通过自己的数据赋能和交易保证服务，强化了交易双方的履约能力，实现了交易双方的信用增强，为采购和交易创造了可信可靠的交易环境，不仅使企业的供应链变得更加可靠、可控，而且通过交易保证，使企业供应链具备了更大的弹性和抗风险能力。

上述四个环节的细化程序与前述的三个业务模式构成了网上商城采购业务模式的主要内容，如表 1 所示。

表 1　　网上商城采购业务模式主要内容

业务模式	寻源准入	商城交易	履约监测	平台赋能
实时价业务模式	平台型供应商	实时价	监测跟踪	比价
固定价业务模式	独立型供应商	固定价	监测跟踪	数据赋能
定制化业务模式	平台型供应商 独立型供应商	定制价	监测跟踪	数据赋能 金融赋能
参与主体	管理部门 供应商	供应商 采购人	供应商 采购人	服务机构

4. 操作流程

在确定了业务场景和业务模式之后，通过技术开发形成了标准化的网上商城技术平台。各个参与主体只要按网上商城技术平台的规定流程进行各自的业务操作，就既能满足合规性要求，又能提升采购效率，使得传统上“合规”与“效率”的矛盾得以妥善解决。

按照不同业务模式和角色规定明确的操作流程，是《国有企业网上商城采购交易操作规范》的主要内容。操作流程包括以下四个方面。

第一，准入操作。主要是管理部门选择和管理供应商，以及供应商商品和服务上架、下架操作。关于选择和管理供应商，《国有企业采购操作规范》和《国有企业采购管理规范》已做了详细规定，不是本规范的重点。本规范把准入协议签署作为业务起点，准入操作重点关注供应商商品和服务上架、下架操作。

第二，交易操作。操作主体是供应商和采购人。规定了交易双方在交易中必须进行的操作行为。提出了供应商和采购人在具体交易活动中明确的交易步骤和数据要求以及行为规范。

第三，履约操作。操作主体主要是供应商和采购人。对不同类型的业务模式建立统一的履约监督体系，使得履约过程透明化、可视化。

第四，赋能操作。操作主体主要是平台上的其他服务提供商，包括数据服务、金融服务、中介服务等，支持供应商和采购人完整履约。

5. 评价与改进

以上这些操作全部都在网上商城技术平台上完成，因而在网上商城留下了全部交易数据。在这种情况下，网上商城就可以通过数据进行自我评价并通过迭代程序优化流程、改进服务。网上商城技术平台就如同一台可以自我调节、协调运行的智能化机器，引导企业的供应体系顺利运转。

三、网上商城采购模式对国有企业数字化转型的意义

国有企业网上商城采购模式是我国广大国有企业特别是中央企业在采购实践中的伟大创造，它充分适应了国有企业集团型特点，满足了国有企业合规性与效率的双重要求，为国有企业采购数字化转型探索出了一条道路。中国物流与采购联合会组织专家对这一重要创新进行总结，在充分研究、科学抽象的基础上形成的《国有企业网上商城采购交易操作规范》，使国有企业的实践经验得到了理论升华和标准化、规范化总结，对进一步深化国有企业采购理论、促进国有企业数字化转型具有重要意义。

1. 走向数字供应链

企业数字化转型，实质上是由工业化生产方式向平台化生产方式的转型，即由工业化时代以工厂生产为中心向平台化时代以交易为中心的转变。以前是一切围着生产转，现在是一切围绕交易转。因而以采购或者以销售为主的交易平台必然成为一切企业数字化转型的中心环节。企业的数字化转型本质上说就是平台化转型。对于国有企业来说，进行平台化转型具有得天独厚的

优势。

国有企业在长期的产业实践中，形成了较长的纵向一体化产业链。产业链中的每一个交易过程，都可以按照网上商城采购模式进行交易。这些交易过程集成在网上商城，就自然形成了一个数字化的供应链。这个数字化的供应链从企业的核心采购业务向前延伸至供应商之间的交易，向后延伸至客户之间的交易，企业原有的生产机构也进化为供应商或采购人，生产过程成为交易过程的一部分。每一个交易过程都按照网上商城采购模式的四方关系，遵循相关的业务模式和操作流程，使同一供应链上的全部交易集中在一起，由此就完成了全供应链的交易集聚，形成了一个行业的独特的数据空间。在这个数据空间，随着交易的不断增加、交易数据的积累，交易结构逐渐形成，逐步走向程序化和智能化，使原有的国有企业纵向一体化体系不断完善，进而达成企业数字化所追求的价值和效率。因此，网上商城采购模式对于国有企业数字化转型具有先导作用和带动作用。网上商城采购模式在供应链各个交易过程的推广过程，本质上就是企业数字化过程。国有企业在此过程中，逐渐转变经营模式，完成数字化转型。

2. 供应链集合效应

从更大范围看，国有企业往往生产多种产品，提供多种服务，因而一般具有多个并行供应链。在网上商城的数据空间里，就表现为多个供应链的集合。这样的数据空间与消费品电商平台相比，就产生了更多的结构性。当多个供应链集合在同一个数据空间，或者通过网上商城的数据共享产生更大的数据空间时，多个供应链中的采购链和销售链就会产生集合效应。即一个供应链的产出，构成另一个供应链的供应，在数据空间中形成纵向首尾相连、横向动态互补的供应链网络，使得供应链网络的弹性提升、韧性强化，应对外来冲击的能力增强。特别是对我国国有企业来说，由于具有共同的所有者，有条件主动协调供应链之间的利益关系，增强供应链的弹性和韧性，进一步强化供应链集合效应。在企业数字化之前，由于供应链之间没有数据关系，集合效应不存在，只有在企业供应链实现数字化，各个供应链集聚在同一数据空间，集合效应才变得可视、可控、可靠。在当前国际经济形势变化无常、供应链风险加大的情况下，以网上商城采购模式为单元，构建多供应链集聚的数据空间，对于我国国有企业做大做强，增强国有企业的竞争力、创新力、控制力、影响力和抗风险能力尤为重要。

3. 技术支撑体系创新

国有企业数字化过程，必然依靠一套成熟的技术体系来支撑。在以往的信息化过程中，我们对国外特别是国际跨国公司提供的技术支撑体系依赖较大，客观上限制了我国企业创新能力的发挥。按照当前企业数字化供应链自主可控的原则，企业数字化建设的技术支撑体系也必须自主可控。因而，企业数字化技术支撑体系必须从基本业务模型和框架做起，构建符合我国国有企业管理制度特点的技术架构、应用架构和商业架构，形成自主可控的硬件环境和软件环境，才能真正保证国有企业供应链的安全可靠。在此方面，网上商城采购模式提供了符合实际的场景模型和业务模式，为创建我国特色的技术支撑框架奠定了基础。网上商城采购模式不是国有企业采购数字化经验的简单总结，而是在业务场景和业务模式上进行了深度挖掘，对业务场景进行了高度抽象，对业务模式进行了场景细分。国有企业采购模式是一种通用的采购模型，基于此建立的技术架构和操作流程具有较高的适应性。企业供应链的每一个阶段都可以抽象为一项采购交易。一连串的采购交易构成了完整的供应链，供应链的集合又形成了供应链网络，产生了集合效应。在这种条件下，网上商城采购模式所确定的技术构架和技术体系就可以成为企业数字化的基本单元，可以在企业数字化项目的不同环节重复使用，进而成为企业数字化的重要技术支撑。更为重要的是，网上商城采购模型的技术架构，除可以贯穿供应链各交易过程、纵向形成数字化供应链、横向形成供应链网络、促进网上商城业务跨链运营外，还可以为全部国有企业采购交易形成协同标准，为国家对国有企业进行宏观调控提供支持。具体表现为通过基础交易单元，即时收集全部交易数据，形成国有企业交易大数据，满足国家对国有企业宏观管理的需要；通过基础交易单元，固化国家采购政策，使国家调控政策得到及时落实，并实时获得政策效果，为政策优化提供支持。在我国以公有制为主体、国有企业在国民经济中占主导地位的经济体系中，基于基础交易单元形成的国有企业技术支撑平台，在交易大数据的支持下，可以通过数据赋能，即时对国有企业经营状况进行预测预警，提高国有企业的经营水平，增强抗风险能力，促进国有企业做大做强，成为国民经济发展的支撑力量。

四、本书的主要内容

本书主要依据《国有企业网上商城采购交易操作规范》（以下简称《规范》）的章节顺序安排，共分为四个部分、9 章内容。

第一部分，国有企业网上商城采购交易适用范围和国有企业采购知识体系，对应《规范》的“范围”和“规范性引用文件”。包括第一章、第二章。

第一章，国有企业网上商城采购交易适用范围。基于《规范》的标准化对象和文件所覆盖范围的规定，进一步对《规范》适用对象进行说明。

第二章，国有企业采购知识体系。本书认为，《规范》的“规范性引用文件”和本规范共同构成了国有企业采购知识体系。国有企业网上商城采购模式是基于该知识体系建立的。该章在“规范性引用文件”的基础上全面阐述了这个知识体系的要点。

第二部分，国有企业网上商城采购交易模式。包括第三章、第四章、第五章。

第三章，网上商城采购术语和定义。对国有企业网上商城采购所涉及的 10 个主要术语进行了科学定义，建立了网上商城采购模式基本概念和术语的确定含义，为网上商城采购模式建立了共同语言。

第四章，网上商城采购交易场景。明确了网上商城采购交易场景、主体及其职责和相互关系。包括合规准入机构责任、供应商职责、网上商城职责、采购人职责及相互之间的信息流、物流和资金流要求。

第五章，网上商城业务模式。对网上商城 3 种业务模式进行规范。明确了实时价业务模式、固定价业务模式和定制化业务模式的准入品类、定价模式、履约程序和适用对象。

第三部分，各主体操作流程。包括第六章、第七章。

第六章，供应商操作流程。阐述了在不同业务模式下供应商操作流程。包括供应商与网上商城对接要求以及供应商在交易过程、履约过程、售后服务中应履行的主要工作和完成的操作流程。

第七章，采购人操作流程。阐述了在不同业务模式下采购人操作流程。包括采购人交易前操作、日常交易操作以及跟单和支付操作的主要流程。

以上各章内容分成两部分，第一部分为规范解释，对规范条文的理论基础和内涵进行说明；第二部分为案例和补充材料，侧重于介绍实践中的经验和做法。

第四部分，网上商城可持续性研究。包括第八章、第九章。

第八章，网上商城技术平台。是对《规范》内容的进一步补充。网上商城业务模式是建立在网上商城技术平台上的，读者有必要对网上商城技术平台功能有进一步了解。网上商城技术平台的功能包括网上商城业务模式构建、供应商和采购人接入、交易流程、履约过程、数据赋能以及用户评价与持续改进等。

第九章，网上商城发展与自律。主要探讨了网上商城未来发展的三个问题。首先，数据共享。适应企业数字化转型的要求，网上商城的发展主要依靠数据共享，包括商城内数据共享、网上商城之间数据共享以及共享网上商城。其次，网上商城发展中也面临互联网平台的自律问题，因而网上商城审计变得非常重要。最后，作为网上商城合规性保证的基础，加强对网上商城业务模式和业务规则的审计，强化网上商城的合规责任，可确保网上商城采购模式的可持续性。网上商城在发展与自律中，必然走向数字供应链。

五、案例：国网电子商务有限公司的采购创新

主编按语：我国国有企业多年来在网上商城和企业数字化方面进行了多方面的实践，积累了许多经验。《国有企业网上商城采购交易操作规范》是在这些经验基础上完成的。国家电网早在2011年就建成了EPC电子商务平台，建立了物资集约化管理体系，实现了从采购计划、采购（招标）、合同、仓储、配送到废旧物资处理全流程在线管控，之后又成立了国网电子商务有限公司，建立了市场化的网上商城。国网电子商务有限公司关于网上商城业务模式的分类和实践为本规范提供了基础。

国网电子商务有限公司在国有企业电商化交易方面拥有多年经验，至今建立了成熟完备的电商化交易流程体系，现对国网商城交易流程介绍如下。

1. 建立电商化供应商资源库

国网电子商务有限公司规范收集供应商资质业绩、供货品类、服务范围、配送能力、售后服务、信息化水平、自营电商成熟度、电商化服务能力等基本信息，对供应商进行综合能力评估。同时针对入围供应商，对供应商进行分类、分级、动态管理，定期进行合格评定，奖励优秀供应商，建立了合格供应商管理机制。

分级管理：依据入库供应商及其产品的业绩情况、管理能力、电商化服务能力、价格竞争力、质量安全环保管理体系、交付能力、服务能力、技术能力、战略合作意愿、信息化水平、自营电商成熟度、信用等级和创新管理水平进行分级管理。

动态管理：通过透明的供应资源库管理制度，对入库供应商进行有效的供应商生命周期管理。在现有供应商的有效生命周期尚未结束之前，采购人应开始寻找合适的新供应商；经程序补充一定数量新的供应商入库，替代考核淘汰的供应商。

2. 建立电商化商品目录

为规范商品上架，依据商品属性，按实时价业务模式、固定价业务模式、定制化业务模式分别制定了电商化商品目录。

实时价业务模式：将竞争充分、市场价格透明的通用性物资和服务，如办公用品、办公电器、部分劳保用品、部分低压电器等列入实时价业务模式电商化商品目录。

固定价业务模式：对于商品技术要求明确、社会成熟电商自营范围之外或覆盖不全、生产运维业务中广泛使用的物资和服务，如配件、工器具、仪器仪表、办公家具、低压电器、五金建材、化工、公路运输、打印服务、绿植租赁等列入固定价业务模式电商化商品目录。

定制化业务模式：将个性化定制物资和服务，如会议服务、科技服务、教育培训、广告服务、安全评估等列入定制化业务模式电商化商品目录。

3. 供应商入驻

入围供应商签订完采购框架协议后，会在国网商城提交入驻申请。网上商城运营人员应根据协议核实供应商身份，审核注册信息无误，对照供应商生产经营类别，批准商城账号。供应商通过准入审核后，会维护商城账号内相关信息并提交开设店铺申请。运营人员对供应商申请材料的准确性和完整性进行审查，重点审核供应商店铺信息、商户类型、经营品类信息，确认供应商入驻开设店铺申请是否通过，若审查不通过应退回申请至供应商，供应商修改后重新递交材料。

4. 商品上架

供应商开店完成后，即可依据采购合同，按商品属性对商品分模式上架。

实时价业务模式商品上架时，商城与供应商商品信息系统进行对接，商城价格遵循协议固定折扣，随供应商商品信息系统实时交互变动，即实行"实时价推送 + 折扣率"的定价方式。此模式适用于竞争充分、市场价格透明的通用性物资、服务等，如办公用品、办公电器、部分劳保用品等。

固定价业务模式商品上架时，供应商应严格按照协议价格制定商品单价。此模式适用于商品技术要求明确、社会成熟电商自营范围之外或覆盖不全、生产运维业务中广泛使用的零星物资，如配件、工器具、仪器仪表、办公家具、低压电器、五金建材、化工等。

定制化业务模式商品上架时采购人负责在商城中导入成交采购目录的框架信息，包括框架的涵盖内容、入围供应商的第一阶段评分信息、入围供应商联系方式等基本信息，形成采购卡片。

5. 商品、订单管理

国网商城会自动对商品进行唯一编码，并与物料编码、供应商商品编码、合同编码相对应，同时建立了规范的价格管理制度，制定了科学、合理的商品价格指数，从而控制商城商品的价格，随时根据市场浮动进行调整，避免出现过高或过低的价格。另外，国网电子商务有限公司建立了有效的商品质量反馈机制，会对与描述不符、质量存在问题的商品进行相应处置。供应商商品出现价格、质量、服务等问题时，会由平台运营方提交下架申请，经采购人管理部门审核通过后对商品进行下架处理，举例如下。

（1）价格指数规范基准，自动稽查实时监控。

专区按照物资部工作要求，构建“一物一码”标准化商品管理体系，优化价格指数生成和校验规则，严格价格稽查比价逻辑。

以外部主流电商平台最低价（含促销价）作为价格指数并每日更新，系统实时抓取外部价格，对全量在架商品进行自动稽查，自动冻结价格异常商品。同时，系统自动限购价格高于同款最低价比例3%的商品，严格比价选购要求，进一步合理控制价格水平。

（2）“一单一评”全员监督，商品抽检保障质量。

专区按照“一单一评”原则建立多维评价体系，选购人、下单人、收货人、实际使用人等使用专区App搜索或者扫描商品二维码，即可进行商品评价，“人人可评价、件件可打分”，实现商品质量全员监督。同时，国网电子商务有限公司与专业抽检机构合作，定期组织开展一级专区商品抽检。二级专区针对交易量大、评价低的商品重点开展抽检。评价及抽检数据自动集成，并应用于商品搜索排序和供应商履约考核。

6. 履约监控

国网电子商务有限公司会根据年度综合计划和预算，结合历年需求进行科学预测，形成合理、准确的需求计划。此外，公司还开发了商城商品比价、物流数据信息实时监控、供应商库存监管、采购人评价反馈等功能，具备专业严格的质量验收管理机制。在支付管理方面，根据自身支付流程配置支付功能，建设了商城支付数据分析系统。

国网商城自建设以来，不断优化迭代，为客户提供更优质的服务，未来也将不断努力，为国企电商建设贡献自身力量。

（作者：国网电子商务有限公司　王玉彬）

第一章　国有企业网上商城采购交易适用范围

《国有企业网上商城采购交易操作规范》是把网上商城采购交易作为标准化对象的标准化文件。网上商城采购交易是国有企业在当前数字经济条件下采购模式的创新。通过标准化方法，把这个创新模式规范化、形式化，对于我国国有企业利用数字技术改进采购方式，优化供应链具有重要意义。

1. 范围

本文件规定了国有企业网上商城采购交易的交易场景、业务模式和操作流程。

本文件适用于国有企业通过网上商城进行的采购交易活动。非公有制企业可参照执行。

对于网上商城采购模式的标准化，按照《标准化工作导则第 1 部分：标准化文件的结构和起草规则》（GB/T 1.1—2020）的规定，规范确定的标准化对象覆盖了网上商城采购模式的全部要素，包括相关的交易场景、业务模式和操作流程。规范的适用对象主要是国有企业，也可用于公共部门和其他非公有制企业。

一、关于网上商城采购交易模式标准化

近几年来，许多企业和机构都建立了自己的网上商城。有的称作电子商城、电子卖场、电子超市，还有的称作电子商务平台、直采平台等。定位不同，名称也就不同。但是，所有建立网上商城的，都有一个共识，就是通过

网上商城采购，可以大大提高采购效率、降低采购成本、提升企业效益。特别是对于那些一次性采购数量少，但又需频繁采购的物品来说，企业通过建立网上商城就可以利用已经充分发育的电商平台和物流体系，扩大供应商范围，在质量保证的前提下取得较低价格、获得更加优良的服务。在“降本增效”的推动下，企业网上商城主要向两个方向发展，一个是作为一项独立业务，面向社会和市场，成为面向企业服务的企业电商平台；另一个是作为企业的一种采购模式，成为企业供应链的一部分，作为企业定向采购、框架采购条件下的实施平台和分发平台。前者重点在销售，后者重点在采购。

本规范的主要规范对象是作为采购模式的网上商城，而非作为电子商务的企业电商。本规范的覆盖范围包括了网上商城采购的全过程。

就网上商城采购模式标准化来说，有如下五点需要说明。

其一，网上商城采购模式是以需求方为主动的。网上商城采购模式包括供应商的引进、采购模式的确定、操作流程的设计以及合同履约的全过程跟踪。在这个过程中，始终是需求方主导的。因此，网上商城采购与其他采购方式，如公开招标、谈判与磋商等一样，需要建立一套程序化、规范化、流程化的规则。这套规则的表现形式就是本规范。

其二，网上商城采购模式与其他模式相比的一个重要特点是，这种采购模式是建立在“网上”的，具有数字化、虚拟化的特点。因此，应用网上商城采购交易操作规范的前提是要构建一个合规的网上商城采购技术平台。更进一步说本规范的范围是局限于合规性网上商城技术平台上的采购行为的界定。网上商城技术平台上业务模式和操作流程的合规性决定了采购行为的合规性。

其三，在上述前提下，网上商城采购模式依据对国有企业采购交易通用场景模型进行研究成果，在网上商城技术平台上建立了一系列业务模式。采购人的采购标的物特性决定了采购业务模式。规范必须对这些业务模式作出明确规定。这些规定构成了本规范最基本的覆盖范围，是本次标准化工作主要对象。

其四，在确定的业务模式下，网上商城的各个交易主体都在网上商城技术平台上完成操作。每一种业务模式都有一个合规的流程。这个流程应包括供应商流程和采购人流程。《规范》必须对每类主体的合规操作作出规定，由此形成了网上商城各主体的操作规则。

其五，网上商城与其他采购模式相比的另一个重要特点是，网上商城采购交易是可记录、可追溯、可计算、可审计的。因此，一个完整的网上商城采购模式必定包含基于平台的交易数据的记录、交易过程的合规性评价以及业务审计的规定。

以上五类规则构成了网上商城采购标准化的主要内容，也就是本规范所涉及的业务标准化范围。在此范围之内的所有规则，构成了一个完整的网上商城采购规则体系，使得网上商城采购模式具备了流程的完备性、操作的合规性以及交易的可靠性。这一套基于电子化交易平台的规则体系，是以前任何采购方式所没有的。在这个意义上，网上商城为企业采购创建了一个新的方式，其标准化抽象又使其具有了普遍的适用性。

二、网上商城采购模式对国有企业采购的普遍适用性

在统计上，关于企业经济性质的分类有两套体系。一套是根据工商注册时企业的资金来源进行分类。我国将企业登记注册类型分为内资企业、港资台商投资企业和外商投资企业三大类。内资企业包括国有企业、集体企业、股份合作企业、联营企业、有限责任公司、股份有限公司、私营企业和其他企业，港资台商投资企业和外商投资企业分别包括合资经营企业、合作经营企业、独资经营企业和股份有限公司等。其中，国有企业是指全部资产归国家所有，并按《中华人民共和国企业法人登记管理条例》登记注册的非公司制的经济组织，不包括有限责任公司中的国有独资公司。另外一种统计方式是按控股情况进行统计，包括国有控股、集体控股，私人控股、港资台商控股、外商控股和其他。按上述两种方式统计，2018 年、2019 年国有企业及国有控股企业数量如表 1－1 所示。

表 1－1　2018 年、2019 年国有企业及国有控股企业数量　单位：个

年份	企业总数	国有企业	国有控股企业
2018	1857.0 万	7.2 万	24.2 万
2019	2109.1 万	7.5 万	26.6 万

2019 年，我国进行了第四次经济普查。表 1 – 1 中 2018 年的数据为经济普查结果，2019 年数据为国家统计局发布的《中国统计年鉴》数据。《中华人民共和国企业国有资产法》规定“国家出资企业”是指国家出资的国有独资企业、国有独资公司，以及国有资本控股公司、国有资本参股公司。比照上述情况可以看出，工商统计中的国有企业指的是国有独资企业。工商统计的国有独资公司包含在有限责任公司中。统计上的国有控股企业则包括国有独资企业、国有独资公司和国有资本控股公司。

国家统计局对国有控股有过明确说明。国有控股是指在全部资本中，国有资本（股本）占较高比率，并且由国有实际控制的企业。“国有控股”可分为两类：一类是“国有绝对控股”，另一类是“国有相对控股（含协议控制）”。国有绝对控股是指在企业的全部资本中，国有资本（股本）所占比率大于 50% 的企业。国有相对控股（含协议控制）是指在企业全部资本中，国家资本（股本）所占比率虽未大于 50%，但相对大于企业中的其他经济成分所占比例的企业（相对控股），或者虽不大于其他经济成分，但根据协议规定，由国家拥有实际控制权的企业（协议控制）。

由此可以明确，我们这里所称的国有企业，实际上指的是统计上的国有控股，包括工商登记中狭义的国有企业、国有独资公司和国家相对控制和协议控制的其他形式的企业，就目前情况看，其覆盖范围为 26. 6 万家，约占全部企业法人数的 1. 26%。

从以上分析我们看到，国有企业有两个基本属性，一是全民所有，二是委托代理。这两种基本属性构成了国有企业的所有权与经营权的分离。这种两权分离的状态，是经济学上的一个难题，即全民所有的虚置的所有人如何对实置的代理人进行监督的问题，以及如何解决由此而生的腐败问题。就世界范围来说，几乎每一个国家都存在国有企业或类国有企业，但在大部分国家中，国有企业在整个国民经济中所占比例很小，对经济大局几乎没有什么影响。而在我国社会主义体制下，国有企业在国民经济中占据主导地位。虽然从数量上来说，国有企业仅占 1. 26%，但国有企业的从业人员却占城镇就业人员的 15. 7%。从资产的角度看，2019 年全国总资产约 1009 万亿元，国有企业资产则高达 234 万亿元，约占 23%。在这种情况下，我国对国有企业制定了越来越严格的监管制度。尽管如此，每年仍有大批的国有企业管理者由于各种原因落马。特别是在工程招标、物资采购方面，由于直接涉及利益关系，日益成为腐败案件的重灾区。如何在采购活动中满足合规性要求，避免违反国家法律法规和企业采购制度，已经成为每一个采购管理人员、采购操作人员的必修课。正是在这个意义上，网上商城采购模式充分利用互联网和数字化技术，为国有企业采购定制了一套防护服，确保国有企业采购管理人员和操作人员在采购业务活动中既能够遵章守纪、合规操作，同时又大大提升了采购效率、提高了企业效益。可以说，网上商城采购模式是我国国有企业在我国特殊国情下的独特创造，是在两权分离条件下正确处理代理关系的优秀答卷。

很显然，网上商城采购模式并不能解决国有企业采购的全部问题。但它至少对其所覆盖范围的问题，如小额频繁采购、竞争充分、价格透明的通用性产品和服务，技术要求明确的专业性产品和服务以及临时性、一次性商品和服务等提出了一套完整严密的业务模式和操作流程，依托数字化交易平台做到可记录、可监测、可评价，把采购领域的寻租风险降到最低，促使大量国有企业研究、推进网上商城建设，利用网上商城开展采购业务。

《国有企业网上商城采购交易操作规范》正是在总结了许多企业经验基础上形成的规范化业务模式和操作流程，对更多的国有企业建设网上商城、使用网上商城具有指引作用和指导意义。

三、对公共机构和非公有制企业采购的适用性

在我国，除国有企业外的公共机构主要包括机关、事业单位和社会团体。按《中华人民共和国政府采购法》（以下简称《政府采购法》）的规定，这些机构的采购适用于《政府采购法》。与国有企业相比，机关、事业单位和社会团体的采购，没有国有企业的专业性和生产连续性限制，大部分需求都可以通过网上商城模式得到供给。适用网上商城模式采购的商品和服务以及技术要求明确的专用产品和一次性临时性商品和服务在政府采购中所占比率更高，据初步调查，占 80% ~90%。在实践中，已经有许多地方政府采用了网上商

城模式进行采购，这些实践充分证明网上商城采购模式应用在政府采购中，可以动态满足政府需求，大大提高政府采购的效率，使政府采购更加物有所值。目前世界各国也都在积极探索在政府采购中采用“框架协议＋动态采购电子系统”的方式，提升政府采购的效率。我国在《政府采购法》的修订中也引进了框架协议采购方式。很显然，国有企业网上商城采购模式完全可以为公共采购提供支持，为公共采购的优化作出贡献。

在我国的企业分类系列中，除国有企业外，其他集团性企业达到一定规模后，也面临着和大型国有企业同样的问题，即在一定程度上要依靠代理人。由此在采购问题上就与国有企业存在共同场景和共同问题。国有企业所探索出的网上商城采购模式就自然成为这些集团型企业的最好借鉴，在一定条件下，甚至可以直接采用。

四、补充材料

（一）国有企业和国有控股企业的界定

主编按语：国有企业采购中有两个基本界限问题，一是对国有企业的界定，二是对国有企业法定必须招标项目的界定。同样，在网上商城采购中，读者也必须搞清楚这两个问题。以下补充材料是国有企业界定问题方面的权威性资料。

国家发展改革委法规司在答复招标投标有关问题时，明确了国有企业的界定。

问题一：《必须招标的工程项目规定》（国家发改委 2018 年第 16 号令，以下简称“16 号令”）第二条中“使用国有企业事业单位资金”，其中的“国有企业”仅指国有全资企业还是包括国有控股企业？问题二：16 号令第二条中“占控股或者主导地位”应如何理解？

答复：关于问题一，“使用国有企业事业单位资金”中的“国有企业”也包括国有控股企业。关于问题二，《国家发展改革委办公厅关于进一步做好〈必须招标的工程项目规定〉和〈必须招标的基础设施和公用事业项目范围规定〉实施工作的通知》（发改办法规〔2020〕770 号，以下简称“770 号文”）规定，16 号令第二条第（二）项中“占控股或者主导地位”，参照《中华人民共和国公司法》第二百一十六条关于控股股东和实际控制人的理解执行，即“其出资额占有限责任公司资本总额百分之五十以上或者其持有的股份占股份有限公司股本总额百分之五十以上的股东；出资额或者持有股份的比例虽然不足百分之五十，但依其出资额或者持有的股份所享有的表决权已足以对股东会、股东大会的决议产生重大影响的股东”。

（二）依法必须招标项目政策变革与判定思路

主编按语：在国有企业采购中，判别依法必须招标项目是基本功。本书梳理了我国招标投标相关政策在深化“放管服”改革中的规制变革，分析政策演变的原因，以帮助读者增强灵活运用政策的能力。还进一步对必须招标项目的判定思路进行了研究，意在让市场投资主体能够准确、清晰识别“依法必须招标项目”的法定界限，既避免投资决策者发生“应招未招”的违法采购行为，又避免盲目扩大强制招标范围，对实践具有较强的指导意义。

1. 政策变革背景

随着我国与工程项目招标相关的《中华人民共和国建筑法》（1998 年）、《中华人民共和国招标投标法》（2000 年）（以下简称《招法》或《招标投标法》）、《中华人民共和国政府采购法》（2003 年）及《中华人民共和国招标投标法实施条例》（2012 年）（以下简称《条例》）等一系列法律法规的落地实施，在“依法必须招标项目”的具体范围及规模标准方面，依据《招法》第三条第二款规定，国务院授权批准原国家发展计划委发布实施《工程建设项目招标范围和规模标准规定》（国家发展计划委令 2000 年第 3 号，以下简称“3 号令”）。3 号令发布执行以来，形成了颇为完善的招标投标制度体系，对规范招标投标活动、提高招标质量及效益、保障市场主体公平竞争、预防职务腐败起到了积极作用。近年来相关规定已不适应招标投标领域深化“放管服”改革要求，迫切需要较大缩减“必须招标项目”范围以适应新形势的发展。在此背景下，执行了 18 年的 3 号令于 2018 年废止，国家发展改革委相继出台新的《必须招标的工程项目规定》和《国家发展改革委关于印发〈必须招标的基础设施和公用事业项目范围规定〉的通知》（发改法规〔2018〕

843 号），从此 3 号令退出了历史舞台。为更好地对 16 号令、843 号文深入解读和推进实施，2020 年 10 月 19 日国家发展改革委办公厅又下达了《国家发展改革委办公厅关于进一步做好〈必须招标的工程项目规定〉和〈必须招标的基础设施和公用事业项目范围规定〉实施工作的通知》（发改办法规〔2020〕770 号），对“依法必须招标项目”的具体范围及规模标准进行了更深入的解读和实践操作指导。

2. 政策变革原因剖析及亮点

（1）政策变革原因剖析。

①不合理或不完善条款导致项目招标实操性不强。

针对“依法必须招标项目”的规模标准，3 号令第七条第（四）款规定项目总投资额在 3000 万元人民币以上时，其勘察、设计、施工、监理及设备、材料单项合同估算价无论金额是多少，都必须依法招标采购，假如采购 10 元的某种特殊材料，也需要依法招标，势必导致采购成本增加，工作效率降低，显而易见条款规定不合理，实操性不强；针对“依法必须招标项目”的具体范围，3 号令第四、第五条规定中未明确使用国有资金或国家融资的预算资金额度及所占比例，以及使用国有企业事业单位资金未明确该资金是否占控股或者主导地位，存在条款不完善问题，假如预算资金低于 200 万元或者资金所占比例低于 10% 时，只要使用预算资金，不论资金额度或所占比例多少，都必须依法招标，这样势必不利于社会私有资本投入市场，极大地限制了市场投资主体的活力。

②有关条款规定致使全国各地招标项目范围和规模标准不统一。

《招法》颁布实施初期，招标投标制度尚处于起步阶段，项目投资决策者对规避招标将面临被法律处罚、被纪律问责的风险总有担心，普遍存在保守的心态，实操中宁可扩大招标范围；再加上依据 3 号令第十条“省、自治区、直辖市人民政府根据实际情况，可以规定本地区必须进行招标的具体范围和规模标准，但不得缩小本规定确定的必须进行招标的范围”之规定，一般都制定了当地必须招标项目的具体范围和规模标准，进而扩大了强制招标范围，造成全国各地必须招标项目范围和标准不统一，这样一方面加重了投资主体负担，另一方面如果出现纠纷，法院在判定哪些项目属于“应招未招”，进而确认合同效力时，可能会出现“同案不同判”的情形。

③相关条款规定既背离《招法》的立法初衷，又不适应近年来深化“放管服”改革背景下优化市场营商环境的要求。

首先，依据立法机关对法律的解释，《招法》第三条第一款第（一）项在规定“大型基础设施项目”与“公用事业项目”时，所指项目范围极其有限，尤其是“公用事业项目”主要指为公众服务的供电、供水、供燃气等市政工程项目。3 号令出台后，第三条所规定的“公用事业项目”的范围大幅扩充，除市政工程外，还包括科技、教育、文化、卫生、社会福利、体育、旅游、商品住宅等项目。再加上 3 号令第二条第（七）项“其他基础设施项目”以及第三条第（六）项“其他公用事业项目”的两项兜底条款，导致“大型基础设施项目”也不再受到“大型”的限制，“公用事业项目”和“基础设施项目”在实操过程中项目范围被任意扩大，这显然背离了《招法》的立法初衷。

其次，随着我国招标投标领域深化“放管服”改革的持续推进，2014 年，《住房和城乡建设部关于推进建筑业发展和改革的若干意见》（建市〔2014〕92 号）第二条第（五）项提出“调整非国有资金投资项目发包方式，试行非国有资金投资项目建设单位自主决定是否进行招标发包”，即对于非国有资金投资项目，试行由建设单位享有是否招标的决定权，然而实际操作时与《招法》及 3 号令规定出现冲突。由于住房和城乡建设部文件效力相对较低，如果建设单位对非国有资金投资项目未招标，存在法院认为违反《招法》及 3 号令的强制性规定，进而认定所签合同无效的风险。因此，实践中 3 号令逐渐显现出强制招标范围过宽、规模标准过低的问题，如依据 3 号令第三条规定，对使用社会私有资金投资的体育、旅游、商品住宅等项目要求必须依法招标，显然这样的条款已不适应近年来深化“放管服”改革背景下优化市场营商环境的要求。

随着 2018 年 16 号令、843 号文以及 2020 年 770 号文的相继出台，对“依法必须招标项目”的范围和规模标准进行了大幅缩小，这是我国招标投标领域深化“放管服”改革的重要措施，必将扩大投资主体特别是民营投资者的自主采购权，进而减轻企业负担、提高采购工作效率。

（2）政策变革亮点分析。

2018 年 16 号令、843 号文以及 2020 年 770 号文（以下简称“新政策”）既是对 3 号令（以下简称“原政策”）的深度变革，也是对《招法》第三条第一款所列三种工程建设项目类别的进一步细化。新政策与原政策对比，主要有五个方面突出亮点，详见图 1－1。

原政策依据条款	新政策依据条款	政策变革亮点对比
3号令第七条第（四）项	16号令第五条第二款、770号文第一条第（四）项	**亮点一：**删除了3号令第七条第（四）项的项目总投资额在3000万元人民币以上的不合理条款，同时增加了16号令第五条第二款的“同一项目中可以合并进行的勘察、设计、施工、监理以及与工程建设有关的重要设备、材料等的采购，合同估算价合计达到前款规定标准的，必须招标”规定，这样避免了发包方通过化整为零方式规避招标。770号文第一条第（四）项对“关于同一项目中的合并采购”进行了深入解释
《招法》第三条第（一）项，3号令第二条、第三条	《招法》第三条第（一）项、16号令第四条、843号文第二条	**亮点二：**将第3号令第二条、第三条关系社会公共利益、公众安全的基础设施和公用事业项目按照16号令第四条规定的“确有必要、严格限定的原则”具体在843号文第二条中进行了大幅度缩减，从原来的13大类压缩至能源、交通、通信、水利、城建5大类，既删除了民间资本投资较多的商品住宅项目、科教文卫体项目、市政工程项目、生态环境保护项目等，又删除了“其他基础设施项目”和“其他公用事业项目”2项兜底条款，以避免无限扩大必须招标的范围
《招法》第三条第（二）项，3号令第四条、第五条	《招法》第三条第（二）项、16号令第二条、770号文第一条第（一）项	**亮点三：**将3号令第四条、第五条使用国有资金或国家融资的项目中规定不完善的地方，在16号令第二条中规定了使用预算资金的额度及所占比例（即只有当使用预算资金超过200万元且占比超过10%时，项目才应招标），以及使用国有企业事业单位资金时，明确资金应占控股或者主导地位。770号文第一条第（一）项对“关于使用国有资金的项目”进行了深入解释
3号令第七条第（一）~（三）项	16号令第五条第一款第（一）~（三）项	**亮点四：**将3号令第七条第（一）~（三）项必须招标项目的规模标准估算价幅度在16号令第五条第一款第（一）~（三）项规定中增加了一倍，即施工单项合同估算价由200万元提高到400万元，设备、材料等货物采购，单项合同估算价由100万提高到200万元，勘察、设计、监理等服务采购，单项合同估算价由50万元提高到100万元，致使必须招标的范围缩小
3号令第十条	16号令（无）、770号文第三条	**亮点五：**将3号令第十条的“省、自治区、直辖市人民政府根据实际情况，可以规定本地区必须进行招标的具体范围和规模标准，但不得缩小本规定确定的必须进行招标的范围”予以删除，明确各地方无权制定必须招标的范围及规模标准，明确全国统一规则，各地不得另行调整。770号文第三条对“严格执行依法必须招标制度”进行了深入解释

图 1－1　新政策与原政策对比亮点分析

3. 依法必须招标项目判定思路研究

第一步：大类识别。

依据《招法》第三条第一、第三款规定，必须招标项目有两大类，一类是“工程建设项目”，另一类是“其他项目”。

如何正确识别“工程建设项目”，《条例》第二条给出了具体定义。《条例》从“工程”“与工程建设有关的货物”和“与工程建设有关的服务”三方面进行了深入解释。重点掌握“工程”的含义，即建设工程，其中“工程”两字强调能够形成实体的建筑物和构筑物，“建设”两字指新建、扩建、改建及其有关的拆除、装修、修缮等，对应的单项采购为施工；货物和服务必须与工程有关联，货物对应的单项采购为设备、材料等，服务对应的单项采购为监理、勘察、设计等。

项目通过以上识别后，若不是“工程建设项目”类，则纳入“其他项目”类进行分析。

第二步：总体范畴识别。

通过第一步被纳入“其他项目”类时，根据《招法》第三条第三款及770号文第一条第（三）项“关于招标范围列举事项”规定，其他项目要按照《招法》以外法律、行政法规的规定进行识别，如《政府采购法》第二十六条、《中华人民共和国城镇国有土地使用权出让和转让暂行条例》第十三条等关于招标规定的其他项目内容。

通过第一步被纳入“工程建设项目”类时，判定思路是分层次过滤筛选，先确定“总体范畴”，根据《招法》第三条第一款规定，必须招标项目的总体范畴有三项，从项目属性、资金来源角度列出了第（一）项、第（二）项和第（三）项的工程建设项目类别。从逻辑思维的角度分析，第（一）项与第（二）项［或者第（一）项与第（三）项］在总体范畴上是交叉并集关系，而第（二）项与第（三）项是互补并集关系。依法必须招标的工程建设项目“总体范畴”如图1－2所示。

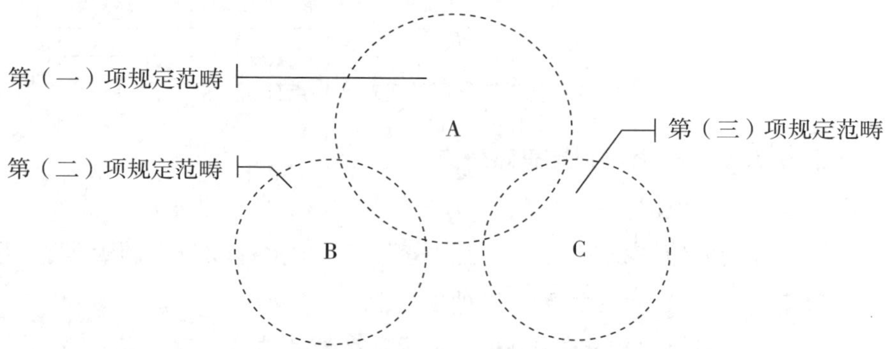

图1－2　依法必须招标的工程建设项目“总体范畴”

第三步：具体范围过滤筛选。

通过第二步被纳入“依法必须招标的工程建设项目”总体范畴后，再按照“项目资金来源→项目属性”的先后顺序过滤筛选是否符合“具体范围”要求。从项目资金来源角度，要依据16号令第二条和第三条的规定对《招法》第三条第一款第（二）项与第（三）项进行识别。重点注意：一是使用部分国有资金的占比要求，资金要在200万元人民币以上，且该资金要占总投资额10%以上；二是使用国有企业或事业单位资金，资金要占控股或主导地位。从项目属性角度，要依据16号令第四条及843号文第二条的规定对《招法》第三条第一款中第（一）项进行识别。重点注意：一是843号文第二条规定的具体项目范围与3号令相比有大幅缩减，将原来的13大类项目减至能源、通信、交通、水利及城建5大类；二是依据770号文第一条第（三）项“关于招标范围列举事项”规定，明确了843号文第二条中没有提到的项目不得强迫招标，因此只有明确提到的项目才是依法必须招标的工程项目，这一点尤其要注意。

第四步：规模标准过滤筛选。

通过第三步被纳入“依法必须招标的工程建设项目”具体范围后，再依据16号令第五条规定过滤筛选是否符合“规模标准”要求。重点注意：一是16号文第五条规定的项目规模标准，与3号令相比规模标准金额增加了一倍，即施工单项估算价由200万元增至400万元，设备、材料等货物由100万元增至200万元，勘察、设计、监理等服务由50万元增至100万元，缩小了依法必须招标范围；二是删除了项目总投资额3000万元的条款，增加了“可以合并”条款，要注意“可以合并”是指同一项目中适宜放在一起进行采购的同类采购项目，有业内人士将工程总承包（EPC、DB 、EP、PC）误理解成“可以合并”的采购是不对的，因为E（设计）、P（设备）及C（施工）的组合不属于同类；三是依据770号文第一条第（三）项“关于招标范围列举事项”规定，明确了16号令第五条第一款第（三）项中没有提到的服务不得强迫招标，因此只有明确提到的服务才是依法必须招标的服务事项，这一点也要注意。

第五步：排除依法可以不进行招标的项目。

被上述分层次过滤筛选后的“依法必须招标项目”，要排除依法可以不进行招标的特殊情况。对《招法》第六十六条、《条例》第九条等法律法规及部门规章相关规定进行归纳，依法可以不进行招标的项目主要涉及：①抢险救灾、利用扶贫资金及涉密的特殊情况；②采用不可代替的专有或专利技术；③采购人具备自行建设能力；④中标人具备自行建设能力；⑤为了不影响工程项目功能配套或者施工需向原中标人采购等情况。

4. 准确识别“依法必须招标项目”的现实意义

（1）避免发生“应招未招”的违法采购行为。

通过判定思路研究，过滤筛选后最终保留下来的项目就是“依法必须招标项目”，“依法必须招标项目”要严格按照国家招标投标法律法规规定执行，属于强制招标性质；排除“依法必须招标项目”以外的项目即可认定为“非依法必须招标项目”“非依法必须招标项目”由采购人依法自主选择采购方式，因此采购人可以选择招标，也可以选择不招标，若选择招标，属于自愿招标性质。准确识别“依法必须招标项目”（即为强制招标项目）与“非依法必须招标项目”（即为自愿招标项目）的法定界限，可避免投资决策者发生“应招未招”的违法采购行为，实践中若出现法律纠纷，可降低因违法采购行为被法院判定采购合同无效的风险。

（2）避免盲目扩大强制招标范围。

在招标实践中，很多投资决策者尤其是国有企业盲目扩大强制招标范围，对自愿招标项目通过企业内部管理制度要求必须招标，有的甚至规定10万元以上的项目必须招标。这样将导致两种矛盾后果，一是若企业按内部管理规定组织招标，就要受国家相关法律法规的约束，一旦出现招标程序违法，将面临法规制裁；二是若不进行招标，又面临违反企业内部管理制度的惩罚。笔者认为，固然招标具有节省采购成本、预防腐败的作用，但投资规模标准较低的项目，一旦选择招标采购，反而降低了工作效率、增加了招标成本。企业应结合本单位实际制定合理的企业内部招标规模标准，不能盲目扩大强制招标范围，这也正是准确识别“依法必须招标项目”的现实意义。

5. 结语

综上，通过对“依法必须招标项目”相关政策变革的原因剖析，使读者深入理解并灵活运用新政策；又通过“依法必须招标项目”判定思路的研究，可让项目投资决策者快速、准确识别依法必须招标项目的法定界限，这样既避免投资决策者发生“应招未招”的违法采购行为，又避免盲目扩大强制招标范围，进而导致加重市场主体负担、降低工作效率，对实践具有较强的指导意义。

（作者：吉林通钢矿业有限责任公司　李安生　朱生青）

（三）关于必须招标的工程项目的界定

主编按语：经国务院批准，2018 年 3 月，国家发展改革委印发《必须招标的工程项目规定》，大幅缩小必须招标的工程项目范围。随后，发布了 843 号文，明确了必须招标的大型基础设施、公用事业等关系社会公共利益、公众安全的项目的具体范围。2020 年 10 月，国家发展改革委办公厅又发文（发改办法规〔2020〕770 号），对 16 号令和 843 号文的有关内容做了进一步说明。这三个文件是把握必须招标项目界限的重要文献，读者应当认真研读。

根据《招标投标法》规定，2000 年原国家发展计划委报经国务院批准发布 3 号令，明确了必须招标的工程项目的具体范围和规模标准。3 号令颁布实施以来，我国形成了较为完善的强制招标制度体系，对促进招标投标制度的推广应用，规范招标投标行为，保障公平竞争，提高招标采购质量效益，预防惩治腐败发挥了积极作用。随着我国经济社会不断发展和改革持续深化，3 号令在施行中逐步出现范围过宽、标准过低的问题。同时，各省区市根据 3 号令规定，普遍制定了本地区必须招标项目的具体范围和规模标准，不同程度上扩大了强制招标范围，并造成了规则不统一，进一步加重了市场主体负担。

针对上述问题，国家发展改革委会同国务院有关部门对 3 号令进行了修订，形成了《必须招标的工程项目规定》，报请国务院批准后印发，2018 年 6 月 1 日起正式实施，主要修改了以下三方面内容。一是缩小必须招标项目的范围。从使用资金性质看，将《招标投标法》第三条中规定的“全部或者部分使用国有资金投资或者国家融资的项目”，明确为使用预算资金 200 万元人民币以上，并且该资金占投资额10%以上的项目，以及使用国有企事业单位资金，并且该资金占控股或者主导地位的项目。从具体项目范围看，授权国家发展改革委会同国务院有关部门按照确有必要、严格限定的原则，发布了843号文，明确了必须招标的大型基础设施、公用事业等关系社会公共利益、公众安全的项目的具体范围，与3号令相比做了大幅缩减。二是提高必须招标项目的规模标准。根据经济社会发展水平，将施工的招标限额提高到400万元人民币，将重要设备、材料等货物采购的招标限额提高到200万元人民币，将勘察、设计、监理等服务采购的招标限额提高到100万元人民币，与3号令相比翻了一番。三是明确全国执行统一的规模标准。删除了3号令中“省、自治区、直辖市人民政府根据实际情况，可以规定本地区必须进行招标的具体范围和规模标准，但不得缩小本规定确定的必须进行招标的范围”的规定，明确全国适用统一规则，各地不得另行调整。

2020年10月，国家发展改革委会同国务院有关部门发布了关于做好《必须招标的工程项目规定》贯彻实施工作的相关文件，组织清理与《必须招标的工程项目规定》不一致的规定，使简政放权的效果落到实处。同时，进一步创新完善招标投标制度，加快修订《招标投标法》，更好发挥招标投标竞争择优的作用，促进经济社会持续健康发展。相关文件附后。

1.《必须招标的工程项目规定》

第一条　为了确定必须招标的工程项目，规范招标投标活动，提高工作效率、降低企业成本、预防腐败，根据《中华人民共和国招标投标法》第三条的规定，制定本规定。

第二条　全部或者部分使用国有资金投资或者国家融资的项目包括：

（一）使用预算资金200万元人民币以上，并且该资金占投资额10%以上的项目；

（二）使用国有企业事业单位资金，并且该资金占控股或者主导地位的项目。

第三条　使用国际组织或者外国政府贷款、援助资金的项目包括：

（一）使用世界银行、亚洲开发银行等国际组织贷款、援助资金的项目；

（二）使用外国政府及其机构贷款、援助资金的项目。

第四条　不属于本规定第二条、第三条规定情形的大型基础设施、公用事业等关系社会公共利益、公众安全的项目，必须招标的具体范围由国务院发展改革部门会同国务院有关部门按照确有必要、严格限定的原则制订，报国务院批准。

第五条　本规定第二条至第四条规定范围内的项目，其勘察、设计、施工、监理以及与工程建设有关的重要设备、材料等的采购达到下列标准之一的，必须招标：

（一）施工单项合同估算价在 400 万元人民币以上；

（二）重要设备、材料等货物的采购，单项合同估算价在 200 万元人民币以上；

（三）勘察、设计、监理等服务的采购，单项合同估算价在 100 万元人民币以上。

同一项目中可以合并进行的勘察、设计、施工、监理以及与工程建设有关的重要设备、材料等的采购，合同估算价合计达到前款规定标准的，必须招标。

第六条　本规定自 2018 年 6 月 1 日起施行。

2.《国家发展改革委关于印发〈必须招标的基础设施和公用事业项目范围规定〉的通知》（附件）

第一条　为明确必须招标的大型基础设施和公用事业项目范围，根据《中华人民共和国招标投标法》和《必须招标的工程项目规定》，制定本规定。

第二条　不属于《必须招标的工程项目规定》第二条、第三条规定情形的大型基础设施、公用事业等关系社会公共利益、公众安全的项目，必须招标的具体范围包括：

（一）煤炭、石油、天然气、电力、新能源等能源基础设施项目；

（二）铁路、公路、管道、水运，以及公共航空和 A1 级通用机场等交通运输基础设施项目；

（三）电信枢纽、通信信息网络等通信基础设施项目；

（四）防洪、灌溉、排涝、引（供）水等水利基础设施项目；

（五）城市轨道交通等城建项目。

第三条　本规定自2018年6月6日起施行。

3.《国家发展改革委办公厅关于进一步做好〈必须招标的工程项目规定〉和〈必须招标的基础设施和公用事业项目范围规定〉实施工作的通知》

各省、自治区、直辖市、新疆生产建设兵团发展改革委、公共资源交易平台整合牵头部门：

为加强政策指导，进一步做好《必须招标的工程项目规定》（国家发展改革委2018年第16号令，以下简称“16号令”）和《必须招标的基础设施和公用事业项目范围规定》（发改法规规〔2018〕843号，以下简称“843号文”）实施工作，现就有关事项通知如下：

一、准确理解依法必须招标的工程建设项目范围

（一）关于使用国有资金的项目。16号令第二条第（一）项中“预算资金”，是指《中华人民共和国预算法》规定的预算资金，包括一般公共预算资金、政府性基金预算资金、国有资本经营预算资金、社会保险基金预算资金。第（二）项中“占控股或者主导地位”，参照《中华人民共和国公司法》第二百一十六条关于控股股东和实际控制人的理解执行，即“其出资额占有限责任公司资本总额百分之五十以上或者其持有的股份占股份有限公司股本总额百分之五十以上的股东；出资额或者持有股份的比例虽然不足百分之五十，但依其出资额或者持有的股份所享有的表决权已足以对股东会、股东大会的决议产生重大影响的股东”；国有企业事业单位通过投资关系、协议或者其他安排，能够实际支配项目建设的，也属于占控股或者主导地位。项目中国有资金的比例，应当按照项目资金来源中所有国有资金之和计算。

（二）关于项目与单项采购的关系。16号令第二条至第四条及843号文第二条规定范围的项目，其勘察、设计、施工、监理以及与工程建设有关的重要设备、材料等的单项采购分别达到16号令第五条规定的相应单项合同价估算标准的，该单项采购必须招标；该项目中未达到前述相应标准的单项采购，不属于16号令规定的必须招标范畴。

（三）关于招标范围列举事项。依法必须招标的工程建设项目范围和规模标准，应当严格执行《招标投标法》第三条和16号令、843号文规定；法律、行政法规或者国务院对必须进行招标的其他项目范围有规定的，依照其

规定。没有法律、行政法规或者国务院规定依据的，对16号令第五条第一款第（三）项中没有明确列举规定的服务事项、843号文第二条中没有明确列举规定的项目，不得强制要求招标。

（四）关于同一项目中的合并采购。16号令第五条规定的“同一项目中可以合并进行的勘察、设计、施工、监理以及与工程建设有关的重要设备、材料等的采购，合同估算价合计达到前款规定标准的，必须招标”，目的是防止发包方通过化整为零方式规避招标。其中“同一项目中可以合并进行”，是指根据项目实际，以及行业标准或行业惯例，符合科学性、经济性、可操作性要求，同一项目中适宜放在一起进行采购的同类采购项目。

（五）关于总承包招标的规模标准。对于16号令第二条至第四条规定范围内的项目，发包人依法对工程以及与工程建设有关的货物、服务全部或者部分实行总承包发包的，总承包中施工、货物、服务等各部分的估算价中，只要有一项达到16号令第五条规定相应标准，即施工部分估算价达到400万元以上，或者货物部分达到200万元以上，或者服务部分达到100万元以上，则整个总承包发包应当招标。

二、规范规模标准以下工程建设项目的采购

16号令第二条至第四条及843号文第二条规定范围的项目，其施工、货物、服务采购的单项合同估算价未达到16号令第五条规定规模标准的，该单项采购由采购人依法自主选择采购方式，任何单位和个人不得违法干涉；其中，涉及政府采购的，按照政府采购法律法规规定执行。国有企业可以结合实际，建立健全规模标准以下工程建设项目采购制度，推进采购活动公开透明。

三、严格执行依法必须招标制度

各地方应当严格执行16号令和843号文规定的范围和规模标准，不得另行制定必须进行招标的范围和规模标准，也不得作出与16号令、843号文和本通知相抵触的规定，持续深化招标投标领域“放管服”改革，努力营造良好市场环境。

国家发展改革委办公厅

2020年10月19日

第二章　国有企业采购知识体系

规范和标准本质上是一套关于某一主题的确定的知识体系。因此，一个标准必定由如下五个部分组成。其一，该主题的内涵和外延；其二，该主题所属的领域及已有知识成果；其三，该主题涉及的对象定义；其四，该主题对象之间的关系及验证；其五，该主题对象之间关系的强度和模态。国标GB/T 1. 1—2020确定的标准化文件结构的第二部分，即规范性引用文件，主要处理上述第二项内容，即要求在标准化文件中标明该标准所属的知识体系及已有的标准化形态的知识。因此一项标准中的规范性引用文件实际上是与该标准规范一体化的知识体系，因而在所有标准文件中都明确说明规范性引用文件“对于本文件的应用是必不可少的”的原因即在于此。规范性引用文件与现主题标准构成了一个更大的知识领域。因此，要理解一个规范或标准，必定要对其规范性引用文件所确定的知识领域有完整的理解。

2. 规范性引用文件

下列文件中的内容通过文中的规范性引用而构成本文件必不可少的条款。其中，注日期的引用文件，仅该日期对应的版本适用于本文件；不注日期的引用文件，其最新版本（包括所有的修改单）适用于本文件。

T/CFLP 0016—2019　国有企业采购操作规范

T/CFLP 0027—2020　国有企业采购管理规范

一、国有企业采购知识体系

企业采购是企业供应链的重要组成部分。供应链管理是现代企业管理的核心。通用电气前 CEO 杰克·韦尔奇曾经说过："如果你在供应链运作上不具备竞争优势，就干脆不要竞争"。几乎所有的现代企业都在强调通过供应链管理建立竞争优势。在国际范围内，供应链管理已经形成了较完备的知识体系，一般来说，供应链管理主要内容包括采购管理、运营管理和分销管理三大部分。供应链管理是一种集成的管理思想和方法，它执行供应链从供应商到最终用户的全过程控制职能。从最终需求看，供应链是由一系列的采购活动组成的，可以把供应链看成一条采购链。从供应商看，供应链又是由一系列销售活动组成的，可以看成一条销售链。在数字经济时代，这两个链条借助互联网构成了一个错综复杂的交易网络，成为全球经济的基础网络。每一个企业都是这个交易网络的节点。因此，供应链就越发成为一个企业甚至一个国家的战略性生命线，对企业的发展和国民经济的正常运行至关重要。采购链和销售链之间的差额就是供应链的运营效益，即企业的经营效益。因此，供应链的知识体系和基于供应链的采购知识体系也就成为企业管理领域的重要知识体系，越来越得到广泛重视。

对中国的国有企业来说，除了需要融入国际供应链体系，适应国际供应链网络的要求，还面临着一个十分重要但又与国际企业不同的问题，就是其国有性所引发的特殊性。这些特殊性问题具体表现在如下几个方面。从销售链方向看，由于国有企业的国有性，国有企业天然承担着国家经济调控的职能，在销售价格上要受政府调控，无法完全按供求关系确定价格。从采购链方面看，由于国有企业管理者的代理性质，天然存在政府对国有企业采购支出的监督，国企管理者并不能像其他企业管理者那样完全按自由企业的规则自由决策，而要受到国家关于国有企业采购的制度和政策的规制。就销售端的价格管制来说，制度政策往往相对明确，操作相对简单，执行中的问题也相对较少。而对采购端来说，则由于实际情况较为复杂，并且贯穿在生产和经营的全过程，关系到生产全部要素的配置，国家的相关规定又往往是概括性的，具有较多的模糊地带，实际执行过程中就会出现较多的问题，由此给实际管理者和执行者带来了政策和制度风险。在这种情况下，理清国有企业的采购合规性，形成完整的国有企业采购知识体系，对国有企业的采购管理者和采购人员就显得特别重要。

近年来，中国物流与采购联合会公共采购分会，在建设国有企业采购知识体系方面做了大量工作，通过制定标准和规范的方法，逐步形成了一套相对完善的国有企业采购知识体系，先后制定了《国有企业采购操作规范》和《国有企业采购管理规范》，弥补了国有企业采购知识体系的空白，受到了广大国有企业的欢迎。本规范实际上是对这套知识体系的进一步深化，是基于已有的国有企业采购知识的数字化建构，让制度和组织层面的知识在数字化系统中得到落实固化，成为数字化业务模式和操作流程。通过这种模式和流程，为国有企业采购管理者和操作者带来更大的确定性，降低制度和政策风险。

二、《国有企业采购操作规范》

《国有企业采购操作规范》由中国物流与采购联合会于 2019 年 3 月作为团体标准发布，是我国第一部专为国有企业采购制定的标准化文件。该规范的意义在于针对国有企业采购提出了完整的采购业务流程和采购方式，使得国有企业采购人员获得了完整规范的采购知识。在此之前，在国家层面，有关采购的法律有《政府采购法》和《招标投标法》。但是，《政府采购法》主要是规范政府机关、事业单位和社会团体的采购行为的，并不适用于国有企业采购。而《招标投标法》主要规范的是使用国家资金的工程项目，不适用于企业日常运营活动中的采购活动。由于没有相应的规范，国有企业的采购不得不参照政府采购和招标投标相关规定和做法，由此给国有企业的经营带来了不少困惑，影响了企业经营的连续性和效率。尽管该规范尚未上升到相应的法律地位，也不是国家标准，但对解决国有企业的采购困惑起到了重要作用，是国有企业采购知识体系的基础。《国有企业网上商城采购交易操作规范》直接引用《国有企业采购操作规范》中的采购组织形式和采购方式及程序作为建立网上商城的前提和基础。

关于采购组织形式的引用。集中采购和框架协议采购的结果是网上商城采购模式的起点。集中采购项目的合同可以在网上商城实施履约程序。框架协议采购合同的后续二次竞争以及协议履行程序可以在网上商城完成。同时，集中采购合同和框架协议的条款应当反映在网上商城的采购模式中，对网上商城采购具有约束作用。

关于采购方式及程序的引用。《国有企业采购操作规范》确立了四种采购方式及程序，分别是公开招标和邀请招标，竞价和询比、谈判和磋商以及单源和多源直接采购。这种分类方法与政府采购和采购代理角度略有不同。分类方法的不同，也往往带来了企业在实际采购工作中的困惑。《国有企业采购操作规范》的四种分类方法充分考虑了国有企业的立场和实际情况，是与网上商城采购模式相适应的。因此，在《国有企业网上商城采购交易操作规范》中，把上述四类八种采购程序作为网上商城的业务规范程序，并固化在网上商城的采购模式中。

三、《国有企业采购管理规范》

《国有企业采购管理规范》由中国物流与采购联合会于 2020 年 5 月发布。该规范结合国有企业的实际情况从采购管理层面提出了完整的知识体系。其主要内容包括企业的采购组织框架、采购战略管理、采购活动实施管理、采购组织形式和采购方式管理、采购信息管理、供应商管理、采购绩效考评管理以及采购活动监督管理。如果说《国有企业采购操作规范》是一套采购业务人员指南的话，《国有企业采购管理规范》则是一套采购管理者指南。它从企业的最高管理者层面，从企业战略和制度的高度，全面理清了现代国有企业采购应遵循的基本原则、应具备的管理制度和流程以及评价和监督体系，为国有企业根据其实际情况制定自己的采购制度、供应链和采购战略以及日常管理监督体系提供了模板。在一定程度上相当于国有企业采购领域的管理体系标准，对国有企业采购管理部门的提升发挥了重要作用。

本规范设定企业已经按《国有企业采购管理规范》建立了完善的采购组织，具有相应的采购管理制度，包括采购管理政策、目标、采购方式、资金结算方式、采购周期、库存策略以及年度采购计划和预算管理体系。网上商城把这些相关管理制度数字化，构造成基于网络平台的数字化交易和合同执行机制。本规范在如下几个方面引用《国有企业采购管理规范》。

关于供应商选择和管理的引用。供应商管理主要包括供应商寻源管理、供应商关系管理、供应过程管理、供应商信用管理、风险管理及不良行为管理。本规范默认，供应商管理分成两部分，第一部分为供应商寻源管理以及供应商关系管理，这些属于供应商甄选和准入方面的事务，规范性不高，应在商城之外进行。第二部分为在准入合同签订之后的供应过程管理、供应商信用管理、风险管理及不良行为管理，即交易和履约阶段，有法可依，规范化程度较高，应是本规范规定的网上商城的业务重点。

关于采购管理制度的引用。网上商城采购平台是企业采购制度的落地平台。根据管理、执行、监督三分离的原则，网上商城定位于集中采购合同确定后的执行平台和框架采购第一阶段协议后的交易和分发平台，因而必然要在网上商城技术平台上固化企业的采购制度，并由此保证网上商城交易的合规性。这些规定和制度已经包含在《国有企业采购管理规范》的规范内容中，主要涉及企业的采购控制战略管理，包括采购策略管理制度、采购规划、采购需求管理制度、预算管理；采购质量管理制度，包括货物质量检测、工程质量检测、服务质量评价；采购风险管理与防控制度，货物、工程和服务验收制度，合同管理制度，结算与支付管理制度，以及采购绩效评价和监督制度等。

四、《电子招标投标办法》

《电子招标投标办法》是2013年由国家发展改革委等8部委联合发布的关于电子招标投标的规范性文件。涉及国有企业采购中的依法必须招标项目。从国有企业采购的整体来看，国有企业采购项目可以分为按国家规定必须招标的项目和可以不招标的项目（或称非招标项目）。按照《招标投标法》的立法本意，依法必须招标的项目仅限于超过一定限额的工程项目，而不涉及企业运营中的原料、燃料、材料、零部件以及其他相关产品和服务的采购。但在实践中，由于相关规定的模糊性，致使企业在执行过程中把相当一部分非必须招标的采购纳入了必须招标的项目范围，在一定程度上降低了企业效率。其根本原因在于缺乏界定国有企业必须招标项目和不必须招标采购的详细规则和方法。《国有企业采购操作规范》在这方面做了一些努力，提出了《企业项目采购方式指南》和《企业运营采购方式指南》两个附录，但是解决问题的根本还在于对《招标投标法》中的必须招标的工程项目进行界定。近年来，国家发展改革委也做了大量工作，使这一问题得到了进一步明晰。本书第一章已对此问题进行了深入阐述。

由于必须招标项目是法定的，对于国有企业采购来说，肯定要坚持法定优先的原则。法定必须招标而不招标，即为违规。因此，对于网上商城所坚持的合规性来说，此为一条红线。因此，在《国有企业网上商城采购交易操作规范》中要引用《电子招标投标办法》及相关规定。

另外，在实践中，许多企业也把必须招标项目的后续执行和合同履行的流程以及相关交付、支付环节放到网上商城，因而就更应当注意要满足《电子招标投标办法》及相关规定的要求。

五、《国有企业采购文件示范文本（商务部分）》

2021 年 6 月，中国物流与采购联合会发布了《国有企业采购文件示范文本（商务部分）》（以下简称《示范文本》）。该文本采用模块化方法，将企业采购中的常用文件文本进行了规范。这些文本有采购公告或采购邀请书，采购需求文件，供应商须知，包括招标采购、询比价采购、谈判采购、直接采购在内的不同采购方法所需的文件，包括经评审的最低价法、综合评分法、直接评估法在内的各种评审办法所需的文件，合同文本，响应文件及格式附件的文本。《示范文本》的发布为国有企业采购合规性提供了操作支持，更为重要的是为国有企业的数字化转型，为国有企业网上商城的开发建设及运营提供了基础数据集，有利于网上商城建设的规范化，有利于企业采购数据的互联互通。

六、网上商城采购与电子招标投标的关系

目前，在国有企业采购数字化过程中，有两个重要的趋势。一个是以招

标投标电子化为核心的采购数字化趋势。这个过程，主要依托电子招标投标交易平台进行。在电子招标投标交易平台的基础上，把数字化范围扩大到招标投标范围之外，逐渐在招标投标交易平台上增加其他采购方式，如询比竞价和谈判磋商，甚至直接采购。同时，电子招标投标交易平台有向招标后执行履约阶段延伸的趋势。特别是随着全过程工程咨询的发展，工程项目从前期投资咨询到招标后全过程咨询的数字化已是必然趋势。这种趋势的发展将会使工程项目投资以及固定资产投资形成一种独特的游离于企业生产过程之外的工程供应链，并在此基础上产生以建筑工程和大型装备投资为核心的工程数字化采购链。这条工程数字化采购链代表了电子招标投标交易平台升级的方向。在工程采购数字化完成之后，工程数字化采购链实际上将成为一个覆盖工程项目从决策到实施的数字基础设施，成为新基建的一部分。各类工程项目的决策和实施各方将成为这个平台的操作者和用户，各类工程公司将逐渐专业化、小型化，由此实现工程业生产方式向平台化转变。

国有企业采购数字化的第二个趋势是由网上商城采购触发的。与电子招标投标自上而下的推动不同，网上商城采购起始于企业自身的供应链需求。网上商城先从通用产品、办公用品、日常用品等接近消费品的直接采购的规范化开始，逐渐发展到工业用品，再发展到框架协议的执行机制和招标项目的执行监督。由此，网上商城采购就逐渐地变成了企业运营供应链的重要部分。当企业网上商城涵盖的产品和服务占了企业生产经营所需物料的大部分时，企业网上商城就变成了企业数字供应链的主要载体及企业数字供应链的实现形式。从趋势上来看，网上商城自身的发展逻辑倾向于为国有企业提供供应链共享服务。由此，共享的网上商城就会变成国企的数字基础设施，或者说是生产过程中的新基建。每个企业的独有生产供应链将建构在国企供应链基础设施上。大部分企业将成为这种基础设施上的用户。

从上述电子招标投标和网上商城采购的两种数字化发展趋势的分析中，我们可以看出，这两种趋势实际上异曲同工，走向一种共同的模式，即通用的贯穿采购业务全过程的数字化采购链基础设施。每一个企业将在这个通用的采购链基础设施之上建构自己独特的包括采购运营和销售在内的供应链。由于每一个企业的销售本质上都是其他企业采购链的一部分，每个企业将既把这个基础设施当成采购链，又当成销售链。当电子招标投标交易平台和网上商城最终变成通用采购链以后，就自然地把自己从单一企业的数字化机构变成了通用的行业交易平台，成为行业通用业务基础设施。《国有企业网上商城采购交易规范》本质上是为这个行业基础设施奠基。

七、案例：易派客网上商城

主编按语：易派客是中国石化旗下的工业品电商平台，践行“让采购更专业”的理念，提供泛工业品采购、销售、金融、综合服务，具备中文平台和英语、俄语、西班牙语版国际业务平台，致力打造阳光、诚信、可信赖、负责任的工业品电商平台，易派客已经成为我国较大的国有企业网上商城。

（一）平台建立背景与意义

1. 物资采购管理基础

物装（国事）履行中国石化集团公司党组赋予的“物资管理部、中央采购部、国际贸易部‘三位一体’职能”，形成了“总部和直属企业两级集中，对内归口管理、对外统一采购，上下分工协作的物资采购管理体制大格局”，实现采购管理体制、运行机制、管理制度、业务流程、供应资源平台、电子商务平台和招投标平台“七统一”，从粗放采购、分散采购发展为价值采购，采购管理水平全面提升。2012 年被国务院国资委选树为中央企业采购管理领域的唯一标杆，成为各央企对标样板，荣获第十九届国家级企业管理现代化创新成果一等奖，2014 年被授予中央企业采购管理提升先进单位，2015—2019 年在中央企业采购管理对标评估中连续位于中央企业前列，为进一步推进物资采购管理创新发展奠定了坚实基础。

2. 物资采购信息化发展基础

2000 年 8 月，中国石化自主研发的物资采购电子商务系统（EC）上线运行。2009 年，国务院国资委将中国石化物资采购电子商务系统列为中央企业信息化示范工程，国家工业和信息化部将中国石化网上采购作为供应链信息化类工业信息化典型案例第 001 号在其官方网站上向社会推广。此外，中国石化投入建设ERP、信息化标准管理系统、数据仓库（BW）系统、供应资源管理系统等多个采购基础信息系统，推动采购信息数字化、标准化，保障了集团公司物资采购体系合规高效运行。

3. 建设电商平台服务集团公司物资供应

2015年以来，互联网经济迅速发展，国家提出“互联网+”行动计划，物装（国事）在多年积累的采购管理实践和电子化应用实践基础上，面向工业品电商“蓝海”，将供应链与互联网融合，全力打造更具灵活性、开放性、共享性的SC2B创新模式的易派客工业品电商平台，对内服务集团公司生产建设。

一是落实依法合规采购。通过电子化手段将相关要求固化到信息系统中，实现刚性执行。资源选择、价格确定、合同执行、资金支付等全程记录在案，物流、资金流、信息流全程受控。借助信息系统，实现规范操作，防范风险、保障安全。

二是助力阳光透明采购。通过易派客平台全面实行“三开”，搭建快捷的供应商注册通道，敞开大门让供应商服务有机会，吸引集聚供应资源；公开规则寻得性价比最优合作，评价优选供应资源；放开平台主动接受各方监督，开放共享供应资源。

三是助力保供降本增效。将集团公司直采、组采物资全面推上易派客平台，最大限度推动自采物资上平台，大力推进市场化扩采物资上平台，优化采购生态、提高采购效率、降低采购成本，为集团公司生产运营和重点工程建设项目提供了有力的物资供应保障。

4. 建设电商平台引领采购管理转型发展

2016年4月18日，易派客平台正式投入商业运营，对外满足社会企业需求，共享平台资源，创造价值增值。

一是提高采购工作效能。电子化采购平台面向用户方，跨地区、跨企业、跨项目最大限度集合需求，形成采购批量，与供应商达成一揽子框架协议，减少简单重复询价比价，将采购人员从烦琐的业务操作处理中解放出来，转向市场研究、成本分析、采购策略编制等管理控制型工作，大幅提升了采购组织的工作效能。

二是支撑采购管理变革。从2000年电子商务平台应用开始，中国石化集中统一的采购管理改革步伐显著加快。电子商务、ERP、数据仓库等信息系统，有效地统一了各直属企业的采购组织架构，确保集团公司物资采购管理“七统一”要求得到严格落实，各项改革措施逐一落到实处。电子化采购对强力提升中国石化采购管理水平、步入中央企业采购管理前列发挥了重要作用。

三是推动采购成果共享。随着电子化采购体系的不断完善，推动了采购需求的高效整合和采购资源的高度集中，中国石化业已成熟的物资采购管理体系、管理优势和电子商务建设运营经验助力提升服务能力，营造出以中国石化供应链为核心，供应商、社会采购商、第三方服务商共同参与的供应链电商生态体系，推动了中国石化采购成果在全社会范围的共享。

（二）平台优势

1. 核心业务优势

（1）专家采购。

一是具有强大的技术支撑后盾。中国石化拥有9家科研院所和8家设计院所，在诸多领域掌握着前沿的研发技术，可以为易派客的采购提供技术标准、工艺设计、质量检验、性能评价等方面更专业的技术支撑。

二是拥有资深的专业采购队伍。拥有1.5万名具备深厚专业技术功底、采购业务工作背景的采购人员队伍，在美国、日本、德国、俄罗斯、阿联酋等14个国家和地区以及北京、天津、南京、上海、武汉、重庆、湛江等城市设有已从事进出口业务37年的26家进出口专业机构，全球采购业务遍及100多个国家和地区，拥有强大的资源获取能力。

三是具有严谨的全程质量控制。持续推进易派客标准（ES），对交易供应商实行资格审查，做到“见工厂、见装备、见管理、见产品、见业绩”；严格评价，层层把关使用环节，跟踪产品制造质量，确保每一件上线商品质量优良；严格评级，实施易派客标准，严格供应质量履约评价，杜绝一切假冒伪劣。

（2）行家招标。

一是具有权威认证的招标资质。拥有国家发展改革委中央投资项目及商务部进口机电产品两项甲级招标代理资质，从事招标服务近20年，在北京、上海、天津、重庆、南京、武汉、宁波、大连、湛江等地建立招标机构，有超过 200 人的招标管理队伍。

二是具有专业的评标队伍。拥有 10000 人组成的资深评标专家团队，涵盖技术、工艺、质控、经济、管理等专业，评标范围包括大宗原材料、精细原料、钢材、设备、电气、仪表、劳保用品、办公用品、特种材料等物资品种。

三是具有标准的选品过程。按照“依法合规、公开透明”的原则，综合考量产品特点和竞争充分性，依据对成本构成、市场行情、未来走势等进行剖析，制订采购方案和招标方案，通过竞争方式确定供应商和价格，在易派客展示性价比优的供应产品。

四是具有全流程电子化的招投标平台。易派客电子招标投标平台，作为国家发展改革委首批确定的中央企业电子招投标试点平台，通过中国信息安全认证中心认证，获得电子招标投标系统最高等级认证证书。物资采购招标投标业务均在电子招标平台上完成，实现电子招标投标全流程化操作。

（3）管家服务。

一是管资源，持续丰富供应资源。在全球范围内搜寻优质供应资源，稳定出上线产品，目前将业已成熟的超过 300 万种商品全部上线推广。

二是管需求，用户至上满足需求。分析用户需求，发挥工程、技术、质控、管理、服务等方面的专业采购优势，汇集需求、以需寻供，为客户寻商寻源，提供满足个性化需求的管家式高效服务。

三是管质量，全程保障服务质量。牢固树立和践行质量第一，为用户提供质量监造、催交催运、到货检验、技术协助、售后服务、交易纠纷处理等一站式服务。

（4）大家共享。

一是共享优质资源。敞开 8 万余家供应商的供应资源，面向社会提供性价比优、竞争力强的产品和服务。同时，高度融合内外各类需求，深度挖掘供应资源，供各关联方共享。

二是共享增值服务。不断探索推出易标准、易支付、易保理、易权通、易生活、易商旅、易认证、易保险、易物流等“易系列”服务板块，触及多领域、全过程业务，为关联方提供价值增值服务。

2. 模式创新

（1）SC2B 运营模式。

易派客平台基于多年的实践积累，创造性地提出了 SC2B（Supply Chain to Business，供应链对企业）模式。与传统的 B2B 模式不同，SC2B 是一种强调以供应链核心企业需求为基础，不断富集需求与其他企业交易的电商模式。一方面，易派客本身拥有庞大的采购需求，在资源掌握、议价能力、国际贸易方面优势突出，能够吸引广大企业用户并不断聚集用户需求，而随着需求的聚集，又有助于资源掌握、议价能力的提升，从而驱动供应链实现主体融通、资源匹配、效能提升。另一方面，易派客平台推动从原材料到最终产品的产业链贯通，供应链上下游企业可以通过平台在线采购实现供应链在线化、网络化和协同化，应用物联网、大数据、云计算等现代信息化手段建立来源可查、去向可追、责任可究的产品质量安全追溯机制，建设数据化、透明化、可追溯的平台供应链。

（2）“六通”业务模式。

易派客尊重电商发展规律、适应电商运营环境，积极践行新业态下的工业品电商运营新模式，持续探索、不断实践，已经形成具有引导性、复制性、推广性的“纵向贯通产业链，横向融通供应链，金融助通资金链，多向打通服务链，嫁接连通制造链，合作互通贸易链”的“六通”特色业务模式，致力于持续提升易派客网上商城平台的生命力和竞争力。

一是纵向贯通产业链。易派客聚焦产业链，为供应商搜寻供应商，为供应商找寻用户方，实现产业链的贯通。例如，铜精矿—电解铜—铜杆—电缆是典型的制造产业链，易派客汇集产业链制造企业，全面梳理产业共性元素，从铜精矿原材料到电解铜、铜杆等半成品，再到电缆等电气产品，最后到设备制造企业及最终用户，打通上下游，纵向实现电缆生产制造产业链全面贯通。

二是横向融通供应链。易派客聚焦供应链，集成共同需求，架起供应商与供应商之间高效、经济、便捷的桥梁，实现供应链的融通。

三是金融助通资金链。易派客聚焦企业融资需求，应用大数据，助力关联方获得融资支持，实现资金链助通。易派客推出供应链金融服务，为关联方拓展融资渠道，依托平台大数据分析，在线开展商业保理服务。

四是多向打通服务链。易派客聚焦服务链，多向助力企业，开展增值服务，提高效率，降低成本。例如，2020 年疫情期间，“易保险”针对中小企业复工风险，推出“复工保”“企业关爱保障”“员工自购保障”三款针对性保险服务，满足平台关联方及其员工生产生活需要。“易商旅”针对复工复产员工的隔离安置需求，联合各大酒店集团向企业用户提供“安心隔离酒店”，经政府报备，提供安全消毒、分餐配送等安全隔离服务。“易生活”为关联方提供口罩、消毒液等防疫物资。

五是嫁接连通制造链。易派客聚焦制造链，为制造企业跨越产业边界、实现产品创新提供平台，助力制造企业转型升级。

六是合作互通贸易链。易派客聚焦贸易链，提供内外贸、全流程、线上线下、一体化解决方案，致力互联互通、贸易融通。例如，助力不锈钢管制造企业，依托易派客平台，走向国际。

（三）发展历程与主要服务

易派客在服务中国石化的基础上，对外满足社会企业需求，共享平台资源。

1. 国际业务平台

易派客践行国家互利共赢的对外开放战略，推动共建“一带一路”高质量发展，助力贸易自由化和经济全球化，助推全球经济互联互通，在易派客中文站基础上，敞开大门、面向世界，创新打造易派客国际业务平台，先后推出国际业务平台英语、俄语、西班牙语版。2017 年 4 月 18 日，推出易派客国际业务平台（英文版 global. epec. com）；2018 年 3 月 16 日，俄语版、西班牙语版正式上线运行，吸引更多的中国企业走向世界，让世界优质产品进入中国，为全球工业企业搭建贸易融通的桥梁。2020 年 9 月 30 日，中文站与国际站资源互通项目正式上线，实现中文站与国际站资源同步展示，多语种在线无障碍交流，易派客成为内外贸一站式服务工业品电商平台。

易派客国际业务平台立足“高精尖”，依托易派客标准（ES），精选全球优质资源，致力于搭建全球工业品贸易的展示推介平台、服务支持平台、贸易融通平台，推介“中国制造、中国创造、中国创新”，吸引更多的中国企业走向世界；引进国外优质资源，让更多全球优秀企业进入中国。业务范围涵盖美国、德国、俄罗斯、印度等104个国家和地区，涉及原料、材料、设备、化工等多个专业领域。

易派客国际业务平台被金砖国家工商理事会批准为服务金砖国家的电子商务平台，并荣获联合国全球契约组织颁发的“实现可持续发展目标2017中国企业最佳实践”等殊荣。

2. 一体化连接

2017年4月，易派客平台创新推出与关联方进行一体化连接的工业品电商平台建设与运营模式。旨在实现信息系统高效集成，无缝连接；实现业务流程贯通，数据自动交换；实现跨越企业边界，共同打造“互联网+”供应链生态圈。传统的电商平台采购业务操作是通过类目导航或搜索引擎查找物料，加入购物车生成订单。这种方式不适合规模大、频次高、涉及物料多的工业品采购。特别是对于已经实施电子化采购的企业来说，由于没有进行系统集成，导致采购人员要在不同系统上进行操作，效率低、易出错。

一体化连接采取关联方系统调用接口和调取消息方式，易派客不直接访问关联方系统，可保证关联方系统安全，提高供给质量和效率，使业务流程标准化，让商品选择智能化。实现采购业务流程贯通、业务数据共享，简化业务操作、提高工作效率。

3. 易派客标准

2018年，易派客积极响应国家信用体系建设号召，以法人信用认证、产品质量评价、履约动态考评、市场业绩表现为核心内容，创新推出国内首个工业品企业及产品评价标准——易派客标准体系（ES），专注于对企业及工业品进行精确评价、精准画像、精挑细选。法人信用认证（ECC，Epec Credit Certification），依托第三方商业信用评价机构，从基本资质、经营绩效、财务状况、信用记录等方面，对法人主体进行合规守信状况评价，给予综合信用评级，建立守信激励、失信惩戒机制，助力社会诚信体系建设。产品质量评价（EQE，Epec Quality Evaluation），联合第三方权威质量评价机构，从资质等级、装备能力、质量保证体系、产品性能检测等方面，围绕工业品属性特征，确定性能评价指标，对产品满足先进标准或技术规范水平给予专业评定，致力推动工业品质量评价由功能型向性能型转变。履约动态考评（EDP，Epec Dynamic Performance Appraisal），以大数据量化评价履约行为，科学设置评价指标，从质量、服务、交付等方面，量化考评企业交易行为，客观反映履约能力，促使关联方重质量、重服务、重品牌、重口碑。市场业绩表现（EMP，Epec Market Performance），依托大数据技术，从行业认可、采购变革、创新引领等维度，综合评价企业市场业绩情况，致力培育创新发展新模式。

通过建立易标准（ES），对平台关联方进行综合评价，定期发布易标准指数数据榜、产品评价数据榜、贸易融通数据榜，作为入驻平台的"信用证"、市场推介的"资质证"、开展合作的"通行证"，在招标投标采购业务中全面应用易标准数据，旨在树立行业标杆、产品标准和市场标尺，厚植品牌优势，铸就工匠精神，促进提质增效，全面营造品质为先、质量至上的商业新生态，全面助力供给侧结构性改革。

2019 年 4 月 9 日，国家市场监督管理总局国家标准化管理委员会批复同意易派客筹建国家技术标准创新基地（工业品电子商务）。经过两年的建设，创新基地基本建成了覆盖主要工业产品的质量评价标准体系。

4. 供应链阳光行动

2019 年，易派客聚焦供应链阳光透明，全面推行供应链阳光行动，推动采购标准化、制造数字化、物流透明化、信息互联化，高效协同供应链上下游资源，全面营造诚实可信的商业新环境。

（1）推进采购标准化。

一是标准引领。应用易派客标准，提高采购专业化水平，实现简约高效、高标准采购。二是渠道透明。从源头选择经过认证及评价的企业和产品，实现安全可靠、高品质采购。三是性价比最优。通过标准化招标、简约化投标、智能化评标，实现依法合规、高性价比采购。

（2）推进制造数字化。

一是工艺管控。主要工艺路线、工艺流程、工艺参数在线呈现，实现关键工序实时把控。二是品质管控。产品检测过程、检测方法、检测记录在线可查，实现全程品质管控追溯。三是风险管控。开展设备状态、制造进度、质量状况在线监控，实现风险实时预警应对。

(3) 推进物流透明化。

一是可追溯。物流方式完整共享，路径信息详细记录，实现物流全程可追溯。二是可跟踪。接单配送全程在线，存储交付实时跟踪，实现物流全程可视。三是可验证。订单状态及时更新，物流轨迹动态查询，实现交易真实验证。

(4) 推进信息互联化。

一是资源管理一体化互联。与关联方 ERP 系统互联，实现需求匹配、订单交互、在线支付的全流程电子化交易。二是生产制造系统化互联。与关联方生产系统互联，实现产品设计、生产制造的全方位信息交互。三是物流仓储可视化互联。与关联方物流系统互联，实现入库出库、仓储运输的全过程信息共享。

易派客着力推进供应链阳光行动，旨在建立共享可视、阳光透明、安全可信、永久追溯的现代数字供应链，让采购更专业；旨在集聚诚信为本、品质至上、服务优良、体验友好的国内外一流品牌及企业，让产品服务更诚信；旨在构建开放透明、互信共赢、高效协同、价值共享的可持续电商发展模式，让商业生态更健康。

(四) “易系列” 增值服务

互联网经济下的电商业态，正在朝着集商品交易、在线支付、物流配送、技术支持、金融服务、信用支撑于一体的电商平台生态体系加速发展。易派客持续创新和探索实践，不断增强内涵服务能力，不断拓宽外延服务范围，与关联方共同构建以电商增值业务为核心的“易系列”服务板块，致力于打造阳光诚信、绿色安全、开放共享的电商生态，利用互联网、大数据等现代信息技术手段，助推国家治理体系和治理能力现代化。

1. 易支付，为关联方提供安全友好的支付担保

易派客联合金融机构，创新推出工业品电商 B2B 在线支付系统，依法合规、安全高效，搭建起便捷友好的电子支付环境。选择担保支付，买方通过易支付在平台支付货款，交易资金进入平台监管账户代为保管，待买方收货验收确认后，交易货款在第一时间转入卖方的账户。平台实时展示交易资金流向，买卖双方实时掌握支付进度和状态，有效联通供应方、平台方、用户

方，实现交易行为数据化、交易数据价值化。

易支付服务于2016年12月26日上线运行。

2. 易保理，为关联方打通高效便捷的融资渠道

易派客聚焦部分关联方融资难的痛点，以中国石化生产经营业务为基础，开展交货后有追索权的保理、交货后无追索权的保理、针对部分优质生产企业开展订单保理三类保理业务，为关联方提供精准、高效的供应链金融服务。易保理服务与商业银行保理服务相比，具有融资效率高、融资期限活、融资流程短、不占用授信额度等优势，快速帮助关联方解决融资需求，缓解资金压力。

2018年3月15日成立商业保理公司。

3. 易权通，为关联方提供快速灵活的债权转移方式

易派客助力国家诚信体系建设，利用先进的金融科技技术，创新推出电子债权流转服务，充分发挥核心企业在供应链中的作用，实现核心企业带动供应链中小企业共同发展，有效缓解中小企业融资难的问题。基于债权凭证转让的易权通服务，具有可拆分、可流转、可融资等特点，全方位服务于供应链每个经济体的交易结算，为平台会员提供无成本的应收应付清账服务，有助于缓解企业资金紧张状况，助力推动供应链上下游资源高效协同，共建阳光商业生态。

易权通服务于2020年7月9日上线运行。

4. 易生活，为关联方提供劳保福利数字化解决方案

易派客积极探索B2B2C业务模式，依托中国石化品牌议价优势及全球供应链资源，推出易派客生活馆，为企业提供阳光、便捷、高效、实惠的一站式企业劳保福利采购服务，为企业劳保福利提供数字化、平台化解决方案，助力企业降低管理成本、提高管理效率，提升员工满意度、获得感。

易派客生活馆于2020年4月18日上线运行。

5. 易商旅，为关联方定制舒适省心的商旅服务

易派客精心打造商旅服务平台，推出购买机票、火车票，预订酒店，预订商务租车等业务，为关联方提供差旅及特色化定制旅游的一站式服务。易派客商旅服务平台具有数据安全、便捷高效、产品丰富、合规透明、节约成本等优势，通过线上审批、预订、分析等多样化服务，助力关联方优化差旅

业务管控流程，节约管理成本，提升管理效率。

易商旅服务于2019年1月31日上线运行。

6. 易认证，为关联方开展知识创新能力评价

易派客创新推出知识创新能力评价服务，构建关联方知识产权数据平台，在开展知识产权管理体系认证服务的基础上，建立知识创新能力分级评价标准体系，综合考核关联方的主体信誉、资源能力、研发能力、管理能力等，给予评定分级。通过知识创新能力评价，帮助关联方评估其核心产品、技术、服务的先进性、可靠性和可持续性，不断提高关联方知识产权创造、运用、保护和管理能力，加强知识产权风险防控，不断提高创新能力与核心竞争力，助力知识产权强国建设。

易认证服务于2019年9月6日上线运行。

7. 易保险，为关联方筑牢安心可靠的风险保障

易派客探索打造集保险产品展示、购买、理赔、咨询等功能于一体的保险业务服务平台，为关联方企业提供全方位的风险评估和保险定制服务，涵盖企业经营过程中的企业财产、企业信用、质量保证、物流运输等板块以及企业员工的意外、医疗、重疾等项目服务。重点推出贸易信用险，助力关联方企业防范采购及销售业务中存在的信用风险、赊销风险和资金风险。

易保险服务于2019年11月20日上线运行，陆续推出企业信用保险、投标保证金保险、货物运输险、履约保证金保险等产品。

8. 易物流，为关联方提供物流解决方案

易派客致力于打造自营物流与管理物流相结合的物流业务模式，统筹物流设施、仓储设施、运输设备等资源配置，建立支撑平台业务发展的物流业务系统，为关联方提供多渠道联运、专线运输、仓储配送等一体化物流解决方案。为更好地服务平台物流商高效便捷进行物流管理，易派客打造推出物流云平台，通过全面集成物流信息，贯通采购订单与物流业务流程，实现接单、配送、存储、交付等物流信息全程可跟踪，实现平台订单流、物流、资金流、信息流“四流合一”，促进平台交易透明、阳光、高效、可追溯，助力平台用户数字化转型升级。

易物流服务于2020年11月27日上线运行，易派客物流云平台于2021年

2月7日上线运行。

9. 易专区，为关联方提供专业化采销服务

易派客平台聚焦融通产业链上下游企业采购需求，为关联方提供专业化采销服务。不断优化完善钢铁、阀门、科研、劳保、MRO等专区功能，为用户提供专业的一揽子解决方案。

阀门专区。贯通阀门产业链，做细做优阀门产品，聚焦产业链企业痛点，整合铸锻件、圆钢、执行机构等阀门全产业链的供应资源，为平台上的关联方提出最优解决方案。

钢铁专区。围绕合金、不锈等金属材料，推动钢铁、管材企业由传统销售向电商销售的转变，集合应急储备库存、钢厂常备库存、设备厂积压库存、境内外库存商库存以及可调用的中间产品和原材料资源，打造“联储联营”模式，以“真实资源”“实时信息”为原则，满足一站式物资寻源。

科研专区。优化科研物资招标采购范围，简化科研院所内控流程设置，精简审批环节。

外贸商品专区。积极响应国家“出口转内销”号召，充分发挥易派客展示推介、服务支持、贸易融通优势，打造外贸商品专区。

废旧物资处置专区。积极响应国务院关于“互联网+资源循环”的号召，发挥易派客的供应链资源整合优势，改变大多数企业废旧物资处置所采用的传统线下操作模式，帮助企业在更广的范围内寻找合适的购买商，为购买商提供更多的物资处置信息，推动资源循环利用。易派客废旧物资处置专区于2020年9月30日上线运行，贯通平台物资处置申请、处置方案编制、处置公告发布、购买商注册、网上公开竞价、交易结算等物资处置全业务流程，实现交易在线协同，充分打破了地域限制，处置过程公开透明。

（作者：中国石油化工集团有限公司　王志刚　张鸿剑）

八、补充资料：国资委对国有企业数字化的要求

主编按语：数字经济是一场生产方式的变革。数字技术深刻地改变着生

产力，极大提高了企业生产效率。同时企业的生产组织也在进行着调整。2020年8月，国务院国资委办公厅发布了《关于加快推进国有企业数字化转型工作的通知》，明确了国有企业数字化的发展方向，对国有企业网上商城的发展具有重要的推动作用。网上商城采购实际上是企业数字化的重要组成部分，对企业的供应链数字化又重要影响。本书将该通知的主要内容和要求附后，供网上商城建设和运营机构对标。

《关于加快推进国有企业数字化转型工作的通知》

各中央企业，各省、自治区、直辖市及计划单列市和新疆生产建设兵团国资委：

为贯彻落实习近平总书记关于推动数字经济和实体经济融合发展的重要指示精神，落实党中央、国务院关于推动新一代信息技术与制造业深度融合，打造数字经济新优势等决策部署，促进国有企业数字化、网络化、智能化发展，增强竞争力、创新力、控制力、影响力、抗风险能力，提升产业基础能力和产业链现代化水平，现就加快推进国有企业数字化转型工作的有关事项通知如下：

一、提高认识，深刻理解数字化转型的重要意义

深入学习领会习近平总书记关于推动数字经济和实体经济融合发展的重要指示精神，研究落实党中央、国务院有关政策，将数字化转型作为改造提升传统动能、培育发展新动能的重要手段，不断深化对数字化转型艰巨性、长期性和系统性的认识。发挥国有企业在新一轮科技革命和产业变革浪潮中的引领作用，进一步强化数据驱动、集成创新、合作共赢等数字化转型理念，系统组织数字化转型理论、方法和实践的集中学习，积极开展创新大赛、成果推广、树标立范、交流培训等多种形式的活动，激发基层活力，营造勇于、乐于、善于数字化转型的氛围。

二、加强对标，着力夯实数字化转型基础

（一）建设基础数字技术平台

运用5G、云计算、区块链、人工智能、数字孪生、北斗通信等新一代信

息技术，探索构建适应企业业务特点和发展需求的“数据中台”“业务中台”等新型IT架构模式，建设敏捷高效可复用的新一代数字技术基础设施，加快形成集团级数字技术赋能平台，提升核心架构自主研发水平，为业务数字化创新提供高效数据及一体化服务支撑。加快企业内网建设，稳妥推动内网与互联网的互联互通。优化数据中心布局，提升服务能力，加快企业上云步伐。

（二）建立系统化管理体系

应用两化融合管理体系标准（GB/T 23000 系列），加快建立数字化转型闭环管理机制，以两化融合管理体系促进企业形成并完善数字化转型战略架构。积极推进数字化转型管理工作与质量管理、信息安全、职业健康管理等体系的融合应用。建立数字化转型诊断对标工作机制，定期开展诊断对标，持续提升新一代信息技术与企业业务融合发展水平。

（三）构建数据治理体系

加快集团数据治理体系建设，明确数据治理归口管理部门，加强数据标准化、元数据和主数据管理工作，定期评估数据治理能力成熟度。加强生产现场、服务过程等数据动态采集，建立覆盖全业务链条的数据采集、传输和汇聚体系。加快大数据平台建设，创新数据融合分析与共享交换机制。强化业务场景数据建模，深入挖掘数据价值，提升数据洞察能力。

（四）提升安全防护水平

建设态势感知平台，加强平台、系统、数据等安全管理。使用安全可靠的设备设施、工具软件、信息系统和服务平台，提升本质安全。建设漏洞库、病毒库、威胁信息库等网络安全基础资源库，加强安全资源储备。搭建测试验证环境，强化安全检测评估，开展攻防演练，加快培养专业人才队伍。

三、把握方向，加快推进产业数字化创新

（一）推进产品创新数字化

推动产品和服务的数字化改造，提升产品与服务策划、实施和优化过程的数字化水平，打造差异化、场景化、智能化的数字产品和服务。开发具备感知、交互、自学习、辅助决策等功能的智能产品与服务，更好地满足和引导用户需求。

（二）推进生产运营智能化

推进智慧办公、智慧园区等建设，加快建设推广共享服务中心，推动跨企业、跨区域、跨行业集成互联与智能运营。按照场景驱动、快速示范的原则，加强智能现场建设，推进5G、物联网、大数据、人工智能、数字孪生等技术规模化集成应用，实现作业现场全要素、全过程自动感知、实时分析和自适应优化决策，提高生产质量、效率和资产运营水平，赋能企业提质增效。

（三）推进用户服务敏捷化

加快建设数字营销网络，实现用户需求的实时感知、分析和预测。整合服务渠道，建设敏捷响应的用户服务体系，实现从订单到交付全流程的按需、精准服务，提升用户全生命周期响应能力。动态采集产品使用和服务过程数据，提供在线监控、远程诊断、预测性维护等延伸服务，丰富完善服务产品和业务模式，探索平台化、集成化、场景化增值服务。

（四）推进产业体系生态化

依托产业优势，加快建设能源、电信、制造、医疗、旅游等领域产业链数字化生态协同平台，推动供应链、产业链上下游企业间数据贯通、资源共享和业务协同，提升产业链资源优化配置和动态协调水平。加强跨界合作创新，与内外部生态合作伙伴共同探索形成融合、共生、互补、互利的合作模式和商业模式，培育供应链金融、网络化协同、个性化定制、服务化延伸等新模式，打造互利共赢的价值网络，加快构建跨界融合的数字化产业生态。

四、技术赋能，全面推进数字产业化发展

（一）加快新型基础设施建设

充分发挥国有企业新基建主力军优势，积极开展5G、工业互联网、人工智能等新型基础设施投资和建设，形成经济增长新动力。带动产业链上下游及各行业开展新型基础设施的应用投资，丰富应用场景，拓展应用效能，加快形成赋能数字化转型、助力数字经济发展的基础设施体系。

（二）加快关键核心技术攻关

通过联合攻关、产业合作、并购重组等方式，加快攻克核心电子元器件、高端芯片、基础软件、核心工业软件等关键短板，围绕企业实际应用场景，加速突破先进传感、新型网络、大数据分析等数字化共性技术及5G、人工智能、区块链、数字孪生等前沿技术，打造形成国际先进、安全可控的数字化转型技术体系。

（三）加快发展数字产业

结合企业实际，合理布局数字产业，聚焦能源互联网、车联网等新领域，着力推动电子商务、数据资产运营、共享服务、平台服务、新零售等数字业务发展，打造规模化数字创新体，培育新业务增长点。面向企业数字化转型需要，加强资源整合优化，创新体制机制，培育行业领先的数字化服务龙头企业，研发和输出数字化转型产品和系统解决方案。

五、突出重点，打造行业数字化转型示范样板

（一）打造制造类企业数字化转型示范

以智能制造为主攻方向，加快建设推广智能工厂、数字化车间、智能炼厂、智能钢厂等智能现场，推动装备、生产线和工厂的数字化、网络化、智能化改造，着力提高生产设备数字化率和联网率，提升关键工序数控化率，增强基于数字孪生的设计制造水平，加快形成动态感知、预测预警、自主决策和精准执行能力，全面提升企业研发、设计和生产的智能化水平。积极打造工业互联网平台，推动知识能力的模块化、软件化和平台化，加快产业链供应链资源共享和业务协同。

（二）打造能源类企业数字化转型示范

加快建设推广智慧电网、智慧管网、智能电站、智能油田、智能矿山等智能现场，着力提高集成调度、远程操作、智能运维水平，强化能源资产资源规划、建设和运营全周期运营管控能力，实现能源企业全业务链的协同创新、高效运营和价值提升。

（三）打造建筑类企业数字化转型示范

重点开展建筑信息模型、三维数字化协同设计、人工智能等技术的集成应用，提升施工项目数字化集成管理水平，推动数字化与建造全业务链的深度融合，助力智慧城市建设，着力提高BIM技术覆盖率，创新管理模式和手段，强化现场环境监测、智慧调度、物资监管、数字交付等能力，有效提高人均劳动效能。

（四）打造服务类企业数字化转型示范

着力推进智慧营销、智慧物流、智慧金融、智慧旅游、智慧供应链等建

设，推动实体服务网点向虚拟智慧网点转变，打造智慧服务中心，发展基于互联网平台的用户服务，打造在线的数字服务产品，积极创新服务模式和商业模式，提升客户体验，提高客户黏性，拓展数字服务能力，扩展数字业务规模。

六、统筹部署，多措并举确保转型工作顺利实施

（一）制定数字化转型规划和路线图

结合企业实际，制定企业数字化转型专项规划，明确转型方向、目标和重点，勾画商业模式、经营模式和产业生态蓝图愿景。以构建企业数字时代核心竞争能力为主线，制订数字化转型方案，纳入企业年度工作计划，明确相关部门和岗位工作要求，加强动态跟踪和闭环管控。加快企业数字化治理模式、手段、方法升级，以企业架构为核心构建现代化 IT 治理体系，促进 IT 投资与业务变革发展持续适配。运用数字化转型服务平台（http：//gq. dlttx. com），开展诊断对标。

（二）协同推进数字化转型工作

建立跨部门联合实施团队，探索建设数字化创新中心、创新实验室、智能调度中心、大数据中心等平台化、敏捷化的新型数字化组织，推动面向数字化转型的企业组织与管理变革，统筹构建数字化新型能力，以钉钉子的精神切实推动数字化转型工作，一张蓝图干到底。对接考核体系，以价值效益为导向，跟踪、评价、考核、对标和改进数字化转型工作。

（三）做好数字化转型资源保障

要实行数字化转型一把手负责制，企业主要负责同志应高度重视、亲自研究、统筹部署，领导班子中明确专人分管，统筹规划、科技、信息化、流程等管控条线，优化体制机制、管控模式和组织方式，协调解决重大问题。建立与企业营业收入、经营成本、员工数量、行业特点、数字化水平等相匹配的数字化转型专项资金投入机制。加快培育高水平、创新型、复合型数字化人才队伍，健全薪酬等激励措施，完善配套政策。

国务院国资委将加强对国有企业数字化转型工作的指导，组织数字化转型线上诊断，开展“一把手谈数字化转型”工作，遴选推广数字化转型典型案例和解决方案，推进数字化转型协同创新平台建设，组织数字化转型相关交流研讨，切实推动国有企业数字化转型工作。

（资料来源：国务院国有资产监督管理委员会网站）

第三章　网上商城采购术语和定义

既然标准和规范是一套关于特定主题的确定性知识体系，那么，标准和规范就必定具有自己的知识表示方法。人类表示知识的基本方法是概念和判断。在标准化文件的相关规定中，概念表现为术语。对术语的定义是其知识体系的基础。因此，每一个标准化文件必先要对其专用术语进行定义。《国有企业网上商城采购交易操作规范》所表达的是一个新生的知识体系，在实际工作中的许多概念处于混乱状态，因而必须对这个知识体系相关的基本概念进行明确定义，才能满足基于标准和规范进行交流的要求。

同时我们还要看到，网上商城采购还是基于数字化和智能化的采购模式。这些术语和概念的定义就不仅是交流的需要，更涉及其在计算机系统和交易平台上的知识表示和数据集聚以及算法实现。因此，对本规范中术语和定义的解释就更加必要了。

一个经典概念的定义就是一个命题。这个概念由三部分组成，即概念名、概念的内涵表示和概念的外延表示。概念名由一个名词表示。概念的内涵用命题表示，反映和揭示概念的本质属性，是非真即假的判断句。在现代科学研究中，概念内涵表示是可计算的，数理逻辑规定了基于概念内涵的算法。概念的外延表示由概念指称的具体实例组成，是一个由满足概念内涵表示的对象构成的经典集合。概念的外延表示是可观测可计算的。集合论实际上是基于概念外延表示的算法。GB/T 1. 1—2020 明确要求“定义 = 用于区分所定义的概念同其他并列概念间的区别特征 + 上位概念”表示，实际上是规定其术语定义采取内涵定义的形式。因此，在本规范中的所有定义，如同其他规范一样，采用内涵定义。

但是，对于网上商城这样的交易平台来说，其相关标准和规范仅局限于内涵定义来表达其术语概念是不够的，还必须辅之以其他知识表示。其一是基于集合论的外延表示。例如，网上商城的供应商实际上是一个集合。网上商城的商品和服务也是不同类型的集合。网上商城的每一个供应商，每一个商品，都由一系列属性的集合构成。这些属性共同构成了关于该主题的知识框架。一个术语实际上是一个知识框架，知识框架又是一系列实例的集合。只有用集合的概念来建构网上商城交易模式，才能为网上商城的数据分析和计算打下基础。其二，现代的知识表示理论更关注概念的模型化表达。一个模型定义了概念、事件、规则及其相关的知识表示，是对一个主题进行完整理解的基础。因而，概念和术语就成为基于模型的概念和术语。只有基于模型的理解，才能把握这些概念和术语。因此，在本规范中的概念和术语，都是基于"网上商城采购交易模型"而建构的。基于网上商城采购模型，本规范把术语分成四类，一是关于网上商城的术语，二是关于供应商及其商品和服务的术语，三是关于采购人的术语，四是关于采购业务模式的术语。

一、关于网上商城的术语

关于网上商城的术语如下。

3.1　网上商城 E－market

国有企业建立的提供给内部采购人使用的交易平台。网上商城通过一整套标准化业务模式、操作流程和技术措施将国家采购相关的法律法规和国有企业采购制度及合规要求固化在交易平台上，保证内部采购人实施采购业务的合规性、交易的可靠性和商品和服务的分发效率。

除《规范》中的以上术语外，还有两个相关网上商城的术语——网上商城采购和网上商城运营机构。

网上商城采购：网上商城采购是以网上商城为依托建立合规程序、业务模式和交易保证体系，同时集成互联网平台已有的电商资源和其他供应商资源和服务能力，满足国有企业采购程序和效率要求，为其内部采购人提供采购服务的新型互联网采购模式。

网上商城运营机构：负责网上商城运营、维护的专业化机构。

以上三个术语定义了网上商城采购的三要素，即平台、业务和运营。

首先，网上商城是一个采购平台，是一套数字化的采购基础设施。这是网上商城采购模式与其他采购模式的根本不同。目前，关于企业采购数字化有多种说法，包括云化采购、数字化采购、智慧化采购等不一而足，但其本质是一样的，都必须依托于一个采购平台。而且，这个采购平台必须在技术上支持达成完全交易，即保证交易双方在平台上完成标的物的交付和款项支付，完成交易全过程。同时，要通过技术设定和技术控制，确保交易的合法合规，消除交易双方的合规风险。在现代互联网和数字化、智能化技术支持下，网上商城采购平台有能力做到这一点。这是网上商城采购模式成立和发展的基础条件。

其次，国有企业网上商城采购模式是相对采购人而言的。这是国有企业网上商城与其他网上商城之不同。国有企业网上商城是买方建立的为下属或关联机构服务的采购服务模式，具有确定的卖家和买家。而其他网上商城则本质上是卖方建立的，为卖方服务的，只有确定的卖家而没有确定的买家。这样就决定了国有企业网上商城的重点不在做买卖，而是重点在做合规，建立业务的合规执行机制。因而网上商城采购必定是模式化的，即不同的采购项目要在相应的采购模式中执行，在确定的规则下完成交付与支付过程。

最后，既然网上商城是一套采购平台，必定需要专业的运营和维护。目前，许多国有企业都成立了电子商务公司，负责运营网上商城。

从长远来看，网上商城的出现，解决了困扰国有企业采购的许多重大问题。首先是零星采购、小额采购和应急采购问题。网上商城引入的平台型供应商实际上就是一个零星采购、小额采购和应急采购的资源池。这种资源池在互联网产生之前是不存在的。网上商城充分利用了这种资源和能力，解决了企业长久存在的这类采购人力多、成本高、漏洞大等问题。其次是战略采购问题。网上商城可以作为战略采购的执行平台，在战略框架下进行透明跟踪。使得战略采购的长远性和实际需求的灵活性得以协调。网上商城成为一种长期合同和短期需求的协调平台。同时，对集团企业来说，更是一个全局性集中采购与分散需求的协同平台。通过协同，集团企业的库存大大减少，而供应的稳定性、协调性却大大提高了。这种协同在没有互联网平台时，是很困难的工作。最后，使供应链成为供应网。这是网上商城给企业带来的又一重大变化。传统供应链管理在有了互联网采购平台以后，在网上商城形成了多家供应商的集合，实际上形成了一个供应商网络。这个供应商网络超出了单一供应链的范围，可以同时为同一专业领域的多家企业提供服务，通过采购平台创造价值。

二、关于供应商及其商品和服务的术语

关于供应商及其商品和服务的术语如下。

3.2　平台型供应商 platform supplier

具有独立法人地位、可为网上商城提供商品和服务的平台型电子商务企业。

注：包括各种消费品电商平台、工业品交易平台以及各类生产性、公共性和金融服务平台。

3.3　独立型供应商 independent supplier

独立于平台型供应商与网上商城直接对接的生产厂商和服务机构。

注：包括各类商品生产企业、工程承包企业和服务提供机构以及各类战略供应商、专业供应商和特色供应商。

3.9　准入协议 access agreement

网上商城管理部门与供应商签订的许可特定供应商入驻网上商城的协议或合同。准入协议规定供应商入驻网上商城的业务模式、商品和服务品类、定价方式、供应商责任和需遵守的交易规则。

注：按业务模式不同，可分为实时价准入协议、固定价准入协议和定制化准入协议。

除《规范》中的以上术语外，还有以下四个相关术语。

供应商：平台型供应商和独立型供应商的统称。

网上商城管理部门：国有企业内负责采购管理的各级职能部门。负责制定采购管理制度，遴选和管理合规供应商，监督网上商城合规运营。

供应商代码：网上商城为供应商赋予的标明供应商唯一性的代码。

商品与服务代码：网上商城为准入商品和服务赋予的标明商品和服务唯一性的代码。

以上术语定义了网上商城的供应端资源及其特性和表现形式。

关于平台型供应商

由于电商的出现，平台型供应商在供应中的地位越来越重要。这里，平台型供应商特指为网上商城供应商品和服务的电商，受《中华人民共和国电子商务法》（以下简称《电子商务法》）的约束。平台型供应商本质上是中间商。平台型供应商的能力在于把许多商品的生产商集聚在同一个交易平台上，形成了一个巨大的交易市场。与实体市场相比，其厂商规模和商品规模都不可同日而语。伴随着平台型供应商的出现，产生了新的供应生态体系。这个生态体系包括生产厂商、物流服务、融资服务、支付服务以及各种售后监测、检测服务等。利用平台型供应商资源，实际上就是利用这个生态体系。网上商城的基础就在于此。在这里我们要把平台型供应商看成一个社会服务体系。每一个平台型供应商在生态体系中的专业特性不同，生态体系的能力不同，以及质量保证、售后服务体系不同，其价值就不同。

关于独立型供应商

与平台型供应商相对的，我们称之为独立型供应商，也称为协议供应商。所谓独立，指的是独立于平台型供应商，自主建设自己的平台和生态系统。这类厂商，大部分是专业型厂商。对采购人来说，有一部分供应商，不可选择，不可替代，是其技术流程和产品体系的中心环节，具有战略地位。因而也被称为战略供应商。另一部分供应商，虽然可替代，但替代性较小，在采购人的供应体系中也占有重要地位，我们称之为主要供应商。战略供应商和主要供应商构成了独立型供应商的主体，独立型供应商的这种特性决定了企业采购与政府采购的不同，独立型供应商的选择往往是非竞争性的。

关于供应商准入

网上商城提供了一个平台型供应商和独立型供应商集聚的平台。在本规范中，这个平台并不是完全开放的，而是有选择的供应商集聚。由谁来选择，以什么标准选择，这是网上商城操作规范必须面对的问题。本规范把供应商准入的责任赋予了一个专门机构，即网上商城管理部门。这个管理部门负责制定供应商战略和制度，选择供应商，维护供应商关系。

一个国有企业或集团型机构，是否具备这样的管理部门，表明了该企业采购管理的集中程度，也表明了采购在该企业具有什么样的地位。据调查，国有企业采购管理体制主要分为四类。第一类为分散管理型。各分支机构独立决策，自行采购，总部不管。第二类为协调型。集团指导，分散采购。第三类为混合型。集团在战略层面和源头进行控制，但具体采购行为分散进行。第四类为集中管理型。企业所有商品和服务采购全部集中在采购部门，由采购部门负责统一调配。在上述四类采购管理体制中，第三类和第四类具有集中的准入机构。第三类体制虽然结构优良，但执行困难。第四类执行简单，但容易导致采购部门远离企业运营，对实际情况反映能力较差。在网上商城采购平台出现之前，第四类采购体制占优，大部分国有企业采购主要依靠物资部门进行集中管理。而在网上商城采购平台建立之后，第三类体制逐渐显示出优势，原有的集中采购管理部门转化为供应链战略部门，而由采购平台来具体负责采购战略的执行。

在现有技术条件下，国有企业采购的主要制度性变革就是负责合规准入的网上商城管理部门的建立。所谓合规准入，实际上就是根据企业的总体发展战略和供应链战略，建立供应商网络，支持公司的运营。在这个意义上，网上商城管理部门是集团公司的核心业务部门。体现着采购部门角色从一般业务部门向战略性部门的转变。网上商城在数字供应链中的集成地位必然要求采购决策和管理部门的提升。

关于准入协议

网上商城管理部门通过与供应商签订准入协议来建立其供应商网络，并把供应商的商品和服务导入网上商城，支持采购人的供应链体系。在大部分情况下，准入协议表现为框架协议。

在本规范中，框架协议具有特别重要的地位。首先，框架协议是供应商进入网上商城的门槛，只有签署了框架协议的供应商才可以进入网上商城的供应商社群。其次，框架协议具有制度性。框架协议规定了供应商接入网上商城的业务模式、商品和服务品类、定价模式以及相应的责任和义务。最后，框架协议的生成过程，是对供应商所提供商品和服务与采购人需求的符合性、匹配性评审的过程。

由此，就涉及框架协议的本质问题。我们需要研究框架协议是否为一个采购协议。长期以来，采购人员都认为框架协议是采购协议。实际上，当我们认真分析一下不同类型的框架协议时，我们就会发现，框架协议本质上不是采购协议，而是一个特定市场的招商协议。特别是对网上商城来说，更是如此。

很显然，框架协议是由采购协议演变而来的。当框架协议具有确定的标的物、唯一确定的供应商，仅仅是供货条款为分期供货，分期结算时，这种框架协议仍然是采购协议。而当框架协议具有两家以上供应商，且供货数量、时间不确定时，这样的框架协议就不再是采购协议，而变成了具有特殊条件的招商协议。这些协议本质上构造了一个“有限参与者市场”，在所谓的二次竞争时，由采购人选择。当框架协议发展到连价格都不确定时，框架协议就变成了完全招商协议。在这个意义上，所谓开放式框架协议和封闭式框架协议都是市场招商协议，不同的是协议所构成的市场范围大小不同。因此，框架协议是就某一类商品和服务市场进行招商，选择框架协议供应商，就一定不是就具体项目选择供货商和承包人，而是就某一类商品和服务的不同类别等级选择供应商群体。二次竞争才是真正的采购行为。框架协议确立了合格产品和服务，完成了最基本的技术认定和选择，二次竞争才是经济决策，是实际的采购决策。通过这种方式，降低了采购人选择的复杂性，降低了采购成本，提高了采购效率。这是为什么框架协议一定有二次选择的原因，也是框架协议的本质。

由此我们看到，有限市场性质的框架协议实际上为企业供应链创造了一个选择空间，是一个企业的供应关系网，是保证供应链稳定的有效手段。反过来，也要求企业为维护这个资源进行许多有效的工作。这是现代供应链中供应商关系维护的基础条件。在现代多变的市场环境中，这种维护变得更为重要。当前供应链安全已成为我国许多企业的重要课题。通过框架协议建构稳定的供应商关系网，不失为一种解决之道。对国有企业来说尤为重要。

在这种“有限市场中”，特别是在网上商城中，有限市场的资源就是可供的商品和服务。供应商及其商品和服务的唯一性表示就是供应商代码和商品与服务代码，它们代表了商城中的全部可供资源。

三、关于采购人的术语和定义

关于采购人的术语如下。

3.4　内部采购人 internal procurement person/purchaser

国有企业内部下属机构、分支机构的采购部门和经授权的采购人员。

3.5　电子合同 electronic contract

满足《中华人民共和国电子签名法》要求，用电子签名或电子签章签署的数据电文形式的合同。

除以上《规范》中的术语外，还有以下三个相关术语。

采购标准：由采购人根据需求制定的待采商品和服务需满足的技术条件和业务要求。

选购清单：由采购人或采购操作人员按网上商城的流程选定，但未经批准的商品和服务清单。

订单：已经批准的选购清单。

在网上商城采购模式中，框架协议是用来规范供应商的。对采购人的规范则通过采购模式和操作流程进行。如果把框架协议作为一个独立的采购模式，框架协议的第一阶段主要是供应商的合规性阶段，而第二阶段是采购人合规性阶段。招标采购和其他采购方式，主要通过流程规范供应商，而网上商城采购方式，主要通过流程规范采购人，因而对于采购人相关术语的理解就很重要。

关于内部采购人

网上商城的采购人是有标准的，并非任何人、任何机构都可以在国有企业网上商城采购。只有该网上商城许可范围内的采购人才可以在该网上商城下单采购，我们把这种采购人称为内部采购人，简称采购人。这里我们需对网上商城有一个基本认识，即国有企业网上商城不是面向公众的网上商城，而是面向内部采购人的网上商城。这里就需要明确一点，什么样的机构才能成为内部采购人呢？大致说来有如下三种情况。第一种情况，是准入机构管辖范围内的机构。如集团企业的分支机构、分公司等。这些分支机构和分公司的采购遵循总公司或集团公司统一制定的采购管理制度，按照统一规定在网上商城开设账号，有权在网上商城采购。第二种情况，承认网上商城的框架协议和相关制度的其他国有企业的分支机构的内部采购人，即合并采购人。第三种情况，业务相关单位甚至供应商之间采购的内部化，即关系采购人。这两种采购人称为其他采购人。由于网上商城的供应商本质上反映企业的供应链关系，对各类采购并非一视同仁，而是有优先顺序的，合并采购人和关系采购人与真正的内部采购人拥有不同的优先等级。作为企业供应链关系的网上商城中的采购人超出了企业供应链范围，有利于网上商城增加效益，但会限制其对企业供应链的保证程度，这是一对矛盾，很显然，这个问题值得深入研究。

关于采购标准

对于确定的企业来说，根据企业的实际需求制定采购标准是一项基础性工作。在网上商城模式中采购标准可分成两类。一类是引进供应商时采用的按大类确定采购物品类别的采选标准，另一类是具体采购人使用的选购标准。前者重在选择质量，后者重在确定价格。

采选标准确定符合企业生产过程和业务需求的物品类以及相应的技术属性指标。凡是符合采选标准的产品均可纳入采选范围，进入网上商城。目前许多企业制定的采购标准实际上是采选标准。采选标准规定了一个采选的范围，包括同一类别的不同等级和大类。

选购标准是采购人在网上商城下单时的标准。选购标准具体确定采用采选标准范围内的具体品类，其取决于采购人的成本效益分析。

关于选购清单

选购清单是采购人根据选购标准在网上商城选择的结果。根据网上商城采购模式不同，选购清单的内涵不同。如果是直接采购方式，选购清单就是采购人最终在购物车中选定的清单。如果是竞标选定的，则选购清单是参加竞标的中标人标的物清单。

选购清单需经批准才能正式下单。经批准后的选购清单成为订单。在本规范中，订单是一个通用采购契约确定形式，不论经过什么程序采购人与供应商达成交易都以订单为准，无须单独就每次采购签订合同。只有有特殊要求，才需签订合同。但合同应以电子合同为准，并按订单进行管理，主要是要满足网上商城后续履约统一管理要求。

四、关于采购业务模式的术语

关于采购业务模式的术语如下。

3.6　实时价模式 live pricing model

网上商城管理部门与供应商签订准入协议，确定准入品类和实时价折扣，采购人在实际采购时按电商平台商品和服务的实时价折扣定价的采购模式。

3.7　固定价模式 fixed price model

网上商城管理部门与供应商签订准入协议，确定供应商准入商品和服务的名称、技术标准和价格，采购人在实际采购时直接选择数量和交期的采购模式。

3.8　定制化模式 customized model

网上商城管理部门与供应商签订准入协议，只与供应商确定商品和服务的品类，采购人在实际采购时，通过与供应商进行二次或多次竞争或谈判后，再与供应商确定商品和服务价格和数量的采购模式。

3.10　平台赋能 platform empowerment

网上商城技术平台通过数据分析和资源集成为供应商和采购人完成交易提供支持和帮助。

采购业务模式是采购标准化的体现方式。在网上商城中的商品和服务，经过第一阶段的准入评审，商品和服务的质量已经得到认可。在第二阶段，网上商城采购人的主要工作是确定所选商品的价格。针对不同类型的商品和服务，在准入阶段已确定了不同的定价模式。网上商城把这些定价模式流程化，就成为采购人所需遵循的采购业务模式。

采购业务模式的核心是定价模式。定价模式不同，采购业务模式就不同。本规范总结了三种定价模式。即实时价模式、固定价模式和定制化模式。

实时价模式：实时价模式就是直接采用平台型供应商的定价模式。平台型供应商本质上就是一个市场，在其中集聚了大量厂商。这些厂商的商品价格本身就是竞争的产物，即使采购人作为一个企业进行采购，也很难获得更优惠的价格，因而，只能采用平台实时定价。但并不是说实时价就不可能存在大规模选购带来的价格折扣。对于同样的商品，由于配送的情况不同，服务的集约化程度不同，还是有折扣空间存在的。因而，实时价对采购人来说仍是有折扣的。

固定价模式：固定价是预先确定的价格，适用于企业战略供应商和主要供应商。固定价也并非完全固定，根据实际情况是可调节的。但这种调节并不是由网上商城确定的，也并非由采购人与供应商在选购阶段决定，而是由准入协议预先确定的，因而对采购人来说是固定的。

定制化模式：定制价是在选购阶段决定的。在定制化模式下，准入协议是入围协议，在选购时才确定具体商品需求、服务需求。因而适用于一次性、独特性商品和服务的采购。传统上，这种商品和服务通常通过招标或竞价谈判方式进行采购。随着数字化、智能化技术的发展，这种独特性商品和服务的采购将更容易在数字化交易平台上定制完成。实际上，对独特性、个性化要求较高的商品和服务进行数字化定制，是数字化交易平台的优势。尽管这种模式刚刚兴起，它却代表了网上商城的未来，也代表了企业数字化、平台化的未来。

平台赋能：以上三种业务模式都是在网上商城技术平台上运行的。技术平台一方面为业务模式运行提供技术支撑，另一方面通过数据分析和资源集成为供应商和采购人履约提供支持和帮助。在网上商城采购中，我们把技术平台对履约的支持和帮助统称为平台赋能。平台赋能是网上商城的重要功能。它与准入、交易、履约监测一起构成完整的网上商城交易平台服务能力。平台赋能通过数据分析为供应商和采购人提供采购指导，优化采购行为。平台赋能通过资源集成为供应商和采购人提供质量检测、认证、保险、担保以及供应链金融服务等，促进采购交易订单与合同的顺利完成。

五、补充材料一：我国电商平台的发展状况

主编按语：《国有企业网上商城采购交易操作规范》设定的供应商有两类。一是平台型供应商，二是独立型供应商。前者根据《电子商务法》定义，后者根据前者定义。平台型供应商是互联网发展的产物，在网上商城采购模式形成中发挥着重要作用。本书把平台型供应商分成四类，即消费品电商平台、工业品电商平台、服务电商平台和金融服务平台。网上商城采购模式是建立在平台型供应商发展基础上的。建立和运营网上商城应当对平台型供应商充分了解。

网上商城采购的基础在于我国已经拥有了庞大的电商群体和电商平台资源。网上商城采购就是通过在这些电商资源中找到适宜企业供应链的资源，通过网上商城的方式，将这些资源引导到企业的供应体系中，为企业的生产经营提供优质服务。因此，对电商及电商平台情况的全面掌握、及时引进、合规管理，就成为电商化采购方式的重要内容。

电商及电商平台的供应资源与能力。从 20 世纪末到 21 世纪前二十年，是我国电商及电商平台高速发展时期。在此期间，经过激烈的市场竞争，我国已经涌现一批世界级的电子商务平台，引领着数字经济的发展。同时，电子商务平台也已经遍及国民经济的所有重要行业，引发各个行业生产方式和交易方式的改变。这种变化在人类历史上是绝无仅有的。在经济学上普遍认为电商引起的这种变化就是我们大家所说的“百年未有之变局”。将使目前的工业化生产方式转变为平台化生产方式。所不同的是，经济学中考虑供应和需求的交换关系，一般把电商平台称为“交易平台”，并形成了新兴的经济学科“交易平台经济学”。在我们研究网上商城采购时，仅把电商和电商平台作为供方，作为资源的提供者，因而我们更重视平台的供给能力，把经济学上的“交易平台”或电子商务平台称作“电商平台”更为简捷和贴近实际。

从供给资源和供给能力的角度，我们一般把现有电商平台分成四类，一是消费品电商平台，二是工业品电商平台，三是服务电商平台，四是金融服

务平台。

（一）消费品电商平台

消费品电商平台在我国发展最为成熟，竞争也最为激烈。经过多年的发展，消费品电商平台已经基本上覆盖了日用品消费和耐用品消费的全部领域。从供应资源的角度考察消费品电商平台，集团的大部分消费需求均可以得到满足。特别是随着电商平台的业务细分，出现了一大批专业的集团消费品专业平台，如以办公用品为主的电商平台，以办公家具为主的专业平台，以及围绕集团职工生活用品、体育文化用品等，都有专业电商平台。这些专业的电商平台与通用的日用消费品平台相比，更能把握住集团消费的特点，提供专属服务。

消费品电商平台本质上是一个各类消费用品的大规模符号化集聚地。与实体市场相比，其包含的商品数量规模庞大。由此，对于集团消费者来说，对同类商品具有了更大的选择余地，可以在不同品牌之间、不同的服务之间选择适合自己情况的商品和服务。从价格上来说，目前的消费品电商平台的商品和服务接近于完全竞争状态，在这种情况下长期形成的价格，接近于实际产品和服务的真实价值，因而相对稳定，其寻租空间也较小，对集团消费者来说，其防腐败成本也会大大降低。更为重要的是，经过这几年的调整，消费品电商已经逐步形成了完备的货物交付、物流跟踪以及支付保证的体系，可以提供完全交易和完全合同保证，使得交付、支付的确定性、可靠性大大加强，对于集团消费者来说，可以在这个保证体系的基础之上制订消费采购预算和计划，使得集团的消费管理更加完善，更加科学。

消费品电商平台越来越向规模化发展。目前，几家主要消费品电商平台的销售额已经超过全社会商品零售额的四分之一。随着电商的进一步开拓，消费品销售中的50%通过电商平台销售是一个趋势。这种趋势表明，消费品统一大市场的时代即将来临。我们不应当对这种大市场产生恐惧，因为在这个统一市场的外壳之下是竞争的充分性，没有人可以对市场中的价格进行垄断。对集团和机构消费者来说，这个市场是一个没有寻租的市场，是机构和集团消费的福音。在这种情况之下，即使集团消费者也无力影响消费品交易平台的价格。因此，集团消费者接入消费品电商平台，遵循电商平台的基本规则，是机构与集团消费者的最佳选择。

（二）工业品电商平台

工业品电商方兴未艾。工业品电商是近几年才兴起的电商平台。随着产业界、工业界数字化水平的提高，工业领域的供应链逐步向数字化迈进。近几年国家和政府推动的“互联网+”行动，大大加快了产业领域的网络化和数字化步伐。

与消费品的销售不同，工业品，主要指生产过程中需要的各种中间品。这些中间品中一部分是由生产企业自产的，另一部分是外购的。由于工业品总是企业生产供应链中的一环，当外部供应不畅，或者外部采购的交易成本大于企业自产成本时，企业就倾向于通过自建工厂来生产中间品。这个趋势造成了工业化时代纵向一体化大企业的发展。在纵向一体化企业发展中，供应链理论日趋完善。在一定意义上，工业化时代企业的竞争力往往来自供应链的竞争力，而要保持竞争力，企业又往往会把主要的供应链掌握在自己手上，由此进一步促进了企业的纵向一体化，进而使企业的规模变得更大。企业越做越大的同时，也使得企业的官僚化、行政化越来越严重，企业效率逐步降低，在市场竞争中，大企业的规模化优势逐渐降低。这种状况，促使经济学家科斯提出了著名的科斯问题，即企业的边界问题。实际上，企业纵向一体化是对科斯问题的一种回答，而新出现的工业品电商则是另外一种回答。前者倾向于扩大企业边界，后者则倾向于压缩企业边界，用市场取而代之。

工业品电商的这种地位，天然地会遭到纵向一体化企业内部相关部门的抵制，除非工业品电商能够证明自己的确可以为企业带来长期的效率提升和经济价值。因此，工业品电商的发展过程是一个逐步从简单的非主流工业品供应发展到参与企业供应链的过程，在此过程中，逐步显示自己的价值，进而参与到供应链的主要环节中，得到工业厂商的认同。在目前阶段，工业品供应商主要包括两大类，一类是MRO电商平台，另一类是材料电商平台。

1. MRO 电商平台

MRO 的含义是维修与作业耗材（Maintenance，Repair and Operations）的英文缩写，也可解释为非生产性物资。MRO 采购在企业的物资采购中占1%～20%。具体来说 MRO 包括工具及耗材、个人防护、安全防护、搬运存储包装、测量控制、配电工控、切削打磨焊接工具、清洁清洗设备、管泵阀、气动液化设备、紧固件密封件、照明、供暖通风、实验室、润滑防锈、机电传动等。这些物品设备在工厂中需求广泛，通用性强，同时又由于这些物品与生产主供应链关系较远，不适合自主生产。因而很自然地成为继消费品之后最大的工业品电商化领域。进而，MRO 电商平台也成为 MRO 厂商销售的主渠道，成为工业企业采购 MRO 的主要来源。目前我国已经涌现了一大批 MRO 电商平台。

MRO 产品具有较多的技术特性和产品适用性。这种特征使得 MRO 产品生产实际上处于垄断竞争状态。即使处于同一个电商平台上，不同的厂商也处于差别化垄断竞争中。MRO 电商平台将这些不同厂商的产品在同一个平台上同时展示出来，使这些产品的差别更加清晰化和明显化。这种展示有利于采购人选择适合自己的厂商、品牌和型号。但这种产品的垄断竞争，使得 MRO 的价格差异性也加大了。在这个意义上，MRO 产品的利润空间是较大的，同时也意味着采购数量与规模可以大大影响其价格。因此，与消费品电商的自由竞争价格不同，MRO 电商平台与网上商城的采购人存在讨价还价的空间，如何在其中进行博弈，是一个值得认真研究的问题。

2. 材料电商平台

对于大部分企业来说，原材料是最重要的生产对象，也是供应链的重要环节。我们说企业的竞争力主要靠完善的供应链，对于许多厂商来说，这个供应链的核心实际上是原材料和中间材料的采购和供应。

由于材料最适合大规模集约化生产，在现代工业化生产条件下，每一个材料生产领域已基本上形成了寡头垄断局面。如石油、煤炭、钢铁、有色金属、矿山等都被少数几家大公司所控制，其竞争表现为寡头竞争格局。一般来说，电商平台的出现很难改变这些行业的竞争格局，但在产业的供应方面提高了效率。材料供应电商平台虽然所面对的供应商数量是有限的，但可以直接与这些有限的供应商对接。由于这些通用材料的用户数量很多，材料电商平台通过集聚大量的材料用户，从而成为寡头材料厂商与分散的用户之间的平衡力量，在一定程度上成为与寡头垄断的抗衡力量。在这个意义上，材料电商对保证企业供应链的稳定和材料价格的稳定具有重要意义。

在世界范围的数字化浪潮中，材料供应企业为了自身发展也不能置数字化而不顾。如果传统的材料企业自身不能完成数字化进而完成平台化，其就会被新的数字化供应商所淘汰。目前已经出现了一批材料电商平台。这些材料电商平台的出现，将致使材料行业的纵向寡头竞争发生改变，使横向整合成为主流。这种以互联网为纽带的横向资源整合，使得下游用户特别是制造业的资源整合变得更为简单，从而使制造业获得稳定的供给服务，由此将进一步使制造业瘦身，专注于主业。这种情况，将进一步刺激材料电商平台的发展，进而形成"传统材料产业→互联网材料平台→制造业"的新产业格局。互联网材料平台将成为制造业供应链的重要环节。很显然，这个过程目前正在酝酿与发展之中，尚未形成规模。但可以预料的是在材料互联网平台与制造业之间，同样需要一个将材料平台的供给具化成企业具体需求的中间分发服务，这个服务类似于"网上商城"。在这个意义上，目前以消费品和 MRO 分发服务为主的狭义网上商城是企业供应链数字化、平台化的预演。

从工业企业的角度看，任何一个企业，不论其规模大小，都有一个相对确定的供应链存在，才能维持其正常运转。因而，企业供应链是否需要数字化，取决于供应链数字化本身能否带来实际的效益。在没有新的效益产生的情况下，数字化供应链就没有意义。反观材料电商平台，是一种新的产业形态，它在一定程度上可以降低需求方的成本，提高需求方的效率和生产的可靠性。在这种情况下，即使需求方本身的供应链没有数字化，也可以接入材料电商平台，从而实现需求方供应链的优化。这样的话，实际上是材料电商在推动企业供应链的优化，而非企业供应链自身的数字化在起作用。这是一个十分重要的认知，对我们理解电商与供应链的关系十分重要。

在网上商城作为材料供应的数字化分发平台的情况下，大部分企业通过认可网上商城规则，进而加入网上商城，从而成为一个网上商城的终端采购人，将是中小企业供应链数字化的实际路径。很显然，对材料电商平台来说，网上商城的发展包含着重大机遇。

（三）服务电商平台

服务电商是与消费电商同时崛起的。服务电商平台由于与人民生活密切相关，其带来的影响也是巨大的。服务电商平台可以分成三类，一是生活性服务平台；二是生产性服务平台；三是公用服务平台。

1. 生活性服务平台

这类平台包括我们常见的打车平台，机票、车票、酒店预订及外卖平台，以及纯粹提供数字化服务的游戏平台、影视平台、知识平台等。

生活性服务平台的发展，在一定程度上改变了人们的生活方式特别是城市生活方式。人们衣食住行的习惯由碰撞式改造成了预订式。对于像我国这样农业社会习惯影响很深的国度来说，这个改变是革命性的。从想起什么去买什么、找什么，到有计划地预订，是从农业社会迈向数字社会的重要一步。在这个改变被全民接受之后，整个社会的秩序将为之一变。社会的浪费将大大减少，社会资源配置效率将大大提高。

对于企业来说，大量生活性服务通过接入服务平台得到解决。生活性服务平台基本上和消费品平台一样，营造了一个相对自由的竞争环境，在平台上商家处于相对完全竞争状态，其价格也就是相对公允的。

2. 生产性服务平台

生产性服务包括规划设计、咨询、检测检验、维修及生产监测、物流运输及工程管理等。物流平台是目前做得最大的生产性平台。大部分电商平台依靠物流平台的支撑。

生产性服务平台与生活性服务平台最大的差别在于其专业性。因此，生产性服务平台很难像生活性服务平台一样做得很大。但生产性服务平台是高价值平台。这些服务集聚在一个平台上的时候，其专业性就更为重要。目前，在规划、设计、咨询等领域正在形成一批新的平台。实际上，我们目前所谈的工业互联网，本质上是生产性服务平台。它主要通过对生产过程的优化和动态监测，进一步提升工业化的效率。

对生产性服务平台更为重要的一个方面是工程服务平台的发展。工程服务大多并非企业供应链的主要环节，而是处于企业供应链之外。然而，工程服务又有一定的共性，因此非常适合通过平台化提供服务。前几年在政府推动下，在工程的需求端做了一些工作，主要是推动了电子招标投标平台的发展，使工程服务中的招标采购环节实现了数字化。但是，由于在供给方，即工程服务的全环节，包括规划、设计、勘察、施工和监测等方面数字化不足，使得需求方数字化的努力受到一定阻碍。在工程的供给侧认识到这一点后，生产性服务的重要电商平台——工程服务平台有望成为新的电商平台发展方向，在数字经济发展中发挥作用。

3. 公用服务平台

供电、供水、供气、供暖等公用服务本质上就是平台化的。与其他平台的不同之处在于这些公用服务平台都是行政垄断性的。这种垄断性平台上只有一家或少数几家供应商，却有大量的用户，因而是一种特殊的平台。对用户来说，只能按其既定价格交易，没有任何商量余地。

这种公用服务的平台化，主要体现为服务交付的网络化和支付的平台化。

（四）金融服务平台

浅层的金融服务表现为电子支付服务。深层的金融服务表现为信贷服务和融资服务。

在所有电商平台的服务中，金融服务平台是最基础的。可以说，没有完善可靠的金融服务支撑，电商平台的兴起、发展和壮大是不可能的。各类电商平台与金融服务平台相互促进，形成了目前的数字经济发展格局。

以电商平台业务为基础的金融平台服务，是数字经济条件下的新生事物。与传统的银行金融机构相比，互联网金融具有更大的普惠性。我们看到，经过几年时间，人们通过电子支付，已经体会到了身边的金融服务。个人、小微企业只有在这种普惠性的金融服务中才能获得金融支持。而传统的大银行是很难做到的。便捷的支付、便捷的贷款、刚性的信用，是金融平台主要的基础。对于公共机构和国有企业的电商化采购来说，金融服务平台的重要性不言而喻。正是基于金融服务平台的存在，网上商城采购方式才得以成立。

尽管目前社会对金融服务平台存在不同认识，从我们前面对电商平台的分析中可以确认，在需求明确的情况下，金融服务平台的发展会越来越好。

网上商城采购的成立和发展依赖于电商平台的环境。我们看到，电商平台在我国已经深入各行各业各个领域。依托电商平台资源，我们可以通过互联网快速获得优质采购资源。正是在这个意义上，网上商城采购具有重要意义。

在此条件下，网上商城采购需要解决的具体问题：第一，要能够在众多电商平台中建立通道，找到自己需要的平台商品。第二，要能够对电商平台提供的商品和服务质量予以控制。第三，要有一套程序来甄别和选择电商平台，并对其实施有效管理。第四，建立电商平台和公共机构及国有企业的一致性评价机制，确保企业利益。这是电商引进和管理的重要工作。

（作者：国网电子商务有限公司　王玉彬）

六、补充材料二：用知识图谱表示术语与定义

主编按语：知识图谱是基于互联网资源发展起来的新技术。知识图谱对深入理解概念、术语、定义具有重要作用。在网上商城采购中，知识图谱可以帮助采购人深入了解供应商及其产品和服务，可以基于知识图谱进行供应商和商品寻源，进行价格监测和比价比选。知识图谱是网上商城采购的新知识，也越来越成为必备知识。

（一）知识图谱基本概念

知识图谱定义为一种知识表示形式，对概念及其关系进行完整描述。在互联网时代，知识图谱是一种大规模语义网络，包括实体、概念及其之间的各种语义关系。如图 3－1 所示，柏拉图就是一个实体，他是一个哲学家（概念）。通过古希腊三大哲学家的知识图谱，我们可以了解他们的部分属性和关系。

知识图谱是典型的大数据时代产物，随着互联网信息的爆炸式增长，依托互联网的大规模、多元化、海量数据，获取概念的实际关系，进一步加深对概念和事物的认识，获取更加系统和深入的知识，进而深入了解用户，更

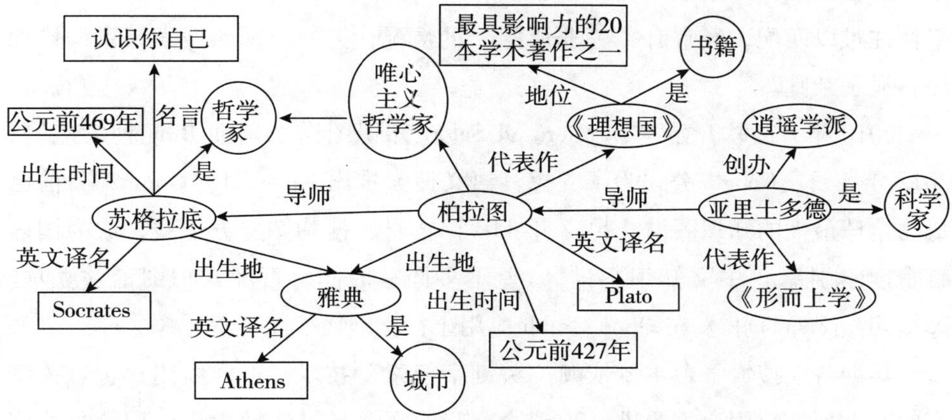

图3－1　古希腊三大哲学家的知识图谱片段

资料来源：《知识图谱：概念与技术》。

好地为用户服务。因而受到各大互联网公司青睐，并在不知不觉中被广泛应用于搜索、电商、社交等各个领域。知识图谱核心价值在于如何沉淀知识。图谱开始建立的时候，都是关系图谱，通过大量的模型，借助于图谱模型的高度解释性优势，构建和形成很多隐性关系和实体标签，最后建设成为知识图谱。在关系图谱到知识图谱的建设过程中，业务专家高度参与，利用知识图谱的探索式数据分析能力，自助构建高度解释性的业务知识模型，形成知识沉淀的迭代和高度分享。

2017 年，我国科学目录调整时，首次出现了知识图谱学科，教育部对知识图谱这一学科的定位是“大规模知识工程”。而知识工程又是人工智能的重要组成部分。

（二）知识图谱发展现状

知识图谱早期主要用于搜索结果优化，随着电商、互联网金融等兴起，应用领域不断增加，包括智能推荐、智能客服、金融风控、安全与安防等都在积极探索。

1. 搜索结果优化

知识图谱的诞生最早可以追溯到 2010 年前后，主要是为了解决搜索引擎用户体验问题。搜索领域主要面临两方面问题：一方面，搜索需求和搜索结果往往难以匹配，经常有“答非所问”的情况；另一方面，搜索结果编排无序，显示杂乱。

2010 年，微软开始构建 Microsoft Satori 知识图谱来增强 Bing 搜索能力；2012 年 5 月，Google 公司为了支撑其语义搜索推出 Knowledge Graph，目前已成为全球最大的知识图谱。2012 年 11 月 22 日，搜狗知立方上线，成为国内首个搜索引擎“中文知识图谱”。差不多同一时间，百度知识图谱被立项。2013 年，Facebook 发布 Open Graph 应用于社交网络智能搜索。

早期各大搜索平台主要依赖“关键字搜索”技术，返回给用户包含关键字的网页列表，用户需要进一步浏览这些网页并且过滤掉大量无用信息才能找到真正想要的结果，用户更希望能够“直接得到答案”。利用知识图谱技术可以直接给出用户想要的搜索结果，而不再是各类链接。

随后，知识图谱引入电商搜索领域。2015 年，阿里巴巴开始构建电商领域知识图谱——认知图谱；2016 年 Amazon 也紧随其后开始构建知识图谱。2018 年 5 月，美团点评 NLP 中心开始构建大规模的餐饮娱乐知识图谱——美团大脑。

在搜索领域，知识图谱能够将用户所提交的查询词理解成实体或者概念，通过实体或者概念匹配为用户返回其可能关心的全部网页内容。搜索引擎中知识图谱的搜索过程如下：

网页→网页数据→知识图谱→用户查询→知识提取→返回知识

知识图谱用文本和知识融合的阅读理解模型，使搜索更理解客户需求。对于电商平台来说，交易量和客户活跃度也是其核心竞争力，而客户一般都是通过搜索获得想要的商品，越精准的搜索结果，客户使用越多。因此，百度、搜狗、阿里巴巴、美团、腾讯不断摸索，纷纷尝试构建自己的知识图谱平台（见表 3－1）。

2. 智能推荐

除了优化搜索结果，知识图谱还可以帮助电商以及社交平台解决一些智能推荐问题。例如，当前一些中小平台在智能推荐方面最大的问题是“买了啥，推荐啥”或者“推荐的商品与客户无关联”。推荐商品缺乏新颖性，导致

表 3-1　知识图谱平台介绍

平台	知识图谱名称	简　介
百度	百度知识图谱	覆盖 50 亿级实体，5500 亿级事实，日均响应 400 亿次，设计类目 40 多个
搜狗	知立方数据库	国内首个中文知识图谱。通过整合海量互联网碎片化信息，对搜索结果进行优化计算，把核心信息展现给用户
阿里巴巴	认知图谱	面向用户消费认知的知识图谱
美团	美团大脑	覆盖数十亿实体，数百亿三元组。覆盖餐饮、酒店、外卖等场景
腾讯	腾讯知识图谱	是一个集成图数据库、图计算引擎和图可视化分析的一体化平台

转化效果一般。知识图谱可以帮助电商平台跳出这种简单的推荐逻辑，使得推荐结果更加智能化，促进用户购买。

3. 金融风控

近些年，消费金融和小微企业贷兴起后，银行以及其他持牌金融公司、助贷机构、人工智能公司等开始将知识图谱应用于风险控制，特别是识别团伙欺诈。

知识图谱的推理能力和可解释性，在金融场景中具有天然的优势。艾瑞咨询发布的《2020 年中国面向人工智能“新基建”的知识图谱行业研究报告》指出，随着近些年金融数据的爆发式增长，传统风控系统逐渐力有不逮，而应用机器学习算法和知识图谱的智能风控系统在风险识别能力和大规模运算方面具有突出优势，逐渐成为金融领域风控反欺诈的主要手段。在金融领域，知识图谱可以应用于小微企业信贷、消费信贷、信用卡申请等反欺诈业务，还可以用来识别会计造假。

基本原理可简单理解为“物以类聚，人以群分”。如“同一个 Wi-Fi 下多个企业借款客户”，或者“同一个设备注册多个企业账号申请借款”，均有可能与欺诈相关 。因此，信贷欺诈的识别问题可以转化为客户知识图谱挖掘或社交网络分析问题。即把企业工商信息、新闻动态、股东关系、股权变更、司法诉讼等整合到反欺诈知识图谱里，经过分析和预测，挖掘识别欺诈案件，如利用壳公司贷款等。

再从常见的担保业务来看，担保网络可简化为规模较小、相对独立的担保群。担保群间担保关联稀疏；担保群内部联系紧密，担保圈风险一般只发生在群内部，找到风险最大的担保群，然后就可以找到风险最大的担保企业。

知识图谱从大数据中深度挖掘关联关系，可准确实时分析多至千亿级海量关系数据，转化为关系图谱数据，支撑公安机关展开情报研判分析、犯罪团伙跟踪以及重大事情预警等。

（三）知识图谱在网上商城中的应用

1. 商品和服务寻源

随着数字时代的到来和各行业蓬勃发展，各类供应商数量呈现井喷式增长。在采购单位实施采购或进行信息化系统建设时，如何从不计其数的候选者中选择能力匹配、质量上乘、资质过硬、经验丰富的供应商成了困扰采购部门的难题。采购过程中的决策难题催生了网上商城的寻源工具和服务：针对已确定内容的采购项目寻找匹配精准的商品供应商名单，大大减轻采购人员负担，保障采购过程的顺利进行。

寻源工具产品是通过海量标讯积累建立的采购行业信息检索引擎，以知识图谱为底层技术，建立结构化的业主—供应商—案例—商品网络，实现四种实体的关联呈现。采购知识云的使用方法与其他引擎无异，在检索框输入检索对象（业主、供应商、案例、商品关键词），搜索结果自动识别主体类别，并以案例为关联关系，梳理展示相关的联想知识，真正做到让客户“搜一看二得三”。

依据我们深耕采购行业多年的知识积累（亿级采购相关数据）并建立案例信息库、供应商库和业主库，对公开网络的招标、中标信息，官方网站信息及软文按日进行持续采集和更新（日更新数据可达到十万级别）。采集到的案例信息将作为建成案例分析，相关供应商、项目价格参考的基础，每日更新的案例信息为获取最新、最全的行业动向提供支撑。通过对信息进行结构化拆解并利用知识图谱技术形成业主、供应商、案例、商品四种实体间的底层知识网络，实现从一种实体联想到全量关联信息的功能。除了通过标讯识别商品和供应商，还会利用公开官网信息、合作供应商上报等方式完善供应商库，充实供应商能力，完善供应商案例库，确保数据的准确性、时效性，提升需求匹配精度。

2. 价格监测

当今社会，人们越来越习惯于网络购物带来的便利。在互联网电子商务模式下，网上商城充分发挥“高效率、低成本、透明化”的优势，解决了小额高频的采购场景。与社会化的电子商务交易不同，企业在采购的项目规格、交易流程、商品管理、价格控制等方面有着严格的规定，这给企业网上商城的建设和运营带来了巨大的挑战和压力。

根据政府采购监管规定，上架销售商品必须严格遵循商品信息标准，价格合理，符合限购要求，符合资产管理要求，非特价特供商品，符合新产品上架条件等相关管理规定的，经审核后方可上架。《政府采购法》要求政府采购商品的价格应当低于市场平均价格，这就要求商城建立科学合理的商品平均价格计算模型，准确计算包括社会电子商务、其他政府采购的门店和厂家价格等在内的商品的市场平均价格，并规定商品的合理价格区间。同时，对各门店上架商品进行全面价格监测，并逐一与计算出的合理价格进行比对，超出合理价格范围的强行下架。

价格监测服务是指应用现代互联网技术、云计算技术和人工智能技术，充分利用大数据数据量大、处理速度快的特点，应用人工智能技术实现商品信息的自动识别。同时，通过人工审核和机器学习，对产品进行集中管理，使相同参数的产品同质化，建立一套价格参考体系。

基于大数据平台上的数千万商品数据，利用现代数理统计模型和计算方式，可以将企业采购商品的价格与全国各个电商平台及政府采购平台商品进行比较。一方面，我们可以系统地判断商品的价格。无论是在合理范围内还是超出范围，都可以提前预警或直接下架，从而实时监控商品价格；另一方面，还可作为对在售产品进行监控和人工审核的依据。

价格监测除了提供实时的价格监测和预警，还可以提供商品历史价格曲线和价格监测报告，作为判断供应商提供的商品和服务质量以及合同履行情况的依据，对供应商的违规行为有较好的威慑作用。

通过建立标准商品库，监测平台实时对多个政府采购电子卖场和大型电商、厂商的商品价格定期更新，对提交上架商品进行审核，对已经上架商品定期扫描更新下架，实现对网上商城商品价格的实时监测，对供应商商品价格进行常态化监管；同时，定期抽查部分商品形成价格监测报告，发现高价格的商品和供应商，并与大型电商的商品价格进行比较，为采购监管提供科学决策依据。

3. 比选比价

网上商城在为采购人提供更多的商品选择的同时，也在一定程度上增加了采购人快速挑选出满意商品的困难性。供应商提供的商品种类繁多，上架商品数量庞大，可能存在众多相同或相似的商品，不仅价格各异，还包含了大量无用信息，极大增加了采购人挑选商品的难度。在海量的商品中，为了买到有服务保障且物美价廉的商品，采购人往往需要投入相当多的时间去对各个供应商的商品做比较，这与网上商城购物的便捷性背道而驰。

比选比价是指将采购者指定的商品在众多电商平台上的商品信息和价格进行对比，采购人通过比选比价能够方便地发现某一商品在各电商平台中的规格参数以及价格差异，简化用户购买商品中的搜索对比过程。通过网络信息采集，结合协同过滤推荐算法，在比价的同时增加商品推荐系统，实现个性化推荐的主动展示模式的转变。

使用网络信息采集技术从各个电商平台获得海量数据，为用户提供跨平台的商品比价功能，通过对用户的浏览喜好和商品数据预处理，为用户提供商品推荐功能。通过比价和推荐功能的实现，让采购人拥有更加便捷、智能的购物体验，满足用户对物美价廉商品的需求。

商品推荐分为常规推荐、个性化推荐。常规推荐是指商家选择一些固定商品放在推荐位，或者基于商品之间的关联性，进行相关的商品推荐。

采购人直接在商品销售网页中获取推荐商品和价格信息，通过比价服务，观察价格差异，从而寻找到“最优商品”，避免在采购过程中受到厂家与经销商的制约出现价格虚高、特供型号无法比价、价格与市场不同步、缺乏监督等问题，确保采购过程公平公正，有效节约资金。

个性化推荐系统将无关的商品信息去除，依据采购人的关注点、购买记录、爱好等信息，向其推荐感兴趣的商品，这样做的意义一方面在于可以提高供应商的销量，另一方面在于保留用户的兴趣爱好和习惯，可以提高用户使用体验，鉴于此，比选比价服务具有现实意义，能够有效地维持用户采购习惯，增加用户黏性。

利用信息采集技术，可以从多个电子商务平台上获取整合产品信息。在企业网上商城平台中，将目标产品的价格及相关信息展示给用户，为用户决定购买行为提供信息支持，便于购买者做出正确的决定。

为用户提供跨平台的产品搜索功能。用户可以在知识图谱相关网站上搜索任何产品，从不同的电商平台获取产品信息，了解一段时间内的价格波动趋势、产品评论等信息。用户有不同的搜索记录、浏览偏好和产品评价记录，这些记录与产品自身信息集成，可以实现用户个性化分析结果，并为不同用户提供最合适的建议。

提高商城内部商品销售的有效转化率，增加商品销量。通过用户已经浏览、收藏、购买的记录，更精准地理解用户需求，对用户进行聚类、打标签，推荐用户感兴趣的商品，帮助用户快速找到需要的商品，适时放大需求，售卖更加多样化的商品，甚至做个性化营销。

众标是专注于在 B2B 领域运用知识图谱技术提供智能应用的国家高新技术企业。众标构建了较大的 B2B 领域知识图谱并长期运营审核，积累了百亿级的实体、关系和属性数据资源，涉及企业、地区、行业、技术、产品、方案、价格、型号、参数、品牌、合作关系、联系人等方面。

基于该领域知识图谱打造的“智能寻源”搜索引擎在国内具有领先地位，是企业采购找供应商、找标品、找非标方案、找同业案例的入口工具。

基于标品领域知识图谱打造的“价格监测”服务已囊括近 20 家主流和垂直电商的商品库，为采购部门提供商品获取、上架审核、持续监测、分析评估等服务内容。

众标正在以智能寻源为入口，打造企业服务市场的供需协同平台，为甲方的采购数字化赋能，向乙方的营销数字化赋能。

（作者：众标公司　王超）

第四章　网上商城采购交易场景

网上商城采购模式是本规范的主要研究对象。传统上，企业采购和居民采购的不同之处就在于采购模式不同。居民采购一般到商店采购，而企业采购则一般直接到厂商采购。为什么我们在这里要提出网上商城采购模式，把企业采购拉回到“商城”里来呢？原因在于互联网创造了新的采购模式。

模式是人们处理同类问题的标准化方法。模式概念的创始人是美国建筑大师 Christopher Alexander，他在研究中发现，不同时代的建筑师留下的伟大作品中，有很多重复出现的设计，于是他找到了一种结构化、可重复的方法来捕捉并描述这些重复的设计，还给这些描述的结果起了一个名字——模式（Pattern）。Christopher Alexander 定义的模式是一个由三部分组成的规则，模式表示了一个特定的场景、一个特定的问题和一个解决方案之间的关系。现在，模式的思想早已超出了建筑界，广泛应用于生产、流通和消费领域。进入互联网时代，模式进一步成为网络平台的业务基础。

网上商城采购模式是在网上商城特定场景下的国有企业采购问题的解决方案。因此，本规范首先要定义国有企业采购交易的通用场景，厘清和定义场景参与者及其关系。其次在此基础上定义问题，即国有企业采购的合规和效率问题。同时确定解决方案，即在网上商城建立采购业务模式和操作规范。

一、国有企业采购交易通用场景

尽管不同企业已经建立的网上商城的许多细节存在差异，但由于国有企业采购交易的场景是基本相同的，所以就可用统一的网上商城采购场景模型来描述这一场景，并基于此模型展开更加深入的研究。

（一）传统采购场景

国有企业采购业务的传统场景包括如下三个方面。

其一，采购计划和预算。由业务部门或企业发展计划产生采购需求。这种需求的性质有可能是功能性的，也有可能是很具体的品牌需求。业务需求常常伴有相应的预算，并经相关部门批准。同时，采购过程也需相应的审批权限和控制。由此需要一套融合不同采购阶段的采购行为和相应审批过程在内的流程。

其二，采购执行。在上述条件下，企业往往采取两种方法具体执行采购任务。一是把全部需求集中到采购部门，由采购部门统一按流程完成采购任务。这就是在许多企业通行的集中采购形式。另一种方法是由总部制定规则，各需求部门在预算之内自行采购。这就是通行的框架采购形式。在实践中，集中采购适用于计划性较强、可以预先集中明确需求的项目，因而往往通过招标方式进行。而框架采购则有所不同，适用于灵活性较强，且无法预先确定需求的项目，因而采取先框定供应商再由具体采购部门确定最终采购需求的方式。在框架采购的选择供应商阶段，往往采用招标方式，而在具体的采购执行阶段，由需求部门与供应商进行二次交易，确定具体合同。

其三，企业采购需要一条自上而下的采购监督通道。同时还有一条由外而内的审计通道，确保采购过程合法合规。

对于国有企业来说，上述场景显然具有普遍性。但其本质上是一个机构内部的采购管理体系。受限于企业采购部门对供应商及其商品和服务了解深度和范围的不同，不同企业实际采购到的同类商品的质量、服务水平差异很大。在工业化时代，这种差异就是企业能力的差异。因而我们常说，同一行业不同企业的供应链差别，使不同企业的产品成本和服务质量产生差别。

电商的出现，特别是电商规模化集聚供应商和商品的能力，为企业采购克服采购队伍能力限制，在更大范围选择优秀供应商和商品、服务提供了新的路径。电商所提供的通用消费品（如办公用品、日常生活用品等）价格透明、服务有保证，促使许多国有企业通过接入电商进行通用性产品的采购。如在政府采购中引入电商后，大大降低了办公用品的采购价格，扭转了以往办公用品采购质次价高的局面。

工业品电商的出现，使得同类工业品、工业消耗品以及生产中间品集聚在工业品电商平台上。工业品电商创造了一个真正的同类物资和产品竞争平台，促使工业品生产商提高产品质量，改进服务水平。同时，对于企业采购来说，则展现了更大的供应商选择空间和商品及服务选择空间。客观上使得企业供应链的许多环节可以建立在工业品电商平台的基础之上，进而使企业的供应链趋同化。由此一来，企业竞争能力的差异就由供应链差异转化为企业独特能力和创新能力的差异，使企业专注于独特能力的建构和优化。

按照目前的趋势，工业品电商平台正在由初期的办公用品、MRO 产品逐渐向工业消耗品、生产中间品扩展。接入工业品电商平台正在成为企业建构数字供应链的重要环节。因而，对于国有企业来说，企业的采购交易场景就发生了重要变化。

电商的接入和网上商城的建立。由于企业采购不可能像居民采购一样直接在电商平台上进行，自然就需要在电商的前端建立一套合规体系。这就是网上商城。由此就形成了“电商—网上商城—需求部门采购人”的采购链条。在处理好合规性问题之后，企业进一步发现这个链条还有更大的优越性，即可以充分利用电商平台的大规模集聚供应商和商品及服务的能力，确保企业能够克服采购能力瓶颈，丰富供应链，提高效率。随即把更多的业务放在网上商城，逐渐形成了网上商城采购模式。由此建立管理部门、供应商、采购人基于网上商城进行交易的场景和模型。

网上商城采购场景模型构成了本规范的主题，要求采取网上商城模式的国有企业应当符合网上商城采购交易通用场景模型。国有企业网上商城采购交易通用场景可以通过模型表达。

4.1 国有企业网上商城采购交易通用场景模型

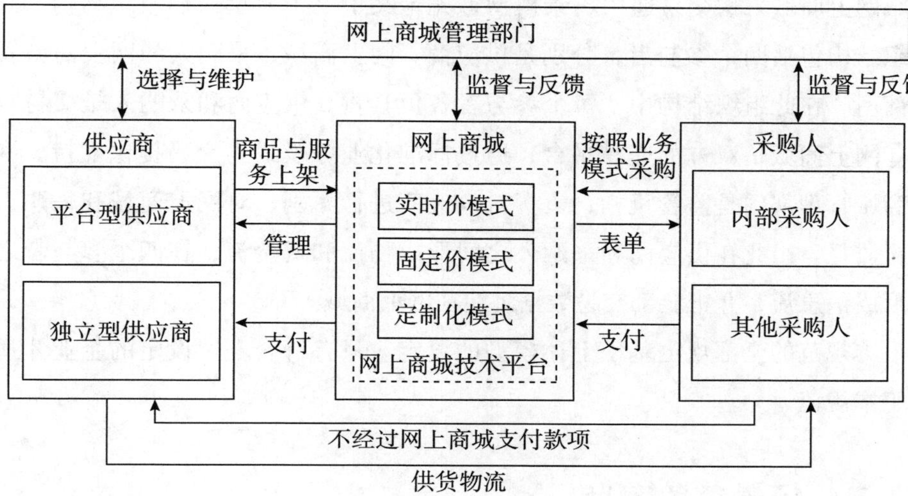

网上商城采购交易通用场景模型把通用场景的四个角色集聚在网上商城技术平台上。所有参与者通过网上商城建立关系。构成了以网上商城为中心的形式完备的组织体系，为国有企业建立合规高效的采购机制提供支撑。

（二）关于场景定义

网上商城采购交易场景由参与者和参与者关系定义。

参与者：

网上商城管理部门、供应商、网上商城、采购人。

参与者关系：

网上商城管理部门甄选网上商城供应商。

网上商城管理部门指导网上商城建立业务模式。

网上商城管理部门管理内部采购人。

网上商城按企业采购制度在网上商城技术平台构造业务模式。

供应商按照规定流程在网上商城业务模式下开展业务。

采购人按照规定流程在网上商城业务模式下采购。

供应商和采购人用户对网上商城业务进行评价。

所有参与者通过网上商城建立关系。

网上商城采购交易通用场景模型首先定义了一个典型采购组织结构。此组织结构包括四个参与者，分别是供应商、网上商城、采购人和网上商城管理部门。在此组织结构中，每个参与者各负其责。供应商和采购人是交易双方。网上商城是双方的交易平台，通过标准化业务模式为交易提供支持。网上商城管理部门是监管机构，负责对供应商进行甄别、对网上商城和采购人进行监督。由此在供应商和采购人之间形成物流和资金流，在四个参与者之间形成信息流，并把全部交易数据沉淀在网上商城。

本规范的全部规定基于上述模型的设定。只有符合上述设定的企业才适用于本规范。

二、场景角色定义

（一）定义参与者职责

参与者的角色定义对场景模型非常重要。如果角色错位了，模型就不成立了。

定义网上商城管理部门职责

4.2.1　网上商城管理部门职责

4.2.1.1　监督管理

应按 T/CFLP 0027—2020 规定的采购实体的职责，制定网上商城采购交易管理制度，监督网上商城合规运营，回应供应商、网上商城和采购人合理要求。

4.2.1.2　审批网上商城业务模式

应按 T/CFLP 0027—2020 的相关规定对网上商城业务模式和交易规则的合规性进行审查，并出具批准文件。

4.2.1.3　寻源与准入

应按 T/CFLP 0016—2019 的规定负责供应商寻源，遴选合规供应商，签订供应商准入协议。在完成供应商寻源之后将采购交易和履约纳入网上商城业务模式，向网上商城提供准入供应商名单及其准入的商品和服务清单。

4.2.1.4　提供准入信息

提供的准入信息应包括：

——供应商准入信息；

——供应商商品和服务准入信息。

供应商准入信息的具体内容参见附录A，供应商商品和服务准入信息的具体内容参见附录B。

4.2.1.5　供应绩效评价

可根据用户评价和网上商城交易数据对供应绩效进行评价。可依据评价结果对准入供应商、准入商品和服务进行调整。

网上商城管理部门是本规范对国有企业采购管理和监督部门的合理抽象。由于不同企业的采购管理体制不同，管理和监督部门的分工也不同，但在国有企业采购交易的通用场景下，采购管理功能和职责是相同的。网上商城管理部门泛指国有企业中对物资采购、工程招标有决策权、管理权和监督权的所有职能部门。这些部门具有以下职责。

制定采购管理制度。

建立和维护供应商关系，保持供应链安全畅通。

监督网上商城合规运营。

在网上商城采购交易通用模型中，网上商城管理部门承担着五个方面的重要任务。一是要结合国家关于采购的法律法规制定完整的企业采购管理规定，界定企业采购的合规性条件；二是要建立网上商城采购技术平台，确保采购活动建立在网上商城技术平台确立的合规业务模式上。三是要在合规性约束条件下落实企业战略，通过采购活动建立企业供应链，建立和维护供应商关系，保持供应链安全畅通。四是提供准入信息，建立基础数据库。五是对供应商绩效进行评价，建立基于数据的供应绩效评价体系，使供应进入良性循环。

目前大多数国有企业都建立了自己的采购制度体系。2019 年发布的

《国有企业采购操作规范》和2020年发布的《国有企业采购管理规范》进一步对国有企业的采购制度建设提出了明确要求，使国有企业的合规性要求更加清晰，大大降低了企业的合规成本，提高了企业采购的规范性和透明度。

在国有企业采购的知识体系中，把企业采购分成两个层面：一是供应商层面；二是订单层面。供应商层面涉及企业竞争战略和供应链战略，具有强烈的企业独特性，为企业的真正核心竞争力所在。到了订单层面，则具有规范的流程，可以通过信息系统进行处理，应由网上商城发挥作用。只要在网上商城建构相应的业务模式，监督网上商城合规运营即可。因此本规范将网上商城管理部门“遴选和管理合规供应商，与合规供应商签订框架协议或出具网上商城准入文件”的职责与“监督网上商城合规运营”的职责分开，前者在网上商城外实施，后者在网上商城内实施。

在集中采购的条件下，通过招标采购方式选择供应商及服务，可以看成采购管理部门在网上商城外进行供应商寻源。在框架采购的情况下，采购管理部门选择框架供应商，具体的采购活动由网上商城进行规范，是网上商城采购的标准形式。

（二）定义网上商城

网上商城是国有企业采购制度的执行平台。

4.2.2　网上商城职责

4.2.2.1　业务模式合规

应按照国家及网上商城管理部门的采购制度，制定网上商城采购业务模式。业务模式应经网上商城管理部门批准。

4.2.2.2　操作流程合规

应基于网上商城技术平台建立规范的操作流程，确保供应商和采购人按操作流程进行操作即是合规的。

4.2.2.3　交易保证体系

应与技术中介、担保机构和金融机构合作，建立交易保证体系，防止欺诈，确保交易双方执行合同、完成交易。

4.2.2.4　履约实施和平台赋能

应对每种业务模式的交易过程、履约过程进行全程跟踪、全面监测，并依托交易数据和履约数据对供应商和采购人进行评价和赋能。

网上商城基本业务逻辑是网上商城—网上商城技术平台—业务模式—操作规范。网上商城的职责是保证这一逻辑顺畅实现。

1. 关于网上商城的业务模式合规

网上商城需要在技术平台上按照企业采购制度和管理部门的具体要求建立一套采购业务模式和程序，将采购制度对供应商和采购人的要求固化在程序中，使得供应商和采购人只要按程序操作就能满足合规性要求，由此在减少供应商和采购人合规成本的同时提高采购效率。

网上商城采购业务模式是网上商城针对采购标的物定价模式而开发的标准化业务流程。定价模式不同，采购业务模式就不同。按照模式的定义，采购业务模式是在采购模型设定的共同场景下，对不同品类物品定价问题的程序化解决方案。

我们在本章主要定义业务场景，下一章对业务模式进行规范。

2. 关于操作流程合规

操作流程是为交易双方规定的在技术平台的业务模式下进行交易的程序，是供应商和采购人交易合规性的保证。

3. 关于交易保证体系

交易保证体系是网上商城提供的交易服务体系。它通过提高技术中介服务、担保服务、金融服务，为交易双方履约提供支持。

4. 关于履约实施和平台赋能

网上商城还要建立一套数字化的采购交易全过程履约监测和记录系统，记录从采购项目发起到采购项目交付的全部数据，以实现对采购业务的全过程评价。通过评价并将评价结果输出到准入机构，实现对供应商的优化。网上商城应对采购人的合规性审查提供支撑，对采购人的合规性提供证明。由此，网上商城的流程必须做到如下几点：第一要规范供应商操作程序，确保网上商城入驻的供应商及其商品和服务是合格的；第二，要建立规范的采购人操作程序，保证采购人按程序操作即合规；第三，建立完善数据并及时输出相关报表和证明。

（三）定义供应商职责

4.2.3 供应商职责

4.2.3.1 平台型供应商、独立型供应商均应获得网上商城管理部门出具的准入许可文件，方可接入网上商城。

4.2.3.2 供应商应遵守网上商城相关规定，并按照订单约定对其供应的商品和服务的品类、质量、物流配送、交付承担责任。

在网上商城采购模式中，供应商是为采购人提供产品和服务的供货商、承包商以及各种交易平台，包括平台型供应商和独立型供应商。平台型供应商本身集聚了大量产品和服务在平台上，由平台统一制定规则，保证产品的质量、物流和支付。平台型供应商以独立身份参与网上商城采购业务并承担责任。独立型供应商指的是与网上商城直接对接的生产厂商和服务机构。包括各类商品生产企业、工程承包企业和服务提供机构以及各类战略供应商、专业供应商和特色供应商。也可以是没有自己的平台，在网上商城上建立自己的销售店铺，独立承担销售责任的供应商。平台型供应商既包括类似天猫、京东、苏宁等以消费品为主的平台，也包括类似于西域、震坤行、欧冶等以工业品为主的平台。平台型供应商和独立型供应商构成了网上商城采购的供应商主体。

（四）定义采购人职责

4.2.4 采购人职责

内部采购人应按照网上商城规定的业务模式和操作流程进行采购交易活动。其他采购人应与网上商城签约，并纳入网上商城管理后方可在网上商城按相应业务模式和操作流程进行采购交易活动。

网上商城采购模式中的采购人具有特殊性。首先，这里的采购人被定义为国有企业内部分支机构的采购机构和人员。由此决定了采购人需遵循统一的采购制度、采购标准和合规性要求。这类采购人包括按照统一政府采购制度进行采购的独立预算单位内分支机构的采购，国有企业集团内分支机构的采购以及其他实行统一采购制度的集团内采购。不同的公共机构和企业集团，如果采用相同的采购制度，也可以共享网上商城。

三、定义参与者关系

一般来说，采购业务中的参与者关系由四种流构成，它们是商流、信息流、物流、资金流。商流是商品所有权转移所形成的流。信息流是交易中各种信息交互形成的流。物流是实体货物从供应商到采购人目的地的移动所形成的流。资金流是采购人支付产生的流。在商品经济初期，四流是一体的。商品信息、商品实体、商品所有权和货款支付都通过交易双方直接完成。供应链理论产生后，产生了商流与物流的分离，出现了专业的物流企业和配送中心，产生了现代物流业的基础。随着互联网和数字经济的发展，四流重新整合，商流与信息流整合为数据流，物流与资金流整合为实体流。由此参与者关系就进一步表现为数据流关系和实体流关系。

（一）定义信息流关系

4.3.1　信息流关系

各角色通过网上商城建立关系。网上商城应在各角色之间建立完备的信息流关系，包括：

——网上商城与网上商城管理部门及供应商之间的信息流关系；

——网上商城与网上商城管理部门及采购人之间的信息流关系；

——网上商城与网上商城管理部门、供应商、采购人之间的信息流关系。

网上商城应及时记录交易过程，形成完整信息流记录，并按网上商城管理部门规定期限保存。

网上商城存在三种数据流循环。

网上商城与合规准入机构及供应商之间的数据循环，反映合规准入机构和供应商之间的制约关系。合规准入机构选择供应商，供应商满足企业需求。网上商城与合规准入机构及采购人的管理关系，通过网上商城实现集中采购与分散使用的平衡。网上商城与合规准入机构、供应商、采购人之间的数据流循环，使供应商与采购人实现交易。

各个循环的数据最终沉淀在网上商城技术平台，成为网上商城的数据资源，形成网上商城数据空间。

（二）定义实体流

4.3.2　物流和资金流关系

网上商城应全面、及时记录供应商和采购人之间的物流和资金流，并建立相应的机制保证物流和资金流的对称性。

在数据空间之外，物流和资金流相向流动，以订单为基础达成平衡。网上商城是这种动态平衡的监督者和记录者。

（三）数据流和实体流的互动

供应商和采购人通过在网上商城的操作形成数据流，数据流返回到供应商和采购人实体空间，驱动实体空间相关主体发生备货、运输、交付、验收、支付等行为，这些行为数据又返回到数据空间，数据空间基于这些数据对供应商和采购人行为进行评价优化，为交易双方提供采购决策支持，使得下次采购活动得到改进。如此循环往复，推动供需关系优化。

这就是网上商城采购模式的动态优化机制。

四、定义网上商城技术平台功能

网上商城技术平台是网上商城采购交易场景的数据化映射，是网上商城业务模式运行的技术基础。网上商城技术平台承载了不同的业务模式，规定了不同业务模式的操作流程，网上商城的功能是否完善，流程是否合规、是否顺畅，决定了业务模式的运行效果。

网上商城技术平台重点需要处理好业务模式和操作流程构建、供应商准入、交易功能、履约监测和平台赋能五个问题。

（一）关于业务模式和操作流程构建

4.4　网上商城技术平台

4.4.1　业务模式和操作流程构建

应按第5章、第6章、第7章的要求，构建完整的业务模式和操作流程。

网上商城的业务模式和操作流程构建在技术平台上。交易主体通过在技术平台上的操作完成交易和履约。这是网上商城交易模式与传统交易的根本不同。

本规范基于对国有企业网上商城实践经验的研究，提出了三种业务模式，即实时价业务模式、固定价业务模式和定制价业务模式。这些业务模式的完整阐述在本规范的第5章、第6章、第7章。网上商城技术平台开发者应当认真研究，并在此基础上根据企业实际情况，设计具体企业的网上商城技术平台。

本书第九章提供了一个完整的网上商城技术平台功能要求，可供参考。

（二）关于供应商准入功能

4.4.2　商品和服务目录

应将全部准入商品和服务编制成统一目录。统一目录应与网上商城管理部门的许可文件内容一致。

4.4.3　商品和服务统一编码

4.4.3.1　应对准入商品和服务进行统一编码，确保每种商品和服务有唯一不变代码。

4.4.3.2　商品和服务代码编制规则可参考附录C。

4.4.4　供应商准入功能

应支持供应商接入与退出、商品和服务上架与下架、供应商分级分类，并建立供应商及其商品和服务数据库，支持相应的供应商选择、商品准入审批程序。

在特定场景下，网上商城的交易主体集聚在技术平台进行交易，实际上形成了一个特殊社群。这个社群的发起者是网上商城管理部门，而这个社群的先行者是供应商。由此，传统的采购就转化成了“商城”。传统的到厂采购就变成了商城采购。

由于网上商城本质上是为特定企业的经营战略和策略服务的，对供应商的进入就不能不设限制。进入网上商城的供应商必须经过严格选择和遵循准入程序。

本规范设定供应商的选择由管理部门在网上商城之外进行，不纳入网上商城业务流程，网上商城仅接受管理部门选定的供应商进入，并依据管理部门提供的供应商准入信息对供应商进行管理。

规范规定了供应商及其商品和服务的信息要求。

（三）关于交易功能

4.4.5 交易功能

应支持不同业务模式的交易全流程及各个交易环节的审批功能。

注：交易全流程包括采购人搜索、业务模式匹配、比价比选程序及记录、选购清单审批、订单管理等。

交易是网上商城技术平台的基本功能。采购人和供应商通过操作流程在网上商城相遇，产生交易，达成合同或订单的过程就是交易过程。这个过程从采购人搜索开始，到达成订单为止。

网上商城技术平台交易功能的核心能力有两个方面：一是不同业务模式的交易全过程记录能力；二是理清交易环节合规性审批程序的能力。

网上商城交易按标的物性质不同分为不同业务模式。采购人的标的物要和相应的业务模式相匹配，这是采购合规性的重要方面。网上商城技术平台应当可以帮助采购人进行自动匹配，支持采购人实现采购合规性。

交易过程中不同业务模式的定价方式不同，比价比选程序不同。技术平台要对在具体的交易过程中的比价比选过程进行完整记录，以备检查。

（四）关于履约监测

4.4.6　履约监测功能

应支持各业务模式的履约监测并记录相关数据。

注：履约监测和记录包括按订单显示履约计划和进程，全程监测和记录物流和项目进程、交付及验收、支付、售后服务过程及数据。

履约监测是消费品互联网产生的成功经验。履约监测要求网上商城技术平台具有全域、全时、全流程连续记录履约过程的能力。

履约监测是网上商城技术平台的基本功能。一般来说，应当包括三个部分。一是生产监测。许多网上商城建立了生产过程监测记录系统。特别是对独立型供应商的生产过程进行监测，记录供应商进料、加工、检测、储存、出厂的全程。早期的采购人依靠专业认证机构对独立型供应商的质量提供保证。在互联网已经全面覆盖各个领域、监测技术迅速发展的今天，采购人直接监测生产过程，成本已经大大降低。网上商城作为企业采购中心，利用互联网直接监测生产过程已成趋势。二是物流监测。网上商城可以通过对接物流企业信息系统获得物流数据。三是验收、支付和售后服务监测。这些监测数据来源于企业内部其他部门，通过与企业的ERP、质检及财务部门的信息系统对接获得。

履约监测是网上商城交易大数据的主要来源。网上商城技术平台的履约监测数据是判断交易主体信用的基础，同时也是平台赋能的依据。

（五）关于平台赋能

4.4.7　平台赋能功能

应建立交易数据分析和共享机制，引入金融和技术综合服务，为供应商和采购人提高交易效率和采购效益赋能，并通过用户评价和技术迭代持续提升技术平台服务能力。

网上商城是基于国有企业通用交易场景的交易平台。基于交易平台的数据，支持交易主体完整履约，就是平台赋能，也称为数据赋能。赋能能力的大小使得平台能力不同。对于网上商城来说，有三种赋能能力是最基础的。第一种是基于平台数据的报表输出能力。即要及时向供应商、采购人、管理部门提供不同维度的各种日报、周报、月报、季报、年报，使交易主体及时了解交易状况，支持交易决策。第二种是大数据分析能力。随着交易量的增加，在网上商城积累的数据越来越多。按照大数据理论，在这些数据中隐藏着许多模式化的规律，这些规律，仅凭一般的观察不能发现，需要应用各种大数据算法才能揭示。很显然，大数据分析能力是一种平台能力，应该由网上商城参与主体共享。就平台经济的发展历程来看，正是交易平台所具有的这种大数据分析能力的不同，造就了平台的特色，产生了平台之间的差异，并由此形成了不同的社群。第三种赋能能力最为重要，是交易平台通过集聚外部资源为交易主体提供支持的能力。这种能力表现为交易保证能力。一般来说包括四项内容，即对交易标的物的质量保证；对供应商交付能力的保证；对采购人支付的保证；以及对网上商城服务效率和应急处理能力的保证。这些保证往往需要银行、保险、担保等机构联合提供。网上商城技术平台把这些机构能力转化为平台的基于数据的流程性服务，使各个交易主体随时可得，由此构成了网上商城的综合赋能能力。

五、本章小结

网上商城采购是我国国有企业采购部门在互联网和数字经济时代的伟大创造，是我国国有企业采购管理在数字经济时代走向成熟的表现。基于采购业务的共同场景，结合互联网的高效便捷，这种新型采购方式已经表现出了极高的效率，在处理企业采购中效率与合规方面表现出了极大的优越性。网上商城采购模型是对这种新型采购方式的理论表述。这种理论表述在总结实际经验的基础上形成，同时又能促进实际工作的完善，指导新的机构的采购实践。

（一）网上商城采购模型建立了数字经济时代的采购理论基础

在以前，虽然国有企业采购业务共同场景始终存在，但由于缺乏把这种共同场景整合成统一模型的技术手段，致使在共同场景之下的具体操作五花八门，往往造成了采购业务中的许多漏洞，为采购腐败留下了空间。数字经济的发展，使得基于互联网的采购日益成熟，网上商城采购的现实条件出现了。网上商城采购不仅堵塞了企业采购中的腐败漏洞，降低了合规成本，还大大提高了采购效率。基于此，网上商城采购模型就成了数字经济时代采购理论的基础模型，对于我国国有企业采购乃至公共采购实践都有重要意义。我们注意到，我国正在修订的《政府采购法》，把框架协议采购提到了相当重要的地位，其依据就是近年来政府采购的电子采购实践。最近欧盟的相关文件进一步规定了“框架协议”和“动态采购系统”也反映了电子化采购的这种趋势。因此，我国的网上商城采购在实践上走在了世界前列。网上采购交易场景模型的提出，将使我国的电子化采购理论也走在世界前列。

（二）网上商城采购交易模型是完全交易模型

在网上商城采购模型中，网上商城与传统的实体商城是完全不一样的。它不仅是一个展示商品、服务和完成交易的场所，而且是一个进行完全交易并记录完全交易的机构。所谓完全交易是指从交易发起直到货物、工程和服务全过程的监测以及支付情况的全记录。这样，网上商城实际上解决了在互联网之前的交易中广泛存在的交易不完全以及合同不完全问题，进而降低了交易过程中的不确定性。从根本上来说，是网上商城通过自身的技术和市场机制设计提升了确定性。从风险的角度来说，是把交易双方的不确定性转移到网上商城平台上。而网上商城平台则通过大量交易把这种不确定性和风险分散掉了。这种通过大规模交易分散风险的机制是互联网平台所独有的，也是网上商城采购模式提升效率的原因所在。在此意义上，网上商城采购模型是传统采购方式的现代改进，在提升采购效率进而提升供应链效率上具有普遍意义。在现代数字化转型中，这个完全交易模型对于提高企业生产力和机构效率具有关键作用。

（三）网上商城采购模型引领采购管理科学化、规范化

科学的模型始终是规范化管理的基础。网上商城采购模型是对国有企业采购业务共同场景的抽象，必将适用于众多的相类似的对象。在这种情况下，网上商城采购模型就成为各相似主体进行科学化、规范化管理的引领者。基于此可以制定相关机构网上商城采购的相关制度和流程，促进机构管理的规范化。同时，由于网上商城采购模型的前提是基于互联网的，也就为各类机构把采购业务建立于互联网上，进行网络化、数字化管理创造了条件。网上商城采购模型是国有企业和相关机构走向数字化管理的通道。

六、案例：国能 e 购的交易场景与网上商城运作

主编按语：国家能源集团物资公司是最早建设和运营网上商城的中央企业之一。“国能 e 购”网上商城在多年的运营中积累了丰富的经验。在《国有企业网上商城采购交易操作规范》编制过程中，采用了“国能 e 购”网上商城很多操作经验。

国家能源集团是经党中央、国务院批准，由中国国电集团公司和神华集团有限责任公司两家世界 500 强企业合并重组而成，于 2017 年 11 月 28 日正式挂牌成立，是中央直管国有重要骨干企业、国有资本投资公司改革试点企业，2020 年世界 500 强排名第 108 位。集团拥有煤炭、火电、新能源、水电、运输、化工、科技环保、金融 8 个产业板块，是全球最大的煤炭生产公司、火力发电公司、风力发电公司和煤制油煤化工公司。2019 年，国家能源集团煤炭产量 5.1 亿吨，煤炭销量 6.7 亿吨，发电量 9690 亿千瓦时，铁路运量 4.6 亿吨，两港装船量 2.5 亿吨，航运量 1.7 亿吨，化工品产量 1593 万吨。

国家能源集团物资有限公司（以下简称“物资公司”）于 2019 年 10 月 10 日，由原国电物资集团有限公司、神华物资集团有限公司重组成立，是国家能源集团物资管理相关工作的专业执行机构和非招标采购代理机构。

物资公司成立以来，始终坚持以党的政治建设为统领，秉持为项目单位

控成本、降造价、提效能、防风险的发展理念，紧紧围绕国家能源集团“聚焦一个目标、打造三型企业、推进五化发展、实现七个一流”总体发展战略，坚持“抓创新就是抓发展，谋创新就是谋未来”，深度融合“互联网+”、云计算、大数据等信息技术，创新建成国家能源e购平台，推动形成党建统领全局、科技引领战略、人才支撑发展的完备物资供应保障体系，引领行业改革方向。物资公司20余项理论和实践获得全国电力行业、公共采购、电子商务领域创新成果奖，是中央企业电子商务联盟、中国设备监理协会等副理事长单位。

经过16年的发展，物资公司逐步形成了以在京专业公司为中心，以分布在全国各地的10余家区域配送中心为多点支撑的，辐射全国的物资采购与配送保障体系。

中心布局：物资公司本部设立在北京，主要负责顶层设计、制定发展战略、统一调配资源、规划业务路径、协调机构业务等工作，是物资公司的核心所在。同时，物资公司以集团级集中采购为切入点，在京成立多个专业公司形成集群式综合性服务中心，负责集团本部、在京子分公司及所属企业的集中采购业务，并为此提供相应的技术、平台和服务支撑。其中，由两家专业机构负责集团本部及在京各子分公司的非招标采购业务，跨境电商采购中心负责集团级批次集中采购、进口物资集中采购、跨境电商和保税库等涉外业务，物贸公司负责集团工业油品集中采购业务，北京配送公司负责运营国家能源e购电子商城业务，采购支持中心负责集团物资主数据、供应商使用和评价、采购异议和投诉、采购数据分析挖掘及智慧采购场景应用等工作，电子商务中心负责国家能源e购平台的建设、运维以及技术支持工作。

多点支撑：为进一步服务集团各采购单位，满足业务实际需求，物资公司本着“贴心服务、同频共振”的服务理念，按照集团各产业板块及所属企业的地理位置布局情况、业务规模大小和产业特点，在全国多个地方成立区域配送中心（公司），充分发挥地域优势。区域配送中心（公司）的设置既有跨省级的，比如华中、华东、南方、西南等区域配送中心；也有单独省份的，比如山东、河南等配送公司；还有业务规模较为集中的地区级的，比如鄂尔多斯、银川采购中心等。区域配送中心（公司）能够与子分公司及所属企业保持近距离的充分沟通，及时理解需求、管理需求，使采购业务得以顺畅实施。

“中心布局，多点支撑”组织体系是基于国家能源集团产业布局“面多点广”特点而构建的，也是根据集团公司所有采购项目均须集中于同一平台和同一采购机构的业务需求而设置的，使业务布局更合理、经营基础更稳健、服务保障更可靠，是物资公司的核心竞争优势之一。

国家能源集团在其内部采购管理规定中明确，集团公司的电子采购平台含非招标采购平台和电子商城，采购工作实行统一管理、分级负责制，集团统一建立健全制度体系、管理流程、管理标准和采购平台。

为使集团公司的非招标采购工作更加规范、透明、标准，物资公司倾力打造了国家能源 e 购平台，着重关注“非招标采购和电子商城”两大采购模式，附加专业化物资管理服务（如废旧物资竞拍交易、联储共备、闲置物资等）。国家能源 e 购平台对应着标准中的“网上商城”，供内部采购人使用，通过一整套标准化业务模式、操作流程和技术措施将国家采购相关法律法规和集团的采购制度及合规要求固化在平台上，保证了内部采购人实施采购业务的合规性、交易可靠性及商品服务的分发效率。

（一）国家能源 e 购非招标采购模块

国家能源 e 购非招标采购模块是物资公司建设服务国家能源集团全业务板块的集中统一平台，是同类型央企中首家构建集团层面非招标采购的集中管控平台，首家实现了非招标采购全流程的电子化，首家基于非招标采购业务配套建设了远程评审系统。全部采购业务线上开展，实行“采定分离”原则，解决了“管而不控，控而不严”的问题，实现了物资、工程、服务采购类型全覆盖，实现了询价、竞价、竞争性谈判、单一来源等采购方式的全覆盖，实现了采购业务公开、过程受控、全程在案、永久追溯。非招标采购业务的全流程电子化，是国家能源集团实现采购“百分之百公开、百分之百集中、百分之百上网”目标的关键，平台全过程电子化、公开透明的阳光采购方式，在此后集团历次的巡视、审计中均得到广泛认可，同时也为物资公司开展智能化采购打下了坚实基础。

（二）国家能源 e 购电子商城模块

为进一步提高采购效能，2017 年物资公司运用互联网、大数据、云计算等信息技术，建设全新国家能源 e 购电子商城，打造采购更高效、结算更便捷、技术更先进、管理更可靠、服务更精准、监督更到位的世界一流 B2B 网上交易平台。商城有效融合了供应链上下游企业，构建涵盖电力、煤炭、运输、化工等专用领域设备、备件以及综合办公、通用物资等商品的全景式采购平台，实现物资采购的可视化、同类商品比价智能化、采购结算自动化，为采购管理实现智慧型变革奠定基础。

实现社会化电商协同。依托主数据系统管理，将社会化电商 100 余万种商品按照类目进行归类整合。通过一体化接口平台与外部电商集成，商品、订单、发货、配送、结算等数据实时同步，真正在全站实现商品的统一搜索、统一订单、统一配送和统一结算。

独创电力专区、煤炭专区、运输专区、化工专区等集采专区。电力专区是中央企业电子商务首家独树一帜的专业板块，填补了发电领域设备及备品电商化采购的空白，与社会化电商不同，专区商品全部由物资公司自营，且随着商城的不断发展，专区也在不断壮大。在电力专区成功经验的激励下，国家能源 e 购电子商城先后开发了煤炭专区、运输专区、化工专区、IT 专区、劳保专区等独具国家能源集团特色的板块，使电子商城商品更加丰富、客户更加广泛、服务更加深入，助力央企改革创新发展，奠定了行业领先地位。

国家能源 e 购平台通过建设“非招标平台”和“电子商城”双支柱模式，遵循“创新、协同、开放、共享、融合”的发展理念，整合供需、物流、金融等多方资源，实现了采购形式、采购范围全覆盖，实现了采购效率和效能的大幅提升，实现了采购过程的有效管控和实时监督，打造了智能化采购体系。服务内外部采购单位、管理机构、制造商、物流商、服务提供商，实现了多方优势互补和资源共享，发挥集聚效应，构建了智慧型供应链，为能源企业提供更加优质的服务，创造了良好的经济效益和社会价值。

（三）国家能源 e 购平台采购交易场景模型

物资公司以建设现代化平台型科技示范企业为目标，所有业务都围绕着国家能源 e 购平台开展，以国家能源 e 购平台为中心集聚采购活动中各相关对象，既关注采购人、供应商和管理者的个性化需求，还关注信息流、资金流和物流的数据交互，更关注供应链、价值链和产业链的建设。物资公司所建立的国家能源 e 购平台，从一开始就注重合规性和引领性，与规范中所要求的交易模型完美匹配。国家能源 e 购平台采购交易场景模型如图 4－1 所示。

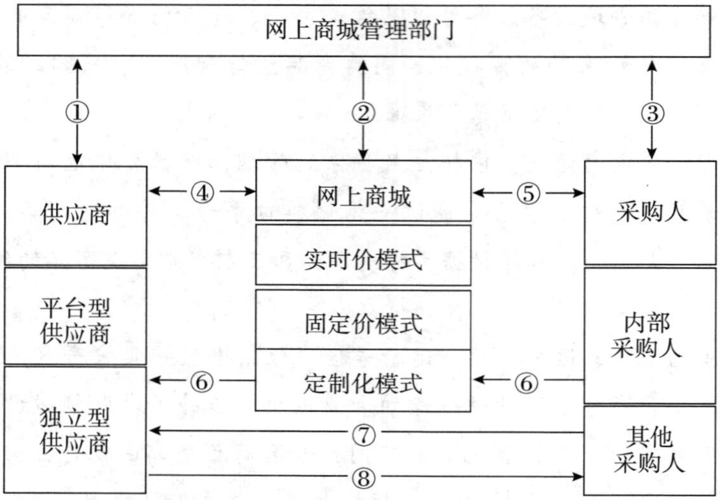

图 4－1　国家能源 e 购平台采购交易场景模型

（1）网上商城管理部门。物资公司的采购管理部和电商管理部两大职能部门行使商城管理职责，采购管理部负责制定商城采购各项规章制度、标准和流程，负责供应商准入、评价、考核、退出等的管理监督，对电子商城商品铺货上架采购活动进行管理，负责商城运营单位的商品上架合规性监督；电商管理部负责制定商城运营各项规章制度、标准和流程，负责电子商城中商品的运营管理工作，对供应商、采购人和商城运营单位的协议履约、物流配送、增值服务等进行监督控制。

（2）供应商。国家能源 e 购平台是国家能源集团实现供应商注册准入、寻源报价、确认订单等业务的窗口，接受商城制定的统一规则，其中非招标采购模块是独立型供应商的入口，电子商城中的电子超市板块只对平台型供应商开放，自营专区板块则对独立型供应商开放。

供应商准入时应向平台提供基本信息和信用信息。基本信息包括供应商名称、供应商分类、统一社会信用代码/登记证号码、注册地、国别（地区）、机构类型（法人/其他组织）、注册资本、成立日期、证照起止日期、经营范围、法定代表人、银行账号信息、纳税人资格类型、供应商类型，相关联系人姓名、电话号码、电子邮箱、邮政编码等。信用信息包括但不限于行政处罚信息、经营异常信息、失信处置信息等。

在电子商城中进行商品上架铺货的供应商包括独立型、平台型供应商，必须与商城运营单位签订采购协议方能入驻商城。入驻商城的供应商应参加商城运营培训，培训内容包括铺货、订单管理、交易规则、结算规则、操作手册等供应商应该掌握的国家能源e购平台基本制度、规范和标准。

（3）采购人。国家能源e购平台主要服务于集团的所有需要开展非招标采购活动的单位，实现集团公司所属1400余家内部单位的全覆盖。同时，随着国家能源e购平台的影响力不断扩大，赣能股份、中煤科工等几十家外部企业也纷纷在平台中设立账号，部分企业既委托物资公司提供非招标采购代理服务，又在电子商城中实行电商化采购。集团内、外部采购人在采购实施的合规性方面受同等流程约束，遵守平台制定的公开、公平、公正和诚实信用原则，但在内部管理方面，内、外部采购人则根据自身不同的管理要求有所差异。

（4）网上商城运营单位。物资公司的网上商城运营单位目前由两家下属企业共同运营，内蒙古公司和北京配送，其中内蒙古公司主要负责煤炭产业的采购人，北京配送负责非煤炭产业采购人。两家运营单位负责按照网上商城管理部门要求，根据其下达的采购结果清单，将对应供应商的商品或商品品类进行铺货上架；设计平台运营功能，制定下单采购的操作流程和程序，保障采购人在平台中交易的合规性、便捷性。运营单位还负责收集各采购人需求，提供采购人评价供应商端口，推动供应商服务水平提升；组织供应商为采购人提供售前的技术改造路线、维修指导、商品选型等“精准服务”，为商城提供各项专业化增值服务；通过平台反馈物流配送等信息。

（5）定价模式。非招标采购模块实行的是定制化模式，供应商注册准入后，需要通过第二次竞争方可以获得标的。

电子商城模块通过常规采购的框架协议，将协议内商品按协议所规定的价格铺货上架，各采购人可以直接自行选择商品下单采购。商城既有实时价模式，又有固定价模式，其中，实时价模式主要集中在电子超市板块，该板块价格与平台型供应商的官方网站根据事先约定的折扣率实时联动。自营专区模块则实行固定价模式。固定价模式又分为不变价和可调价两种机制，可调价机制主要针对价格具有成熟计算公式的大宗消耗性物资，可以按照协议约定，根据公式进行调价。

调价机制有三种基本类型，分别是事前调价、附加项调价和事中调价，价格调整后，下单时按最新价格展示、下单。

事前调价：根据权威机构的价格发布，根据协议规定的机制，整体调整该协议相关商品价格。

附加项调价：商品价格由基本价格和附加选项构成，在下单时进行复选，组合成实际订单价格。根据商品物流配送地点、防腐等级、绝缘要求等特点的不同，在下单时选择商品不同的服务要求和配置要求，最终体现在商品的总价上。

事中调价：根据商品主要原材料的构成和对商品价格的影响，将调价公式嵌入系统，输入变量值后自动计算调整价格。例如电缆，由于铜价随时改变，每次有新的订单，运营单位都要根据“上海有色金属网”下单当天价格进行采购价格调整。

（6）商品和服务统一编码。国家能源 e 购电子商城立足国家能源集团物资分类体系，以商品品类特点、市场供应特点、需求特点编制电商上架商品目录，并以目录为基础，以物资自然属性为依据制定商品分类标准及规则，强化物资主数据管理平台功能，对所有商品进行数字化的编码管理，实现所有在售商品一物一码，并作为商品的唯一标识在商城展示。

（四）国家能源 e 购平台业务模式

国家能源 e 购电子商城是央企独树一帜的能源行业专业化垂直工业品电商平台，分设自营专区和电子超市两大板块。自营专区板块分为电力专区、煤炭专区、化工专区、运输专区、IT 专区 5 大特色板块，主营电力、煤矿、化工、运输主要设备、重要辅机的生产类备件以及大宗材料、消耗性物资等通用品类，实现了商城主渠道采购，保证商品质量。电子超市板块是与国内 6

家知名电商（京东、苏宁、得力、苏宁、固安捷、震坤行）合作，建立接口，主营办公、劳保、数码3C、MRO类工业品，在保障采购合规的前提下，实现了小额商品、零星物资的快捷采购。自营专区和电子超市互为补充，满足了用户多样化的采购需求。

1. 准入品类

旨在充分发挥商城规模化、渠道化采购优势，大力推进电商化采购方式，提高物资供应的快捷性、便利性，为集团公司各产业板块提供优质的电商化采购服务，编制商城商品上架目录（准入品类）。目录编制遵循“基础性”原则，目录立足国家能源集团物资分类体系，以物资主数据为基础，总体规划。遵循“适用性”原则，目录紧紧围绕电商化采购的特性，发挥电商化采购的优势，整体策划。遵循“必要性”原则，目录以用户采购需求为导向，结合历史采购数据和采购单位生产运营的实际需求，准入品类涉及集团公司物资分类体系中的29大类、204中类、1258项小类。

2. 定价方式

独立型供应商铺货商品按照集团公司规定的采购程序执行带量采购，确定商品价格。商品价格根据商品特性分为固定价和可调价两种，可调价模式根据前文的描述按照调价条件和调价公式进行调整。固定价模式在铺货的一个协议期内一般不做调整。

平台型供应商通过招标方式引入，综合平台型供应商（外部电商）评价库存能力、商品品类数量、物流配送水平、商品来源渠道、开票结算效率、售后服务能力、财产保险等因素，确定商品清单、价格、折扣率。

3. 合同形式与订单

商城与采购人按长协方式签订商城商品年度销售合同，合同明确双方在商品验收、退换、结算、售后等方面的权利和义务，以商城实际产生的有效订单作为对账和结算依据。这种结算方式采购人已经普遍接受，结算时既有合同作为依据，也有采购的电子订单作为采购履行的凭证，不仅符合采购人结算的相关管理规定，还避免了每一单签一个合同进行结算的烦琐方式，做到了结算的便捷性、合规性。

（五）供应商操作流程

1. 平台型供应商对接

商城与平台型供应商（外部电商）签订长期协议，根据前期招标采购的结果规定双方权利义务、上架铺货商品范围、上架铺货流程、质量要求、物流配送要求、商品证照要求、单据要求、售后服务要求、发票开具要求、管理及考核办法、违约责任后，外部电商通过商城标准的API接口向商城的商品池推送商品，商城运营方审核后上架。

2. 独立型供应商对接

为实现商品的上下架，商城根据前期的采购结果，将商品协议期、清单、价格交货期在商城中编制基础性数据（采购协议），将采购协议作为商城的电子文档，实现商品的上下架。

3. 上架审核

商品实现目录制管理，根据集团公司《目录》严格审核商城上架商品，上架商品的属性、价格、交货期、有效期与采购协议保持一致，上架商品不得超出《目录》和协议范围，不得私自上下架商品。

4. 订单的确认

对需要调价的订单，应严格按照协议规定的调价公式调整后由供应商确认；对金额较大且制造加工复杂的订单，应补充签订技术（服务）协议，明确是否监检（监造、检验），且经相关方签字后供应商方可确认。订单生成后应在2个工作日内完成确认，确认前供应商要与用户就订单所包括商品的属性（规格、型号、材质等）、数量、交期、售后等关键要素充分沟通。已确认的订单原则上不可取消，因特殊原因确需取消订单的，需征得商城运营主体的同意。

5. 质量保证

独立型供应商商品质量严格执行签订的协议要求，通过规范采购渠道、监检、订单执行、用户评价等手段加强质量管理。平台型供应商商品价格通过平台预警、官网比对、不定期询价、用户监督等手段加强价格监管。

6. 物流信息与验收交付

订单确认后以交货期为目标，对订单排产、监检、物流（发货、到货）

等关键节点进行过程跟踪管理。大额、加急等特殊订单专人专项跟踪。商城全流程展示物流信息。已到货且满足验收条件的订单应及时验收，有特殊情况需延期验收的应与用户达成一致意见。大额订单客户提出需要的，运营主体应组织人员到现场参加验收。一般采购人在收到商品7个工作日内完成验收，按评价要求进行评价。有特殊情况需延期验收的，采购人与商城应事先达成一致意见。平台型供应商提供的商品如不做库存管理的，验收期内未完成验收的到期后商城自动验收。

7. 退货与换货

平台型供应商商品的退换货和售后执行平台型供应商的服务标准；自营专区原则上不支持无理由退换货售后，因供应商原因造成订单与货物不符、商品质量缺陷、交期严重拖后等情形的，可申请退换货处理。用户和供应商不得私下发生退换货行为。

8. 投诉应答

建立争议订单解决机制，妥善处理用户和供应商在订单履约过程中产生的纠纷。建立商城订单评价机制和评价结果运用规则。商城订单实行“一单一评”，定期汇总评价结果。

（六）采购人操作流程

自营专区采购流程。采购人按照集团公司采购计划相关要求在集团公司采购管理平台中在线提报电商采购计划，经审批，电商采购计划自动传递到商城进行选品下单。商城采购执行预存款制度，因此用户在下单时，系统从相应采购单位的预存款账户中全额或部分扣除预存款后形成订单。供应商在平台确认订单，确认后进行发货处理，采购人在商城进行验收处理。因此采购人在下单前，先申请开通商城账户，并支付预存款。下单后，由国家能源e购电子商城直接从用户预存款账户中扣减相应的金额。订单采取“首付款+尾款”的付款方式，为提高资金的利用效率，根据不同的订单金额设置梯级首付款扣款比例。

外部电商采购流程。与自营专区采购一样，采购人通过采购管理平台在线提报电商采购计划，经审批，电商采购计划自动传递到商城进行选品下单。下单时系统从相应采购单位的预存款账户中全额扣除预存款后形成订单。电子超市订单的相关发货、送货、妥投等信息通过标准的API接口在外部电商平台、商城以及集团公司的采购管理平台之间进行交互，实现订单的全流程管控。

（作者：国家能源集团　孙云飞）

第五章　网上商城业务模式

网上商城采购模式定义了国有企业采购的通用场景。在这个场景之下，由于不同的采购标的物有不同的定价机制，因而就产生了不同的业务模式。业务模式是网上商城采购场景的细分，是进行操作标准化的具体条件，因而是《国有企业网上商城采购交易操作规范》的核心内容，所有的操作规则和业务扩展都基于此。

一、业务模式的一般规定

业务模式是在确定场景下解决特定问题的标准化、流程化解决方案，包括三个要素：其一是确定的场景；其二是特定的问题；其三是标准化、流程化的解决方案。模式概念的创立者 Chritopher Alexaner 先生基于此三要素给出了关于模式和三要素之间的形式化关系，即

$$P = <C, Q, S>$$

其中，P：模式；

C：场景；

Q：问题；

S：解决方案。

我们关于业务模式的讨论以此为框架。在网上商城采购模式中，确定的场景就是我们在上一章中定义的采购交易场景模型。这个模型定义了国有企业网上商城采购交易业务的主要参与者、参与者之间的关系以及与之对应的数据流和实体流、实体流与数据流之间的互动关系。很显然，这样的场景并不是自然生成的，而是在网络环境下由网上商城基于采购规则构建的。因此，

就国有企业网上商城采购模式来说，与所有互联网业务一样，网上商城首先要把交易场景规范化，将交易场景及其参与主体、交易关系规范化，也就是使交易规范化。这是本规范上一章的主要内容。

网上商城的业务场景是一个通用场景。在这个通用场景下，所有的业务流程在整体上是一致的，即可分为准入、交易、履约和赋能四个阶段。

准入阶段。确定哪些供应商及其商品和服务可以进入网上商城。主要由采购管理部门与供应商共同完成，是准入机构选择供应商的阶段。

交易阶段。确定采购业务模式和定价方式。主要由供应商和采购人在网上商城技术平台完成。由于交易的品类不同，其具体交易特点不同。但其作为交易的本质不变，都是卖方提供商品和服务，买方提供货币的交换过程。但由于定价方式不同，因而产生了不同的业务模式。业务模式不同，定价方式也不同。因而需要按业务模式规定定价方式。

履约阶段。是交易双方履行合同的过程。在卖方表现为交付过程，在买方表现为支付过程。不同的交易标的物，由于交付过程特点不同，网上商城的监测跟踪过程也会表现出差异。

赋能阶段。表现为网上商城对交易双方在准入过程、交易过程和履约过程的技术支持、数据支持和金融支持。是网上商城为交易构建的基本条件和支持体系，服务于从准入到交易和履约的全过程。

5.1　业务模式

网上商城业务模式分为实时价模式、固定价模式和定制化模式。网上商城应至少能够运行一种业务模式。

在实际业务过程中，上述四阶段流程对于不同的商品、服务和项目来说，合理的操作方法差异仍然是很大的，不可能要求不同类别的交易完全遵循统一的操作方法。因此，作为解决国有企业网上商城采购问题的业务模式来说，上述流程仍是粗糙的。按照交易商品和服务的特点、采购方式的不同以及履约和赋能方式的差异，可以对业务模式进行不同维度的细分。就本规范来说，因为目的在于为网上商城的供应商和采购人提供采购交易操作规范，所以根据交易定价方式不同分为三种模式，即实时价模式、固定价模式和定制化模式。

对于每一个细分模式，都应当反映通用业务模式的主要内容。包括符合该模式要求的准入品类，与该品类特点一致的交易定价模式、与品类特点一致的履约程序以及适应该品类特点的平台赋能服务。

对于网上商城来说，可以仅开通一种业务模式，也可以开通多种业务模式，这取决于网上商城的技术能力和业务条件。但本规范规定“网上商城应至少能够运行一种业务模式”，否则就不符合本规范规定的网上商城的条件。

业务模式是指网上商城操作者的业务模式，其本质上应当是公开透明的。主要表现在三个方面：第一，对网上商城本身来说，业务模式是对实际业务的分类运行机制，不同的业务适用于不同的模式，其根据是网上商城与供应商签订的框架协议，业务模式是由框架协议的条款转化而来的。因此，网上商城业务模式对网上商城业务管理者是公开透明的。第二，业务模式对供应商和采购人是公开透明的。供应商和采购人应当了解业务模式中从准入、交易到履约、赋能的全部过程及其规定。第三，在每个业务模式下的操作流程是透明的。按照角色，引导供应商和采购人合规操作。

二、实时价模式

实时价模式是网上商城采购的基本业务模式，也是目前实践中采用最多的模式。大多数网上商城都是从实时价模式做起的。

5.2 实时价模式

5.2.1 准入品类

实时价模式的准入商品和服务品类由实时价准入协议确定，具体表现为准入清单。供应商在准入清单中增加或减少品类应经网上商城管理部门同意。

5.2.2 定价方式

5.2.2.1 价格

实时价模式的商品和服务价格由接入网上商城的平台型供应商确定，并与平台型供应商面向社会市场的交易平台上的价格相同。接入网上商城的平台型供应商的同类商品和服务的价格应满足其准入时承诺的折扣率，实际成交价格不超过其在准入协议中承诺的价格。

5.2.2.2 折扣

实时价模式的价格折扣由准入协议确定。折扣调整需经网上商城管理部门同意。

5.2.3 履约程序

应按5.5的要求。

5.2.4 模式适用

实时价模式主要适用于在平台型供应商采购且竞争充分、市场价格透明的通用性商品和服务的采购交易。

（一）关于准入品类

适用实时价模式的商品和服务品类，应当是完全竞争品类或者接近完全竞争的品类。对于这类商品和服务，买方很难从根本上影响其价格，最多只能获得部分折扣。

由于电商平台（包括消费品电商和工业品电商）的出现，大量同类商品的供应商集中在电商平台。因而对消费者和采购人来说，实际上在电商平台上形成了一个接近于完全竞争的交易市场，在这个市场上，价格是市场总体均衡的产物。买方，即使是有一定批量的采购人，也很难实质性影响价格。基于这种认识，对于采购人来说，许多商品，如日常办公用品、日常消费品、通用工具以及通用生产消耗品等的最优采购地就是电商平台。采用电商平台的实时价模式是网上商城的必然选择。

在这种情况下，进入网上商城的准入品类实际上取决于电商的经营品类。

表5－1列示了某工业品电商的主要经营品类。

表5－1 某工业品电商的主要经营品类

种类	品类
工业工具、耗材	手动工具、管道工具、电动工具、气动工具、五金工具、焊接工具
个人防护	手脚防护、头部防护、面部防护、听力防护、身体防护、坠落防护

续　表

种　类	品　类
安全防护	标签标识指示、工业安全锁具、交通安全防护、救援防灾用品、应急用品
物料搬运 存储包装	包装、储物柜、吊索具、起重设备、工作台椅、货架、胶带、手推车、梯子、叉车、零件筐、输送设备等
测量检测	食品安全监测、称重、工程测绘、量具、无损检测、热工仪表、电子电工仪表
配电 工控、自动化	配电电源、工业控制元器件 传感器、工业自动化、电工器材、电池充电、发电机
切削打磨 工业焊接	磨具磨料、焊接切割用品、刃具、机床配件
清洗用品、设备	工业用擦拭工具、清洗工具设备、垃圾处理、清洗保养
泵管阀水系统	泵、管、阀、厨卫用品
气动系统 液压系统	气液处理、气动控制元件、真空元件 液化动力元件、控制元件、辅助元件
紧固件、密封件	紧固件、密封件
照明	光源、灯具、照明电器
办公用品	办公文具、家具、电器
供暖、通风、空调、制冷	风扇、空调、加湿、冷柜、取暖、供暖
实验室用品	试剂试纸、容量、加热冷却、灭菌消毒、天平砝码、光学检测
润滑、防锈、金属加工液	润滑剂、加工液、防锈清洗、涂层涂料
粘结密封	粘结、密封、灌封、涂覆、导热剂、导电剂
机电传动	动力部件、传动部件
车辆	轮胎、机油、防冻液

实际上，工业品电商所经营的品类远不止以上所列项目。随着工业互联网的发展，工业品电商的发展会迅速扩展至一切可以在网络平台上经营的产品。同一平台上经营多家产品、不同厂家的同类产品出现在许多个平台上的现象是必然的。因此，工业品电商之间的竞争也会越发激烈，必然会形成一

个完全竞争的小额采购市场。对网上商城来说，这个完全竞争的市场就是网上商城的天然资源。因此，网上商城实时价模式把平台型供应商，即各类电商，作为主要供应商，把电商平台的商品和服务作为准入品类的来源。实时价模式的品类准入就成为电商的准入，选择品类表现为选择电商。

网上商城管理部门作为国有企业中负责选择供应商的机构，根据本企业的专业和行业特点以及实际的需求，制定选择电商服务的制度和规则，通过招标或者其他方式选择与网上商城对接的电商，并签订准入协议，规定与该电商的合规条款，包括电商向网上商城开放的商品、服务目录和清单、定价方式、折扣以及配送机制、支付条件、结算方式等。由此开启网上商城的实时价模式。

（二）关于实时价模式的定价方式

定价模式是采购业务模式的核心。在网上商城管理部门与电商签订的准入协议中，定价模式就已经确定了。但实际交易过程中，定价模式具体表现为电商平台的定价权、采购人的选择权和讨价还价权。在当前互联网条件下，网上商城可以提供各种比价技术为采购人提供支持。

（三）电商平台定价权的限制

本规范规定，实时价模式的商品和服务价格由网上商城的平台型供应商确定，其基本条件如下。

（1）接入网上商城的价格 = 面向社会市场的价格。即不能为网上商城制定单独的价格。

（2）在公开价格的基础上，对网上商城用户要有一定的折扣率。折扣率是在准入协议中承诺的。实际上，对于大型国有企业集团来说，由电商对每个品类承诺同样的折扣率是很难实施的，在实际执行中表现为采购人在实际采购过程中的讨价还价。

（3）实际价格≤承诺价格。

实际价格是指采购人在折扣后获得的价格。承诺价格是在准入协议中确定的价格。对于平台型供应商的准入协议来说，并不排除在准入协议中对每一项商品和服务确定一个价格和一个折扣。但实际操作中难度很大。承诺价格的另一种表达形式：承诺价格 = 在网上商城的价格。

但这种承诺价格存在漏洞。准入协议往往会附加一个或两个条件：承诺价格 = 面向社会市场的价格；承诺价格 ≤ 双方认可的外部交易平台的综合价格。

因此限制电商可能使网上商城用户做出选择不合理价格的行为。

在此情况下，在实时价采购模式中采购人的选择权和讨价还价权就显得十分重要。首先，网上商城要尽量接入多家同类平台，使采购人具有选择空间。其次，网上商城应当提供商城外比价比选服务，为采购人讨价还价提供支持。最后，网上商城要及时将采购人应用实时价模式中的问题和建议反馈给准入管理部门，由准入管理部门进行模式调整，由此实现对实时价模式的优化。

（四）网上商城实时价模式的交易程序

根据以上分析，我们可以得出实时价模式下的交易程序要点如下。

（1）采购人需要合规性审批请购单。

（2）采购人在网上商城或线下进行比价比选。

（3）确定选购清单。

（4）选购清单审批。

（5）下单及订单确认。

此交易程序涉及网上商城与采购人审批以及外部电商的数据支持。

从以上程序可知，实时价模式下，在线比价对于采购人来说是很重要的。为满足这种需求，市场上已有专门厂商开发出各种条件下的比价程序，为网上商城实时价模式提供服务。

（五）关于履约程序

在下单之后，进入履约程序。实时价模式的履约程序涉及三个基本问题：一是物流，二是支付，三是监测。由于平台型供应商的主要供应物品是小型、小批量商品，物流一般由电商平台的物流体系负责。经过十几年的发展，我国的电商物流体系已经相对成熟，这种小型、小批量物流与个人消费品物流相似，基本上可以发挥消耗品电商已有物流体系的作用，所以订单的交付是没有问题的。就支付情况来说则有所不同。目前网上商城往往采取后支付方式，即在采购人收到货物并出具发票后再进行支付。这种支付方式之所以能够行得通，其根本原因在于存在网上商城对供应商平台的支付担保机制。这种担保可能具有公开的形式，也可能是隐形的。这种担保机制本质上是实时价模式得以成立的基础条件，也是履约程序必须注重解决的问题。否则，网上商城最多是一个具有交易撮合功能的信息平台，不具有可持续性。在网上商城承担担保功能的条件下，网上商城必须具备对交易双方的履约监测能力，因此就需要在网上商城建立监测体系。监测体系一方面要对供应商物流进行全程监测，另一方面要对采购人支付进行监测，确保交易双方执行协议。

（六）关于平台赋能程序

平台赋能即网上商城技术平台对供应商和采购人的支持。在实时价模式下，由于供应商先交付后收款，因而对平台产生了金融支持的需求。平台可以联合相关金融机构，为供应商提供包括供应链金融和履约保险在内的金融支持。平台赋能的基础是平台数据，可以加强供应商履约能力，确保供应商顺利交付。对于采购人来说，网上商城进行平台赋能主要表现在两个方面：一是数据支撑，主要表现在比价比选的数据分析上，支持采购人选择商品；二是支付担保，为采购人的支付提供担保。正是由于有了上述赋能能力，网上商城才能保证交易双方真正履行协议，完成交易。

（七）关于模式适用

由以上分析我们看到，实时价模式在国有企业采购交易场景模型的大背景下，为国有企业小额采购的合规提供了一个系统化的解决方案。它充分利用了已有的包括消费品和工业品电商在内的互联网供给资源，通过网上商城技术平台的技术支撑，确保了供应商准入、交易、履约和赋能支持，为国有企业小额采购提供了合规采购业务模式，优化了国有企业采购的效率。因此，从供应商角度看，实时价模式主要适用于平台型供应商；从采购人角度看，实时价模式主要适用于小额商品和服务的采购。

需要进一步说明的是，在实时价模式中，不同的企业具有不同的限制性要求，如单项单品采购额、单次采购数量、审批权限等，需要国有企业根据企业的实际情况制定一个规范，并把这个规范固化在网上商城，成为网上商城的控制点，这样才能把适用性落到实处，使实时价采购模式充分发挥作用。

需要特别说明的是，实时价模式不仅被工业企业网上商城普遍采用，在政府采购中也获得了广泛采用。许多地方政府已经出台了政府采购网上商城管理办法。研究表明，这些政府采购网上商城与本规范规定的实时价模式是高度一致的。

三、固定价模式

固定价模式是网上商城采购的主要模式。固定价模式构成了企业数字供应链的主干，使网上商城成为企业数字化采购的中心环节。

5.3　固定价模式

5.3.1　准入品类

5.3.1.1　固定价模式的准入商品和服务品类应由固定价准入协议确定，具体表现为准入清单。固定价准入清单应按准入协议明确有效期并定期通过新的准入协议进行更新。

5.3.1.2　固定价商品和服务品类的规格、型号、技术参数等技术标准应由准入时签订的准入协议确定，并应在网上商城的固定价模式栏目中明确显示。

5.3.2　定价方式

固定价商品和服务价格由准入时签订的准入协议确定。

5.3.3　履约程序

应按5.5的要求。

5.3.4　模式适用

固定价模式主要适用于向独立型供应商采购且技术要求明确、价格稳定的商品和服务的采购交易。

合同全部要素已确定的战略采购项目、工程招标项目以及其他价格要素已经确定的采购项目可采用固定价模式在网上商城完成后续交易和履约程序。

（一）关于准入品类

固定价模式实际上是在准入阶段定价而在交易阶段分发的采购模式。网上商城固定价模式的准入、交易、履约和赋能四个阶段中，交易阶段的一些工作前移到了准入阶段，交易阶段更侧重于分发职能，而履约和赋能的工作也进一步加重了。

固定价模式的准入品类涉及企业主供应链。固定价模式的准入品类是由企业供应链决定的。在现代企业中，存在着两种基本供应链：一种是工程供应链，另一种是生产供应链。这两种供应链具有不同的构造形态、运行特点和交易特性，在现实的企业经济活动中有明显区分。

工程是为解决某一类问题而建造、建构的具有明确功能的设施。工程可以分成两大类。

第一类是基础设施工程，如水利工程、交通工程、通信工程、能源工程以及城市基础设施工程，如城市道路、桥梁、供水、供热、供暖、绿化等公用工程。这类工程的供应链特点是技术成熟、供给充足、具有竞争性。

对于以基础设施工程建设为主业的国有企业来说，网上商城作为数字供应链的载体，在供应商准入阶段的基本条件是通过公开招标，要按照《中华人民共和国招标投标法》及关于必须招标的项目规定的要求选择供应商和准入品类。实践中，以工程项目招标为主要业务对象的电子招标投标交易平台已经得到很大发展。许多以工程建设为主业的国有企业，以电子招标投标交易平台为基础，进一步把电子招标投标交易平台的功能向后延伸至履约、赋能阶段，可以看出是固定价模式的一种形式。

第二类是制造业工程。如汽车工程、纺织工程、化学工程、机械工程、电子工程等。这类工程本身的功能是为制造某一类产品而建设的，是企业为生产活动建设的生产设施。在现代经济中，这类工程往往体现为独特的生产流程、生产工装和生产线，其核心是生产装备。当代的主要技术创新都是通过新的生产装备表现为更高效率的生产力的。因此，这类工程是企业核心竞争力。在我国改革开放初期，曾大量引进国外成熟的生产线，使我国的小水电、小水泥、小钢铁、小化肥迅速转变成了大水电、大水泥、大钢铁、大化肥，迅速提升了我国的生产力。但在几十年以后，全球制造业已经发生了重大变化，正在由大规模生产逐渐转变为个性化生产。这些个性化生产所需的装备很难直接从国外引进来，需要我国企业，特别是国有企业进行装备创新。在此过程中，拥有独特技术、非竞争性技术的供应商是企业装备创新的基本条件。企业和供应商的关系更多的是合作而非竞争。因此，供应商准入的过程和条件也会发生变化。企业必须根据不同的供应商市场，确定不同的准入方式和准入条件。

对于制造业工程采购，国家并没有规定必须采用招标方式确定供应商。采取何种方式采购是企业的自主权利。这里涉及一个重要问题，即大量国有制造企业（如机械、电子、化工、材料等企业）的装备采购需遵循什么样的基本制度。很显然，它们不是《政府采购法》和《招标投标法》规范的对象，但在国家没有明确法律规范的情况下应当怎么处理呢？这正是中国物流与采购联合会出台《国有企业采购操作规范》和《国有企业采购管理规范》的主要原因。在此之前有一个重要误解，即认为国有企业在限额以上的工程必经招标。而实际上并非如此，除必须招标的基础设施和公用工程范围外，其他领域超过限额的项目也不存在必须招标的问题。这样，实际上是把国家对国有企业自主经营的干预限制在了最小的范围。

在上述情况之下，国有企业网上商城就有了更大的作用空间。国有企业采购管理部门完全可以根据企业技术创新和竞争性要求，自主决定设备与固定资产等工程供应链准入供应商。

除了工程供应链之外，对企业创新更为重要的是生产供应链。生产供应链中的采购物料涉及企业的连续生产过程和投入产出。采购是生产投入的重要部分。对于大部分制造企业来说，外购物料达到60%～80%。随着企业的轻型化和服务化，业务外包比例增加，外购的物料和服务比例还会上升，只有在这个意义上供应链才决定了企业的竞争力。这些外购的物料主要包括燃料、原材料，中间品包括各种零部件、配件等，还有相应的服务，包括维护服务、售后服务以及咨询、营销服务等。这些生产经营活动中所需的物料清单在生产工艺设计时就确定了，而且在确定之前，需做大量的实验和试用，并且其价格也在进行生产成本核算时经过核定，因此这部分物料的采购必然要按固定价模式进行。

综上所述，对企业网上商城或者电子商务平台来说，基础设施工程通过公开招标形式确定供应商、供应品类和固定价格；制造业工程通过企业工程供应链的设计和创新决定供应商和固定价格。制造业的生产供应链则决定生产物料供应商和价格。

国有企业采购中，固定价准入品类决定关系如表 5－2 所示。

表 5－2　　固定价准入品类决定关系

<table>
<tr><th colspan="2">类别</th><th>领域</th><th>准入方法</th></tr>
<tr><td rowspan="2">工程供应链</td><td>基础设施建设工程</td><td>水利、交通、通信、能源、市政、房建</td><td>公开招标</td></tr>
<tr><td>制造业装备工程</td><td>机械、电子、化工</td><td>多种采购方法（企业自主）</td></tr>
<tr><td rowspan="2">生产供应链</td><td>建设运维</td><td>维修设备、维护材料、维护服务</td><td>企业自主</td></tr>
<tr><td>制造业生产</td><td>原料、燃料、零部件、配件</td><td>企业自主</td></tr>
</table>

对于许多集团型企业来说，为了对集团物料进行集中管理，防止物料采购中的“跑冒滴漏”，往往采用集团集中采购的方式。集中采购就是预先收集下属机构的采购需求，由集团集中采购部门统一招标或谈判，由集团统一签订合同、分散供货，或者分别签订合同、分别供货。在这种情况下，集中采购合同实际上就是一份准入协议，而网上商城就成为协议的执行机制。与以前不同的是，网上商城执行协议时，通过二次谈判或分发增加了分支机构的灵活性。

（二）关于定价方式

固定价模式的定价方式是两步定价法。在准入阶段完成固定价的确定，在交易阶段完成订单的确认。因此，第二阶段（交易阶段）仍然符合网上商城采购模式的要点。

尽管在准入阶段确定了价格，但这种确定性也有程度上的不同。由此导致了交易阶段网上商城的工作量的不同。

第一种情况：工程招标后的合同履约监测

工程招标定价定供应商。由于工程招标是由采购管理部门组织的，属于准入环节。准入环节由公开招标完成到发出中标通知书为止。后续签订合同为准入协议。准入协议完全确定了供应商和价格，到了网上商城只是把协议转成订单，由商城（平台）完成履约监测和赋能。对许多国有企业的项目来说，招标程序必须在政府规定的平台上进行，只是到了合同阶段才能转到商城平台上，由此形成了“外部电子招标平台 + 企业网上商城”的采购序列。

第二种情况：集中采购后的分发机制

由于集中采购的品类计划来源于各分支机构，在集中采购约定完成后，必然需要分发机制，网上商城就在交易阶段承担了分发任务。分发具有时间序列安排与地区分发安排。尽管单价在准入阶段已经确定，但具体的订购数量要通过分支机构的订单确定。

第三种情况：框架协议下多个供应商选择机制

框架协议是国有企业采购中的一种采购形式。采购部门通过招标或谈判等方式，在第一阶段引进一家或多家供应商，确定标的物的单价。这些供应商作为备选，由具体采购单位在有实际需求时再通过二次招标与供应商签订采购协议。框架协议的第一阶段可称为准入阶段，第二阶段是网上商城的交易阶段。2020 年财政部发布了《关于〈政府采购框架协议管理暂行办法（征求意见稿）〉向社会公开征求意见的通知》，提出了政府采购中框架协议的订立与执行方法。显然财政部的规定并不适用于国有企业，但其方法对国有企业采购具有示范意义。

第四种情况，战略采购的交易机制

对企业来说，在其需要的重要物资仅有一家供应商的情形下，这家供应商就成为该企业的战略供应商。战略供应商不具有竞争性，双方的供货关系只能通过协商进行。因此，其价格、供货量和供货期也是企业战略合作合同预先确定的。企业以订单形式向战略供应商订货，并分发给相关分支机构。随着新技术的发展，战略供应商的地位越来越重要。在极端情况下，如果与战略供应商的关系处理得不好，企业供应链就会出现“卡脖子”的情况，直接影响企业的生存和发展。

第五种情况：主要供应商的交易机制

主要供应商是指供应量很大，但不一定是唯一的供应商。主要供应商可以是竞争性的，供应价格也可以是波动的，价格需双方协商。主要供应商是企业供应链的主体，也是企业供应商关系的主体。确定主要供应商的方式是企业的自主行为。在一些企业，有专门平台负责对主要供应商的交易和管理。就网上商城机制来说，与主要供应商的交易属于固定价交易模式。

以上五种情况表明，固定价模式实际上是企业采购的主要业务模式。相对固定的价格对于企业控制成本、稳定生产、稳定销售、建立完整的供应链是十分必要的。然而，这种固定价格也并非一成不变，随着社会总的经济供需状况的变化，价格也是会变化的。但这种变化也需要双方在确定的机制下进行协调。网上商城和相关电子平台的建设和运营，在某种程度上也为这种固定价格的调整提供了重要支持。主要表现在如下三个方面。

其一，网上商城提供了一个在集团公司总体战略决策下，供应商与用户的直接沟通机制。由于有了这种机制，集团企业采购中普遍存在的集中采购与分散使用的矛盾得以缓解。具体表现在，一方面，尽管总部确定了供应商及其物料价格，但由于分支机构之间的差异引起的订单周期和物流费用等差异，使得具体的采购合同价格有所不同，分支机构相对拥有了决定权，使采购更加符合企业实际需求，减少了集中采购与实际需求脱节情况的发生，同时由于订单在网上商城直接下达，通过网络传输提高了效率，缓解了集团采购中合规与效率的矛盾。然而，由于有了网上商城的跟踪全记录，分支机构的灵活性又不能完全脱离集团总体目标和管理规则的限制，使得总部的计划性与分支机构的灵活性得到了协调。另一方面，这些战略供应商和主要供应商通过网上商城，实际上建立起了一个电子销售系统，可以及时准确地获得需求信息，有利于强化供需关系、适应需求变化、精准满足需求，更有利于企业适应变化、安排生产、精准备货。因此，由于网上商城的居中关系，供应商和采购人之间建立起了更加密切、更加积极的协同关系，使得供应链得到优化。

其二，当企业把固定价模式采购置于网上商城或其他网络平台时，企业就是在建构自己的数字供应链。在网上商城等相关平台出现之前，企业的供应链是刚性的，这种刚性表现在两个方面。一是缺乏弹性。如前所述，固定价合同往往是长期合同，无论是供方还是需方发生了变化，合同调整都非常困难，在市场急剧变化的情况下难以适应。二是缺乏延展性。企业往往只能看到与其直接发生关系的供应商和销售商，很难延展到供应商的供应商以及销售商的销售商。企业往往看不到一条完整的供应链，因而造成了企业在供应链上的短视。当供应链的远处发生变化时无法及时觉察，而当觉察到的时候为时已晚。网上商城以交易为核心，把供应链不同环节的供应商和采购人以数字化的方式集聚在一起，提供了一条供应链的全景，使得供应链各个环节的交易双方得以从全供应链的视角观察和认识产业问题，促进产业链各环节的共生共赢。从这个意义上来说，网上商城以交易为中心开启了数字供应链。在这个数字供应链上，供应商关系的弹性将大大增加，供应链的延展性得到充分体现。传统的刚性供应链变成了弹性供应链。

其三，就具体的交易来说，固定价模式具有更大的适应性。以前，由于没有适当的平台和技术处理集中与分散、计划与灵活、合规与效率的矛盾，固定价模式存在很多问题无法处理。有了以网上商城为基础的交易平台，以往在准入阶段的一部分交易决策将恢复到网上商城，在总部指导下的分散精准采购模式将成为主流。进而使国有企业的统一管理更加有效，其竞争力和创新力、抗风险能力将进一步增强。

（三）关于固定价模式的履约程序

固定价模式是企业的主供应链采购模式，关系到企业的正常生产和经营，因此按时履约十分重要。履约程序主要包括四个重要环节：履约计划、订单跟踪和工程监测、交付程序、支付程序。

1. 履约计划

在履约阶段，网上商城要求供应商将每一单采购的履约计划置于网上商城技术平台，如同电商平台一样，把全部履约过程在供应商与采购人之间公开。其根本原因在于网上商城作为平台方，要对履约状况进行监测，并通过履约计划执行情况评判供应商信用。这是平台经济独有的监督机制，可以有效地促进交易诚信建设。履约计划的表述形式可以通过履约流程图方式表达，也可以通过表格方式表达。无论通过何种方式，都要将履约节点完整表达出来，达到履约过程可观察、可跟踪、可验证的程度。

2. 订单跟踪和工程监测

与固定价模式相关联的是大宗物流跟踪信息系统和大型工程监测系统。与实时价模式可以利用电商的物流系统不同，固定价模式的物流较为复杂，网上商城获取订单跟踪信息也较为困难。

就一个企业来说，包括三种物流：一是流入物流即企业供应物流；二是内部物流即企业生产物流；三是流出物流即企业销售物流。就采购系统来说，主要研究流入物流。

企业流入物流主要有以下三种基本形式。

（1）供应商送货。物流费用列入采购价格或单独计算。

（2）第三方物流。采购人自提，或由供应商或采购人与第三方物流企业合作，由第三方物流企业完成专业物流服务。

（3）供应链物流。随着供应链概念的产生和拓展而产生的物流模式。供应链体系将物料供应商、生产商、储运商、分销商及消费者组成供需网络链，供应商和企业结成多层次、上下游关联关系，在互利互惠、共享信息、共担风险和相互信任的原则下建立长期供应合作关系。这个联盟也称为第四方物流。在第四方物流条件下，所谓零库存供应模式、JIT 供应模式、虚拟库存模式才能充分发挥作用。

网上商城对订单进行跟踪与监测，除要对接供应商送货系统或第三方物流外，实质上是要构建一个供应链物流信息系统。由此形成网上商城在交易能力之外的第二种竞争力，订单全程监测能力。

如果工程项目交易是网上商城的重要业务，网上商城还应建立工程监测体系。所谓工程监测，实际上是对工程从规划到设计、施工、竣工验收全流程的监测。这对工程业主，即采购人来说是十分重要的。在互联网产生以前，业主为了对工程进度和质量进行监测，主要依靠监理公司。随着互联网的发展，BIM（建筑信息模型）获得了发展，开始应用于工程设计、造价和竣工验收。近几年来，业界提出了智能建筑的概念，认为建筑交付实际上应当交付实物工程和数字工程两套东西，仅把 BIM 当作一个数字产品来看待。实际上，从网上商城或供应链的角度看，这个认识有所偏颇。由于这种认识的偏颇，使得 BIM 的推广困难重重。从平台经济的角度看，BIM 应当是一个工程监测平台，而非一套为设计、施工所专用的软件。只有把 BIM 看成工程监测平台，BIM 的全过程继承特性才能发挥出来。因此，在网上商城建设中，应当引进 BIM 对业主提供工程监测服务，把 BIM 作为工程簿记，全面实时记录工程进度。BIM 作为一个平台，提供多项工程服务，其价值才能充分显示出来。随着智能工地的推广，BIM 进一步把工程进度和质量监测细化，就进一步具有了适用性和发展空间。这个问题对公共资源采购管理和政府采购具有同样的重要性，值得深入研究。

对于制造业工程，每个行业也存在着类似 BIM 的专业软件。把这些全过程软件应用到工程监测中，构建出相应的工程监测平台，将会使工程供应链获得迅速发展。

3. 交付程序

交付主要涉及验收和入库。对于大量商品和重要工程而言，其验收标准和验收程序是在准入合同中明确的。对于网上商城来说，重要的是与验收部门相对接，把验收信息实时收集到网上商城数据库。更进一步，网上商城平台需与库存管理相对接，为下一步库存及验收的数字化管理创造条件。

4. 支付程序

网上商城应当具有支付控制节点。在网上商城，订单（合同）与验收单以及相关文件符合要求的情况下，由采购人按内部程序签发支付指令并通过网上商城发出后，财务部门才可完成支付。

网上商城的基本设定是货到支付。如果供应商资金有问题，网上商城应提供融资支持或担保支持，由此构成一个完整的业务循环。如果供应商与业主达成的协议有预付款或者先付条款，也应当在网上商城通道完成支付。全部信息和数据集聚在网上商城，是合规准入机构与供应商签订准入合同时的必备条款。否则，网上商城的数据将是残缺不全的，无法转化为数字供应链。供需双方的效率将无法通过数字化获得提升。

（四）关于赋能程序

在固定价模式中，网上商城对供应商和采购人最大的赋能是融资和担保支持。所谓融资支持，就是对供应商提供预付款或供应链金融支持。所谓担保是为供应商提供履约或其他工程担保。

1. 金融服务

网上商城为交易双方提供金融服务的方式是引进金融机构，基于网上商城对交易双方的交易和履约过程监测能力，为交易双方合同履约赋能。按照通用的供应链金融场景，供应链金融的参与者有四类。一是供应链中的买卖双方；二是为供应链金融提供支持服务的平台提供商；三是交易风险管理者；四是金融机构或称风险承担者、流动性提供者。在网上商城的总体架构中，当金融机构参与进来时，就自然地与原有参与者形成了这样一个完全符合供应链金融要求的生态圈。

买卖双方交易在网上商城进行。其全部业务中的四流，包括商流（订单）、物流、信息流和资金流全部在网上商城的控制和监测之下。这是网上商城从其建构开始就着力打造的规范化场景，比现有供应链金融中的任何一种场景都真实可控。

网上商城提供了供应链金融所需的理想平台。它记录和监测整个交易过程并对其交付和支付提供保证机制。平台提供了交易双方的交易呈现，即完全交易数据，以及全部操作，即交易双方的全部操作过程。

网上商城管理部门对网上商城的全部数据流以及数据流与实体流的关系进行监控，因而可以承担交易风险管理者的职能。比传统供应链中由金融机构进行风险管理更为精准和有效。

金融机构在这种生态圈中提供金融服务，其承担的风险最小，其服务效率更高，可以真正促进整个网上商城参与者的交易效率和效益。

2. 担保服务

这里主要指履约担保。网上交易平台基于供应商的准入信息，引入担保机构对供应商供货或承包商的工程进行担保。由于有了前期的准入机制，其担保风险是很小的。同时，也可以引入保险机构对担保进行保险，由此使得整个供应链的风险趋于最低。

综上所述，固定价模式的四个阶段，在网上商城构成了一个完整的供应链体系，对于优化企业的供给管理具有重要意义。网上商城由于参与了企业主供应链，也成为国有企业的核心部门，在国有企业数字化中起着重要作用。

四、定制化模式

定制化业务模式是网上商城创新型商品和服务的交易模式。对于国有企业获取创新商品和服务、实现国有企业技术创新和业务创新非常重要。从采购业务模式的角度看，定制化模式仍然需要经过准入、交易、履约、赋能四个阶段。

5.4　定制化模式

5.4.1　准入品类

采用定制化模式的商品和服务类别清单由定制化准入协议确定。具体表现为准入供应商清单。准入供应商清单应标明其可提供的定制商品类别和服务能力类别。

5.4.2　定价方式

5.4.2.1　需求确定

采购人按照定制化模式要求，按采购品类特点确定采购方式，在定制化准入清单的范围内向合规供应商发出邀请书和采购文件，详细描述需求，进入网上商城比选程序。

5.4.2.2　比选

比选操作应先根据定制化品类确定采购方式，按照 T/CFLP 0016—2019 中相应采购方式的条款要求制定比选流程。采购人按流程进行比选。

经比选程序确定的价格、数量及其技术指标构成采购订单或采购合同的主要内容。

5.4.3　履约程序

应按 5.5 的要求。

5.4.4 模式适用

定制化模式适用于临时性、一次性和创新性商品和服务的采购交易。

（一）关于定制化模式的准入

在国有企业采购交易场景中，除小额采购和大宗采购外，随着市场个性化要求的进一步提升，要求国有企业各分支机构不断推出新的服务、新的创意、新的设计和新的产品，因而对一次性、创新性产品的采购与日俱增。网上商城的定制化模式就是在这种条件下应运而生并不断发展的。

由于创新因素的加入，定制化模式的准入与实时价模式和固定价模式大为不同。

第一，在定制化模式下，采购人无法预先提出明确的定制需求计划，因而管理部门也就无法预先确定准入品类。无法像其他模式那样，根据准入品类引进合格供应商。第二，从采购人需求的角度看，对于定制化产品和服务的要求，往往是从创意开始的，并没有明确的需求方案。因此，采购人首先需要将创意变成方案，然后才有具体的定制要求。这样，在网上商城的定制化模式中，首先必须集聚一批创意与设计服务供应商，如建筑设计、工业设计等，具有把创意变成需求方案的能力。第三，就创意和设计本身来说，范围非常广泛。一个网上商城不可能把所有领域覆盖，因而只能根据网上商城所属国有企业的专业领域，选择创意和设计服务供应商。第四，在设计的基础上定制，实际上是把创新设计转化成商品的过程。这是定制化厂商的工作。在这一阶段，采购人进行定制，实际上是选择定制厂商的服务问题。

由此我们看到，定制化模式的准入问题实际上成为选择设计机构和定制厂商的问题。在数字经济的推动下，已经产生了大量的专业设计平台和定制化厂商。因而，对网上商城开展定制化业务来说，重要的工作是对接这些设计平台和定制化厂商，同时在专业化领域，也有一些独立的服务供应商，虽不属于任何平台，但在专业领域必不可少，网上商城也必须给它们留下足够的空间。

因此，本规范要求按照专业能力选择定制化模式供应商。

（二）关于定制化模式的定价方式

定制化模式的定价方式较为复杂。我们可以先把定制化模式分为两类，一类是卖方主动的定制化，另一类是买方主动的定制化。

卖方主动的定制化是卖方在网上商城展示自己的定制服务类别以及定制价格，由买方选择。如最早由戴尔公司推出的电脑定制就是这样。戴尔公司在其网站上推出不同电脑部件的性能和价格，由客户选择不同的配置，根据客户选择的配置确定电脑价格。许多定制化服务都可以这样的方式进行，这是一种有限定制。实际上，这只是在销售层面的定制，在生产层面仍然是规格化、标准化的。这种定制化方式也称为大规模定制。大规模定制充分利用了大规模生产的基础，通过在最终产品层面的不同组合，满足有限的定制化需求。厂商通过公布部件价格，实质上确定了最终产品的价格。因而这种定价方式类似于网上商城的实时定价。

买方主动的定制化主要是基于设计的定制化。具体表现为生产外包。买方提出明确的设计，要求卖方按照设计方案提供产品。这种需求如小型工程的施工项目、有特殊要求的零部件加工、有明确需求的软件模块设计以及各种来图加工项目等。

基于设计的定制化，是20世纪末的管理学革命。20世纪90年代，国际管理学者提出了知识经济的概念。其基本逻辑是企业把产品设计和品牌销售掌握在手中，而把生产过程外包出去。由此在产业界形成了两个层次。第一个是以加工为主的生产制造企业。这些企业没有品牌，没有科研和设计，只有加工能力，依靠品牌厂商提供的业务生存。这类企业的定价模式是成本加利润。利润大小取决于同业竞争的程度。第二个层次就是品牌企业。品牌企业获取售价与生产成本之间的差价。管理革命实际上将制造业价值分成了知识价值和生产价值两部分。在大部分情况下，知识价值大于生产价值，因而被称作知识经济。在知识经济中，基于设计的定制化采购就变得十分重要，进而以采购为基础的供应链成为企业的生命线。

在基于设计的采购中，定制化的产业基础是大量生产厂商的存在。在这种条件下，基于设计的竞标，就成为生产厂商主要的定价方式。网上商城可以把各种潜在的有能力的生产供应商聚集在平台上，对同一个设计进行报价，按规则确定供应商。要说明的是，这里的竞标与工程招标投标是不同的。在我国，工程招标投标有严格的含义，特指按照《招标投标法》确定的流程进行的公共采购，而这里的竞标完全是企业行为，是由企业制定规则的采购行为。

就网上商城来说，在前期完成了潜在供应商集聚的情况下，当采购人把需求通过设计或图纸的形式发布之后，由网上商城或特定机构组织竞标，选出定制化产品的供应商。网上商城与以往确定定制化供应商的不同在于其选择空间更大、更透明，进而充分满足了国有企业的合规性要求。

在基于设计的采购中，除了竞标之外还有其他采购方式存在。这主要是因为在设计的产品供应链中，企业为了差别化竞争，必然要采用其他竞争厂商没有的资源。这些资源不可能通过竞标获得，只能通过企业自主创新或与合作伙伴协商进行独家供应的方式获得。与合作伙伴的这种独家协作关系，使这个独家企业具有了战略供应商的地位。当这种战略供应商仅为个别采购人所需时，采购人通过定制化方式与其签订合同，确认订单。当这种战略供应商为集团公司长期所需时，就成为集团战略供应商，进入固定价定价模式。

卖方主动的定制化模式已经相对成熟。网上商城可以单独开辟特定商品和服务的定制化频道，满足不同采购人的需求。买方主动的定制化模式往往表现为一事一议的方式，针对特定项目规定采购方式，大部分情况下表现为非招标采购流程。采购人发布采购信息，按预先确定的非招标采购流程进行采购。从网上商城平台化的角度看，目前这种以非招标采购方式进行定制化采购仍然是初级的，有待于更加细分的模式化和流程化。

（三）关于定制化模式的履约程序

对于大规模定制的履约来说，尽管交付给采购人的最终产品有所区别，但从本质上来说，还是基于标准化模式进行的，因而具有工业化产品的稳定品质。而对于基于用户设计的定制化产品来说，由于缺乏大规模生产的基础条件，厂商对生产过程的控制和管理就变得十分重要。因而采购人需要与供应商制定特别的生产质量控制和出厂检验要求，加强对生产过程的管理。

定制化的生产环节，在很多条件下表现为外包或代工。近十几年来，随着国际化外包业务的发展，出现了一批专事外包业务的企业。这些企业具备了专业领域的代工能力，其在生产品质和检验流程以及成本控制上已经具备了一套完整科学的管理体系，如类似富士康这样的大规模代工企业就在国际范围内支撑了移动终端的持续创新。这类企业已经成为全球专业供应链的有机组成部分，使得移动终端厂商全心致力于前端研发和市场推广。对于国有企业的网上商城来说，在某专业范围内培养这种专业代工厂商，帮助其建立标准化程序和管理体系、质量保证体系，对于国有企业，特别是制造业的国有企业很有意义，可以大大推动国有企业的创新能力和适应市场变化的能力。通过网上商城，吸引各种不同体制的代工企业进入国有企业产业链，使国有企业真正发挥行业和产业龙头作用、发挥产业链“链长”作用，具有十分重要的意义。

定制化模式的履约，除了质量、价格之外，还要特别重视交期问题。在定制化模式中，质量、价格和交期构成了一种互相制约的关系。由于定制的关系，采购人必须考虑给厂商足够的定制周期，因而要在采购的提前量上做好充分准备。临时的、应急的采购需求很难采用定制化模式。

（四）关于定制化模式中的平台赋能问题

与其他模式相比，定制化模式的交易和履约更多地需要网上商城技术平台进行赋能。

平台赋能主要表现在如下四个方面。

其一，网上商城的供应商集聚能力。定制化需求往往表现出很大的不确定性，目标供应商不明确。因此，网上商城可以利用其网络特性，集聚大量相关供应商支持不确定的需求。并且还可以通过相关的 AI 算法，对供应商进行初步筛选，使得采购人可以较方便地找到目标供应商群体。

其二，需求表达数据支持。对于专业化的定制化项目，网上商城能够将采购人需求数字化、模型化，支持通过数字化方式表达用户需求。建筑业中的BIM实际上就是这样一个用户需求模型，工业设计中的制造模型也起着这样的作用。网上商城定制化模式在配备了这些模型技术之后，自身就成为用户需求表达的数字化平台。在此基础上，采购人选择定制化厂商就会更加精准。

其三，标的物的全生命周期支持。在前述数字化模型基础上，网上商城可以深入定制化厂商，直接获取标的物建造或制造的全过程信息，及时了解和监督建造或制造全过程，确保标的物的质量和工期。基于定制化产品模型，全程监控从订单到制造或建造以及运输、交付、验收的全过程。因此，我们说BIM之类的模型并非目前人们所理解的设计和施工工具，更重要的，是从需求开始的定制化全生命周期的管理模型。在这个意义上，BIM类的模型是平台工具，是交易平台延伸服务、赋能交易和履约全过程的工具。

其四，从供应链的角度看，也只有产品的每一个环节全部基于同一的模型，才能确保在交易过程中做到需求和供应的完全一致。而只有在一个相同的平台上、在一个共同的数据空间中，不同阶段、不同阶层的供应商才能有效协作、高效协同。而这种协同，只有网上商城的技术平台才能实现。

五、订单化履约

网上商城的交易确认采用订单形式。无论哪种交易模式，都以订单方式表示。因此也称为订单化。

5.5　履约流程

应在网上商城技术平台向订单相对方显示下列履约流程：

——履约计划；

——发货通知；

——物流跟踪进程或工程进度；

——到货时间或工程完成时间；

——验收安排；

——支付安排；

——售后服务；

——平台赋能条件。

5.6　交易保证机制

网上商城可引入第三方信用评价、工程担保、保险及供应链金融服务，建立交易保证机制，支持供应商和采购人履约。

5.7　合同形式与订单

5.7.1　网上商城的采购人与供应商达成交易应以订单为准，无须单独就每次采购签订合同。供应商和采购人均接受准入协议确定的相关权利和义务条款，并认可网上商城的相关规定。

5.7.2　确需签订合同的项目应签订电子合同，并将合同内容与订单要素建立对应关系后纳入订单管理。

订单化履约包含如下含义。

第一，订单是在网上商城制度下的订单。订单中响应的条款受网上商城制度的约束。也就是说，网上商城的交易双方承认网上商城相关制度。即使在订单文件中没有列示，网上商城交易双方也须遵守。

第二，订单数据是网上商城交易数据的核心。订单数据的格式化，有利于对订单进行管理、跟踪、分析，以及以此为依据，对交易双方进行赋能。

第三，订单化强调了网上商城交易的预定性。不同模式的订单交付周期不同，在数据空间的表现也不同。订单化便于在数据空间进行计算和优化，充分发挥网上商城数据空间的创造作用。

六、本章小结

本章主要定义网上商城三种业务模式，其特征如表5－3所示。

表5－3　　　　　　网上商城业务模式

模式	准入	交易	履约	赋能
实时价模式	平台型	实时定价折扣	供应商物流	比价支持
固定价模式	独立型	预先确定单价	可选	金融支持
定制化模式	平台型和独立型	竞价及其他	全生命周期监测	数据支持

七、案例

案例一：中国银联采购商城平台实践案例

主编按语：国有金融机构成立独立的采购部门后，一般将经历三个发展阶段：以合规为导向的初创阶段、以价值为导向的发展阶段和以供应链管理为导向的转型阶段。中国银联采购部门经过十多年的努力，经历了初创、发展和转型三个阶段，“阳光采购”文化深入人心，致力于采购信息化建设，构建了企业内部采购商城，与内部财务、法务、OA等系统实现无缝对接和采购全流程实时动态监控，采购效率大幅提升，供需双方实现共赢，采购工作不断向公司业务纵深发展，对公司经营起到了较好的支持作用。回顾银联采购工作，采购商城平台在持续提升采购水平中发挥了重要作用。本案例为中国银联采购商城实践案例，结合案例，探索国有企业采购与业务螺旋式成长的策略。

为加强集中采购管理工作，满足快速增长的业务发展需要，中国银联于2007年成立了专职的采购部门——集中采购管理办公室。经过十年多的发展和积累，目前已经建立起一套适合银联业务特点的采购管理体制和工作机制，积累了一定的采购业务经验，不仅成为公司业务链条中不可或缺的一环，而且为公司业务提供增值服务，高效地支持了公司业务的健康有序发展。在采购实践中，公司从业务特点和需求出发，通过框架协议和定点采购形式，体系性构建了采购资源池，快速响应业务需要；通过“采”“购”分离的营运模式，依托采购商城信息化平台充分展示采购资源信息，为公司业务方案设计、投入产出分析等提供重要支持，疏通了企业供应链管理，提升了内控和风险防范水平，有效地反哺了公司业务。

（一）业务需求

1. 从内容来看，公司业务发展所需的资源品类繁多，按大类涵盖了货物、工程、服务。其中集中采购涉及200余个采购品类，包括各类IT软硬件、集成开发、营销策划、广告投放、权益服务、翻译服务、工程基建等。

2. 从范围来看，银联集中采购范围囊括了银联总分公司统筹管理的采购品类、分公司达到一定金额标准的大宗采购以及银联总公司所有的大宗采购，通过每年发布的集中采购目录、限额标准界定。近年来，一些集团子公司、金融同业也将部分采购业务委托银联实施。

3. 从特点来看，随着公司市场化和科技转型的深入，软硬件资源、技术开发、市场推广、营销策划、广告投放等各条线的业务需求存在个性化程度高、类型多样化、时间要求紧等特点，希望采购资源快速到位，保障各项业务顺利推进。

（二）采购统筹

为满足公司业务快速发展和多样需求，采购部门主动与需求部门、项目管理部门研究探讨，以采购计划、协议定点采购为抓手，由项目采购管理向资源采购管理转变，从资源配置角度主动协同前后工作链条进行创新优化。

1. 采购需求层面标准化。一方面，基于对采购标的的深入分析，梳理出技术指标和服务标准，形成一系列需求模板，提供给需求部门使用，将编制需求文件工作变成了“做填空题或选择题”；另一方面，会同有关部门进一步对采购标的进行标准化，从PC服务器、网络设备、网控器等设备的几十款配置组合中，分别选择有限的几款作为公司的需求标准，减少了配置，扩大了单项采购规模，提高了采购的集约性。

2. 加大同类需求整合，推广协议定点采购。一方面，对于不同事由、不同需求方的同类采购需求，采购环节按照时间节点进行整合，统一安排采购项目；另一方面，对于需求零散、批次多、时间不确定的采购需求，推广协议定点采购，通过统筹年度需求，提前储备入围供应商，确定供货/服务范围、内容、标准、最高限价、协议周期、后续运作规则等，在协议期内可直接向协议供应商询价、签署订单、完成采购。通过采购统筹，单个采购项目规模提升了一倍多，集约化程度明显提升，供应商参与度和竞争性也明显增强。

3. 主动推广采购资源池，加强需求引导。通过协议定点采购，采购部门储备了丰富的采购资源，覆盖电子设备、开发服务、广告投放、营销奖品、产品权益、工程设计等50多个品类。在等待需求部门选用的基础上，采购部门也主动出击，一方面，充分借鉴C端商城“所见即所得”的理念，开发电子采购商城，提升操作便捷性、高效性、友好性；另一方面，面向总分公司、银行服务代表等用户，编制采购商城产品手册，加强采购资源推广，引导需求部门使用定点资源。

4. 引入电商满足小额高频需求。随着集中采购工作的深入和范围的延展，为更好地满足总分公司办公日用品和营销活动用品等金额不大、频次较高的采购需求，2018年12月，采购部门引入京东、苏宁、史泰博和齐心四家市场主流电商，用户可在限额标准、电商采购目录及商品清单内，通过银联电商商城，对所需商品的功能、用途、性能、价格等进行查询和综合比较，解决了无法依靠单一平台同时满足多种采购需求的问题，实现了平台及产品的充分竞争，促使各家电商完善服务，更好地满足采购人多样化采购需求。

（三）商城建设

根据公司业务需求特点和统筹采购实践，经研究分析市场上以综合类和垂直类电子商城为代表的采购服务平台应用案例，我们发现采购商城能很好地将采购业务和购物体验融合在一起，将个人用户、供应商和机构用户等主体围绕商城业务平滑运作，从而形成业务闭环，打造互促互动的采购商城平台。

1. 商城架构

根据采购商城的应用场景、业务形态和用户需求，结合电子商城主要的交易模式设计采购商城业务架构，嵌入多种订单实施流程以满足多样化场景，并随着业态的丰富持续进行升级。目前银联采购商城业务架构如图5－1所示。

（1）从功能规划看，采购商城主要实现了从商品上下架管理、商品展示、在线下单、订单评审、订单签署到订单结算的订单业务全流程电子化。

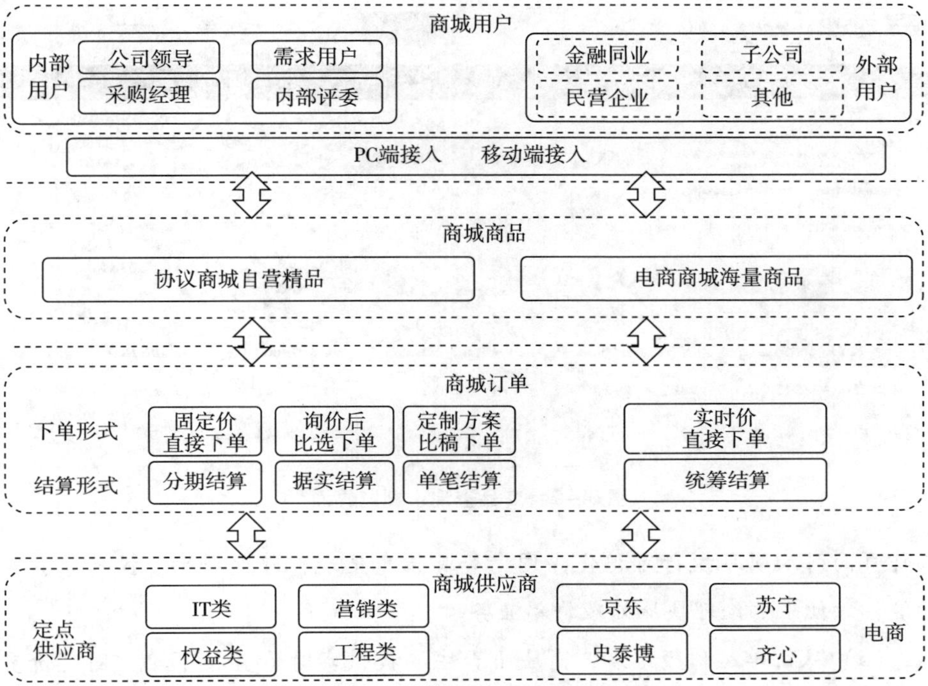

图5-1　银联采购商城业务架构

（2）从参与主体看，主要为采购人、供应商以及商城运营管理人员。

①采购人：目前，银联采购商城主要服务于总分公司的业务需求人员、订单采购经理等内部用户。近年来，随着商城品类日益丰富和口碑效应，一些外部客户也将采购事项委托给银联采购商城实施，如集团子公司、国有大型银行、城商行、民营企业等。用户可通过商城直接查询商品、浏览比较，然后下单。商品查询、浏览界面如图5-2所示。

②供应商：即通过集中采购入围的协议定点供应商和电商供应商。协议定点供应商主要负责在商城发布和维护商品、在线询价响应、签署及履行订单；电商供应商通过系统对接自动推送商品、接收订单、统筹对账等。为此专门搭建了采购商城供应商门户，方便供应商在线操作商城业务。

③商城运营管理人员：即商城管理员和订单采购经理等，其中商城管理员主要负责设计商城架构和运营业务规则，监控商城平台运行和业务运作情况；采购经理负责组织订单评审和实施，协调处理订单履约异常情况等，其

图 5-2　商品查询、浏览界面

操作页面引入项目执行可视化导图，兼具信息呈现、进度提示、操作导引等功能，方便采购经理快捷处理订单业务。

（3）从订单运作模式看，商城平台主要提供实时价直接下单、固定价直接下单、询价后比选下单、定制方案比稿下单，以分类处理不同场景的订单需求，较好地满足了各类业务诉求，如图 5-3 所示。

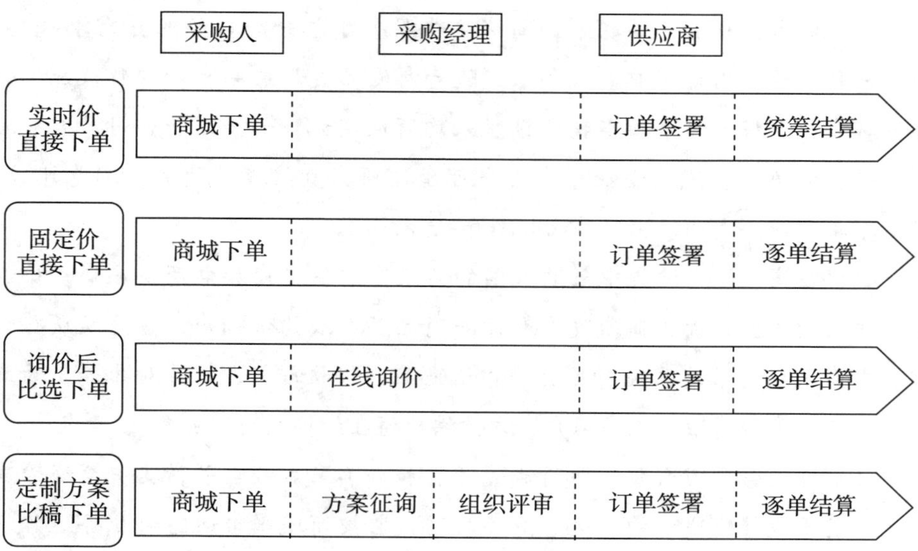

图 5-3　订单运作模式

①实时价直接下单：主要用于电商商城按照各家电商更新的即时价格进行下单处理，更好地满足金额小、频次高的办公用品或营销活动用品等采购。

②固定价直接下单：主要用于协议商城中由一家供应商供货、按照框架协议确定的固定价格进行下单，包括手机话费充值、办公电脑、权益卡等品类。

③询价后比选下单：主要用于协议商城中由多家供应商供货、价格随市场或采购规模有一定波动的订单采购，通过询价后一般选择价格最优的供应商，包括 PC 服务器、网络设备配件等品类。

④定制方案比稿下单：主要用于协议商城中由多家供应商根据业务需求提供解决方案、由评审小组综合比较方案及商务响应确定成交供应商的订单采购，该模式在服务类订单采购使用较多，包括会务服务、广告发布、工程设计等品类。

（4）从业务逻辑上看，每批订单始于用户点选商品下单、终于订单履约结算，实现了订单业务全流程在线运作，一方面使整个采购过程更加便捷高效，提高了采购效率；另一方面全程透明可追溯，有助于及时发现和防范风险。

（5）从应用配套工具上看，在采购商城订单业务流程中，还涉及业务报批、订单签署、款项支付、履约跟踪等事项，因此，我们通过与公司公文审批平台对接实现订单业务统一在线审批，通过集成联合信签实现订单合同在线签署，通过与财务系统对接实现订单结算的采购财务一体化，通过评价模块全面收集用户对商品质量和供应商服务能力的评价，等等。上述工具的集成，使采购商城在业务上更顺畅、技术上更前沿。

2. 商城业务情况

（1）银联采购商城上线以来，商品不断丰富，目前协议商城已发展到 50 余大类、1000 余个商品；电商商城已引入四家主流电商、上万种商品。上述商品的引入拓宽了用户的选择面，较好地满足了办公、营销、开发、基建等各业务条线的需求。

（2）经过多年的推广，目前六成以上的集中采购通过协议定点实施，采购金额占比 40% 左右，成为近年应用最广的资源配置方式。尤其在营销方面，需求和采购部门共同研究需求战略，确定纳入协议定点采购计划的资源类型，极大促进了采购与需求的融合。

（3）采购商城推广以来，采购时效提高50%以上，高效的采购效率较好地满足了业务市场化需求；同时，采购资源池及供应链的建立，为公司业务的发展提供了很好的反哺作用。

3. 商城意义

（1）采购商城上线并逐步推广后，银联采购迎来了一场深刻的变革。一是改变了原来以项目为核心的采购管理模式，代之以资源为核心的采购管理模式。二是改变了原来采购滞后于业务的状态，让采购在业务开展前就准备好了相应的资源，真正做到了“兵马未动，粮草先行”。三是通过资源规划，采购环节在资源标准的制定上有了更大的影响力，既使公司的资源标准化水平得以大幅提高，又使业务单位制定的业务方案更加贴近市场现实。四是大幅简化了需求部门的工作，提高了效率，改善了体验。五是由于创造性地满足了各业务条线的迫切需求，甚至提供了超值服务，集中采购金额在公司总支出中的比重持续攀升。依托采购商城，银联采购又向企业供应链枢纽方向迈进了坚实的一步。

（2）电商商城与协议商城比翼齐飞，又一次大大提升了采购对公司业务的服务能力。一是集中采购的服务半径迅速扩大，各业务部门的小额零星采购纷纷进入集中采购，各分公司的小金额采购也逐步向电商平台转移，降低了全公司的在采购业务上付出的价格成本、人力成本和制度成本。二是电商平台与采购平台的供应商形成了间接竞争，电商平台全品类商品服务和价格透明的优势给采购平台供应商带来很大压力，采购商城的协议定点供应商在部分品类中与主流电商竞争激烈，并保持了自己在细分领域和深度服务上的优势，两个平台之间产生了良性互动。

（3）促进业务创新。在采购商城规划建设中，吸纳了互联网体验、全流程透明、一站式服务、平台化运作等先进的理念和经验，实现了订单业务全流程电子化运作。各方可通过商城实时了解订单采购和履约情况，使整个过程一目了然，降低了信息不对称带来的管理成本，也有助于及时发现、防范及处理风险；用户采购商品的过程接近电商购物体验，操作更加简便；供应商基于电子化平台进行在线报价、提交响应文件，订单评审过程更透明、更高效。经过多年运行，证明采购商城业务模式切实、有效、科学，也为今后依托信息化手段改进和提升其他采购业务流程提供了有益的借鉴，为采购业务转型进行了积极的探索和实践。

采购转型是银联目前正在经历的阶段，通过借鉴供应链管理理念，以最大限度满足业务需求为出发点，依托采购商城建立高效的资源供应链，全面策应和服务业务发展，并持续挖掘商城价值，积极反哺公司业务。我们将不断为银联的供应链管理创造新的价值，也将继续为国有企业采购的发展提供创新案例，贡献银联智慧。

（作者：中国银联集中采购管理办公室　叶红、李凯、王增洪、程亮）

案例二：招商局集团招投标中心关于集采订单管理模式的探索

主编按语：近年来中央企业坚决贯彻落实党中央、国务院以及国资委决策部署，持续提升招标采购集中化、规范化、数字化水平，促进企业降本增效、阳光运作，通过提升采购管理能力推动企业高质量发展。招商局集团以电子招标采购交易平台（以下简称“交易平台”）为基础，坚持数字化采购方向，创新现代化供应链管理模式。2019 年以来，随着集中采购管理的不断深入，招商局集团探索通过“集采订单模式”满足各单位对集中采购下具体采购实施合同的管理，交易平台打造“集采订单管理工具”，提高集采执行效率，为供应链信息流、资金流管理赋能。

自 2018 年以来，招商局集团在采购管理中逐步加大集中采购推行力度，下属各单位通过加强对交易平台采购数据的分析，深入挖掘集采机会，逐步形成总部层面、二级公司层面、跨二级公司联合实施或三级公司层面等多层次的集中采购，也包括“统谈分签”“统谈统签”等多形式的集中采购。

这些集中采购往往通过公开采购（招标、询比、谈判）确定履约供应商或供应商名单并签署集中采购框架协议，之后还需要在具体采购需求发生时再签署具体的采购实施合同或者采购订单，并通过采购合同或订单跟踪后续的交货、支付和履约评价等环节。

上述集采供应商或供应商名单的形成往往是通过统一的电子交易平台实现，后续采购合同或者采购订单的形成、实施和跟踪往往是线下进行或在各采购单位的ERP、OA或其他业务管理系统中实现，这样一来不便于从供应链全局角度对集采标的进行管理，无法发现集采量价是否达到平衡，无法对集采实施进行跟踪，也无法优化集采计划，更无法实现降低供应链总成本、培养优质供应商的目标。

此外，在推行集中采购过程中，根据不同采购业务需求、不同采购标的的特性也形成了不同形式的框架协议，有的是单一供应商、供货量固定、单价或者总价固定的集采协议，有的是多个供应商、单价固定、供货量不定的框架协议，还有的是多个供应商、单价不定、交期不定、供货量不定的框架协议。除第一种集采协议外，后面两种框架协议都需要在具体采购需求确定后，在供应商名单内通过二次竞争确定具体的供应商、供货量、供货价格、交货期等。

综合上述情况，招商局集团开始探索采用“框架协议+订单”模式，并由招投标中心在交易平台上打造订单管理工具，帮助各单位实现对集中采购下的具体实施合同进行管理。

一、集采订单管理模式的含义

集采订单管理模式是采购人站在供应链管理全局角度，针对集中采购框架协议期内具体采购需求的实施采用订单化的管理方式。该模式涵盖框架协议内下单、多供应商快速询单、收发货管理、订单对账以及履约评价等具体环节。

二、集采订单管理模式的应用

结合集中采购标的的特点、框架协议的形式，集采订单管理模式在应用过程中包含三种具体情形。

情形一：针对单一供应商、供货量固定、单价或者总价固定的集采协议。通过公开采购形成集中采购协议后，适用协议的采购人（一家或多家）根据生产或经营需要执行具体采购行为，此时不需要就具体采购需求多次和供应商签署采购合同，只需要以订单方式将需求下发给供应商，供应商收到订单后即可准备交付，并按照框架协议确定的单价计算该批次订单的实际结算金额，在完成交货后向采购人进行结算。此种情形多适用于需求明晰、技术标准通用、供给较为充足的物资类集中采购的履约管理。

例如某年度叉车集中采购，经调研后发现A单位和B单位均存在柴油叉车和电动叉车的采购需求，且在时间维度上存在共性，具备联合集中采购的条件。结合需求和供给市场情况，A单位和B单位共同作为招标单位，根据叉车类型划分两个标段组织公开招标，在招标文件中明确需要的叉车数量、类型和技术要求，明确后续集中采购协议的履约将通过订单模式进行。经公开招标后分别确定柴油叉车中标单位甲和电动叉车中标单位乙，由A单位、B单位分别与中标单位甲和中标单位乙签署集中采购协议。在集中采购协议履约期间，A单位或者B单位根据实际生产需要，在订单系统中直接向甲单位或者乙单位通过发送订单的方式进行叉车采购，在订单中明确实际需要的叉车型号、数量（在实际供货后从协议总量中核减），由于价格已经通过公开招标确定并固定在集中采购协议中，订单将自动形成价格，甲单位或者乙单位在收到订单后，只需按照订单中明确的叉车型号、数量和交货期组织生产和供货即可，当叉车发货后可将发货信息记录在订单系统中并通知采购单位，采购单位在收到叉车后也要在订单系统中进行收货登记，当采购单位收货并通过验收后，即可形成收货验收单，甲单位或者乙单位凭收货验收单即可发起收款，同时采购单位的财务部门在收到付款申请时，凭甲单位或乙单位提供的收货验收单即可进行付款。后续采购单位还要在年度内根据供货情况、交货质量以及使用情况等对甲单位或乙单位进行履约评价，这些评价将作为未来集中采购过程中对供应商的重要评价参考。

情形二：针对多个供应商、单价固定、供货量不定的框架协议。通过公开采购形成框架协议和协议供应商名单后，适用协议的采购人（一家或多家）根据生产或经营需要实施具体采购行为，由于存在多个供应商、需求量或者具体服务方案不定，需要通过邀请协议供应商名单内的供应商进行方案竞争后确定实际供应商，此时形成具体的购货订单或服务订单，供应商根据邀请采购竞争后订单中确定的供货数量或服务方案实际履约，并按照框架协议确定的固定单价计算实际结算金额，在完成交货或者服务后与采购人进行结算。

此种情形多适用于需求量大但无法提前预知、技术或服务标准通用、供给较为充足的物资类或服务类集中采购的履约管理。

例如，某会计师事务所年度服务集中采购项目，由10家采购单位联合组织公开招标。由于会计师事务所提供的服务项目较多，每项服务的收费与服务方案，派出人员的水平、能力关联性较大，因此单项服务价格的形成依赖需求和服务方案的明确。本项目在组织公开招标时，要求投标单位提供每项服务的报价组成及拟派出人员的价目表，并按照招标文件中模拟的需求形成一个服务方案及相应报价，在评标过程中通过对价目表、模拟项目服务方案及模拟项目报价水平进行横向比较选择整体响应最优的3家会计师事务所作为中标单位。在签署会计师事务所年度服务框架协议时，固定单项服务的价格组成、派出人员的价目表等，由10家采购单位分别与3家中标单位签署。在框架协议履约期间，当某家采购单位需要聘请会计师事务所时，一种情况是直接根据项目需要向其中一家中标单位发出订单（通常是由于地域或者项目特殊性导致只有一家可以满足需求时），订单中明确具体的服务需求（包含人员要求），按照固定的价格组成、派出人员能力要求等形成订单价格，这家中标单位接到订单后可以接受订单并按照要求提供服务，也可以根据实际情况提出更优的服务方案和人员配置，在采购单位确认后按照更优的方案进行履约（此时价格自动匹配为最优方案的价格）。另一种情况（类似于简易询比）是可以选择向3家中标单位同时发出询单（通常是3家单位均有能力承接项目，且采购单位需要选择最优方案时），询单中只提出服务项目的需求，由3家单位在收到询单后，向采购单位提出针对性的响应方案（包含方案、人员配置和价格），采购单位择优选择其中1家单位的方案后形成与该单位的订单，该单位接到订单后随即按照采购单位确认的方案和价格提供服务。上述两种情况下，中标单位在完成服务后也需要在订单系统中完成服务记录，并由采购单位确认后进入发起请款与付款环节。

情形三：针对多个供应商、单价不定、交期不定、供货量不定的框架协议。通过公开采购形成框架协议和协议供应商名单后，适用协议的采购人（一家或多家）根据生产或经营需要执行具体采购行为，由于存在多个供应商、需求量或者具体服务方案不定，产品或者服务的价格也未确定，需要通过邀请协议供应商名单内的供应商进行方案、价格竞争后确定实际供应商，此时形成具体的购货订单或服务订单，供应商根据邀请采购竞争后订单中确定的供货数量或服务方案实际履约，并按照邀请采购竞争确定的价格形成该笔订单的结算金额，在完成交货或者服务后与采购人进行结算。此种情形多适用于需求不确定、技术或服务方案需要定制、或价格受行情波动影响较大的物资类或服务类集中采购的履约管理。

例如，某单位组织的年度钢板集中采购项目，在公开集中采购文件中只明确对钢厂的资质和生产条件要求，提供过去两年下属单位全部的钢板采购情况作为报价参考，报价要求钢厂提供以市场价格为基础的折扣率，采购单位在综合钢厂实力和报价的基础上最终确定3家钢厂作为中标单位，并签署涵盖下属全部子公司的钢板采购框架协议（协议期为2年）。由于钢板的价格受钢材料大宗商品市场价格波动的影响，无法确定一个固定的供货价格，因此在框架协议中明确了每次供货价格的形成机制：一种是竞争方式，即通过向3家钢厂询单的方式，要求3家钢厂在询单期内根据供货需求（供货产品、供货数量、供货时间等）报出具有竞争性的供货价格，该价格不得高于框架协议中承诺的以市场价格为基础的折扣价格，由采购单位从中选择最低报价的钢厂并向其发出订单，该钢厂随即按照订单确定的数量、价格组织生产和发货，完成交货后按照框架协议约定进行按单结算或按期结算；另一种是直接下单方式，采购单位根据3家钢厂的生产情况（产品种类、特性、生产实际安排等）直接选择最符合本次供货需求的钢厂并向其发出订单（此种方式下采购单位应与钢厂打通相应的生产物资管理系统），订单中明确采购的具体需求，并直接根据框架协议中该供应商承诺的以市场价格为基础的折扣率计算供货价格，该钢厂随即按照订单确定的数量、价格组织生产和发货，完成交货后按照框架协议约定进行按单结算或按期结算。

三、集采订单管理模式的思考

（一）是采购管理向供应链管理延展的一种方式，能够让集中采购创造真正价值

采购是供需双方建立关系的重要阶段，但仅是供应链中的一个环节，供应商的生产、制造、交货及结算等环节在实际中都影响着需求的真正满足，

因此需要站在全局去管理，才能实现供应链的降本提质。只关注成交价格的降低，往往会忽视供应阶段成本的增加，如运输成本、仓储成本、资金成本等，要站在产品或者服务全生命周期（采购总成本）的角度来看。特别是集中采购项目，框架协议期内存在多次交易，那就意味着存在多次的生产制造、收发货、结算等活动，某一个环节如果存在效率低下、成本较高的问题，都会累积并体现为整个集中采购项目总成本增加，甚至高于单次采购交易成本的叠加，从而失去集中采购的意义。

采用订单管理模式对集中采购协议或框架协议的履约进行管理，从目前看可以初步实现从采购管理向供应链管理的延展，但由于订单履约环节仍存在继续拆分、细化的需要，以及满足不同采购标的属性对交付、支付等的不同需求，因此该种模式还需在细分领域提供针对性解决方案。

（二）借助数字化工具，打通采购环节与履约环节，打通企业内部管理与供应商外部协同，实现供应链精细化管理

目前采购全流程电子化和企业管理信息化已经极为普遍，不少企业都已实现利用一套信息管理系统对经营、人力、财务等进行管理和协同。同时目前各地均已陆续建立公共资源交易体系，涵盖工程建设、政府采购等，绝大部分央企也都自建电子采购交易平台，实现全流程电子招标采购。但站在供应链角度来看，这些都是围绕寻源环节开展的，企业管理信息系统也仅作为内部管理流程的实施工具，不能实现履约环节中与供应商的信息交互。

假如能够围绕订单管理模式打造或者利用现有企业管理信息系统改造一套数字化工具，打通企业内部管理系统和供应商生产或业务系统的数据交互，并重点围绕履约将指令下达、供应商生产备货情况、供应商发货与物流跟踪、采购单位收货与验收、合同对账与付款发起、单据递交与支付等环节实现线上化，就能成为采购管理向供应链管理过渡的重要手段，并为实现供应链精细化管理打下基础。

（三）企业采购商城与社会消费商城存在本质区别，订单管理模式是企业采购商城化运作的一种探索

当下有一些企业已经建成或正在建设企业网上电子商城，这类商城的产品主要围绕标准通用类物资，如电脑、办公用品、工属具或劳保用品等，国

内一些2C类的电商也试图通过组建专门的组织对接企业采购。但从个人观点上看，这些模式仍需要加入供应链的思维。

企业采购与社会消费的最大区别体现在供应链上，社会消费对于供应链的需求比较统一，相互之间的差异性不大，供应链的配置往往只由商品的特性决定（如酒类、生鲜类、电器类等）。但企业采购对供应链的需求相对多元化，不同企业之间的差异性也较大，这就决定了供应链的建设往往突出对个性化的满足。供应链对于企业采购而言，不仅是将所需的货物在规定时间送达指定地点，还需要提供相关的服务，这是一种纵向延伸式的服务。此外，企业采购与社会消费在决策机制上也存在本质区别，因此，企业搭建电子商城从实质上看，不仅要具备社会消费商城的基本功能（如商品展示、订单管理、物流跟踪、线上支付等），更重要的是满足企业采购决策需要，满足企业对采购标的个性化管理的需要。订单管理模式就是在这样背景下的一种探索。

目前，随着集采订单模式的试验，也逐渐在非集中采购下的货物、服务类项目中试点，后续将在总结这些应用情况的基础上，不断丰富应用场景，为企业供应链管理贡献价值。

（作者：招商局集团招标投标中心　杨寅超）

第六章　供应商操作流程

如果说供应商准入阶段确定了供应商的供应范围条件，供应商操作流程则提供了具体的业务操作规范。

供应商操作规范主要由三部分组成：第一部分为商品和服务的上架与下架操作，第二部分为供应商日常交易操作，第三部分为订单执行操作。每一部分都有必须遵守的操作规程。不同企业的网上商城由于专业特点和需求特点不同，具体操作流程也会有所不同。本规范仅选取要点、取其共性，提出了供应商操作流程的几个要点。每一项操作都需要供应商和网上商城技术平台通力合作。现对主要流程要点的背景和意义进行详细描述。

一、商品和服务的上架与下架操作

供应商商品和服务的上架与下架操作包括上架前的工作、上架、下架三部分。

（一）关于上架前的工作

6.1　供应商对接

6.1.1　平台型供应商

平台型供应商经与网上商城管理部门签订准入协议后，应与网上商城就推送数据内容、接口方式、交易规则、数据安全等事项协商达成一致，商品和服务方可接入网上商城。

6.1.2　独立型供应商

独立型供应商经与网上商城管理部门签订准入协议后，应按协议清单将上架商品信息提交至网上商城运营机构，由网上商城运营机构统一进行审核、上架等工作。

注：上架商品信息包括商品描述、规格参数、交货期、最低供货量等。

6.1.3　测试

供应商商品和服务接入商城后应进行全面测试。数据应完整准确，下单采购、物流跟踪、结算支付等各流程状态正确，执行畅通。

供应商操作是在网上商城技术平台上进行的。在目前条件下，大部分供应商都有自己的销售平台。从本质上说，供应商与网上商城技术平台的对接，主要是供应商销售平台与网上商城技术平台的打通。从逻辑上说，先有供应商层次的对接，后有产品和服务层次的展示。

考虑两种类型的供应商对接。一种是与平台型供应商的对接。一般来说，平台型供应商本身是电商平台，自身具备一定的技术能力，有相对完善的对接接口，对接较为容易。只要双方根据协议，就推送内容和接口方式达成一致即可实现。主要问题在于对接内容以及交易规则、数据安全达成一致。对于非平台型供应商，包括战略供应商和主要供应商来说，他们往往在 IT 技术上并不专业。这种情况下，就需要网上商城预先在技术上解决好问题，由网上商城技术人员帮助其处理好上架商品的数字化问题。

在基本的技术问题处理完毕之后，要进行完整的操作测试，确保数据完整准确、流程运行畅通。

作为一项公众服务，特别是在供应商对接数量较多的情况下，网上商城应当公布接口规范，使供应商做好技术对接的准备。同时还应当制订对接测试规范，尽量使测试工作自动化，以提高对接效率。

在现代数字经济条件下，供应商对接的成功标志着供应商加入企业的供应链体系。供应商通过对接有机地融入企业的供应链之中。如果说框架协议的签订表达了企业和供应商合作的达成，那么只有真正地实现了双方供应链的对接，这种合作才算真正落实了。

就企业来说，所对接的供应商商品和服务的结构，体现了其供应链结构。对接的供应商网络，就是其供应链关系。在没有网上商城的情况下，供应商关系的维护主要依靠人与人之间的关系。而在网络条件下，供应商关系完全可以通过网上商城技术平台来动态评价、动态维护。

目前，许多企业的网上商城的供应商管理还有一定的局限性，并没有覆盖企业的全部供应商。但我们应看到，以网上商城为中心的供应商管理是供应链管理的大趋势。网上商城统一把一个企业的供应商网络呈现给企业管理者，将成为继 ERP 之后企业管理的新利器。

（二）关于上架

6.2　商品与服务上架下架操作

6.2.1　商品与服务上架

商品和服务应按照网上商城的业务模式分类上架：

——按实时价模式上架：平台型供应商应与网上商城进行数据对接，按照协议中的商品准入清单对商品和服务进行上架操作。上架信息中的价格应与平台型供应商面向社会销售的电商平台的同一商品建立唯一对应关系，保持同步变化，并按协议折扣。

——按固定价模式上架：独立型供应商应向网上商城提出上架固定价模式申请，上架信息应包括准入清单的全部内容。商品价格应标明固定价格和有效期限。

——按定制化模式上架：获得定制化业务模式准入的供应商应向网上商城提出上架申请。上架信息应包括其准入协议确定的商品和服务类别信息以及供应商在准入协议第一阶段的评价结果，并应按附录 A 的要求提供供应商准入信息。

供应商应配合网上商城按照准入协议所确定的准入清单进行上架审核。应对商品和服务的销售范围、销售价格、结算方式等进行确认。

供应商通过商品和服务加入网上商城，进而成为企业供应链的一环。在网上商城采购模式中，只有上架的商品和服务才能最终在企业供应链中得到落实。

当我们把网上商城当作一个供应链形态看待时，上架的商品和服务就是一个企业的采购链实体关系。这是国有企业网上商城与一般消费品网上商城的根本不同。企业网上商城受企业供应链制约，这种制约关系使大部分网上商城本质上是企业的采购职能部门，而并非独立的营利实体。企业网上商城并不追求经营规模的扩大和采购盈利的增加，而是要为企业的生产经营构建安全、可靠、高效的采购链，确保供应链可持续性。

网上商城以“上架”方式构造供应链。这种方式与传统的根据生产计划确定采购计划、根据采购计划再进行采购的方式不同，与以前以 ERP 管理为基础的电子采购方式也不同。上架方式实际上在很大程度上改变了企业的经营行为，同时也对供应商提出了一系列新要求，这是供应商在网上商城上架时要特别注意的。

上架即承诺。

尽管供应商上架的产品和服务在此之前已经通过质量审查，但正式上架才表明进入了实际采购阶段。上架不仅意味着产品和服务得到了企业的认可，更重要的是供应商要认识到上架是履行承诺的开始。因此，随着产品和服务的上架，供应商必须做好履行承诺的一切准备。这些准备工作如下。

对上架产品和服务的描述。供应商要为自己的产品创造最好的条件，让采购人了解产品，因而对上架产品的全方位描述就显得特别重要。特别是对于创新型产品和服务，供应商应当通过多方位全面描述，缩短采购人的认知时间，使采购人快速下单。对于上架产品和服务，本规范推荐框架式描述。即供应商要尽可能地把产品和服务的属性表达清楚，以利采购人获取信息。

产品和服务的适宜性保证。对于工业品来说，每种产品都有确定的应用条件。供应商向采购人说明其产品应用的条件和接口，防止误订、错订等问题的出现，对供应商及时交货保证采购人利益十分重要。特别是在当前信息技术十分发达的情况下，供应商上架要尽可能提供产品的应用条件展示，或者详细表明产品在客户供应链中的具体使用方式及注意事项，保证用户采购的正确性和适宜性。就传统采购来说，一般采用看样订货的方式，但这种方式往往成本比较高。在工业互联网时代，利用信息技术，即时展示产品在客户供应链中的作用以及接口方式，能大大提升供应效率。

确定供货路径和交期。供应商应当规划好供货的路径和周期，落实物流路径并在上架产品的资料中展示出来。现代供应链实践中，企业通过网上商城订货，很重要的一个原因是要提升交期的确定性。从供应商发货到采购人收货的时间的确定性越来越重要。如果交期具有确定性，采购人的仓储成本就会大大降低，进而使采购人最终产品成本降低。由此，在产品上架之前，建立确定的、通畅的物流通道是保证交期的重要措施。

应急供货准备。在用户减少库存时，对供应商的依赖就大大增加。除了用户企业自己平衡日常备货数量与应急备货的数量之外，供应商协助应急的能力也很重要。如果供应商应急问题处理得好，会大大提升竞争能力，使用户对供应商更加依赖。

由此我们看到，网上商城实际上建立了一套供应商与用户企业的独特通道，如果供应商做得好，可以使其竞争力大为提升。

在上述理念之下，本规范要求供应商重视了解网上商城的业务模式，按不同的业务模式分类上架；做好审核工作，确保上架商品的可实施性，针对不同的业务模式做好上架工作。

（三）关于下架

6.2.2　商品与服务下架

商品与服务下架分为：

——因准入协议中止；

——到期下架；

——因违反协议约定而执行的单品下架；

——临时下架。

商品与服务下架前，应在网上商城发布公告，同时履行相关审批流程。如有未完成订单，应对未完成订单进行处理。

商品和服务下架，意味着供应商退出用户企业的供应链体系。下架分为两种，一是正常下架，二是非正常下架。

合同到期，正常下架，供应商和采购人、用户都会提前做好准备。而非正常下架，则有许多善后事宜要处理。非正常下架包括供应商的原因和用户的原因。若为前者，会给采购人供应链带来风险，若为后者，则给供应商带来损失。因此对双方的风险评估就更加重要。

二、供应商日常交易操作

供应商日常操作包括参与比价比选、订单确认以及日常咨询。

6.3　参与比价比选

供应商应支持和参与不同业务模式的比价或比选。

6.4　订单确认

供应商在收到采购人通过网上商城发来的电子订单后，应在协议约定和网上商城确定的时限内确认订单。

6.10　咨询

供应商应在商品页面显著位置标注售前、售后服务联系方式，并保持7×24小时联系畅通，及时处理咨询问题。

当供应商完成商品和服务上架工作时，供应商即正式进入交易流程。供应商应当建立专业团队，负责网上商城的日常交易操作。

（一）供应商参与的比价和比选

业务模式不同，网上商城的定价模式也不同。对于采用实时价模式的工业品来说，由于一般网上商城会对接多家电商平台，就使同类工业品处于竞争状态，采购人在多家电商平台的同类产品之间进行选择。这样，供应商的定价策略就非常重要。从采购人的角度来看，综合采购成本是比价的基本依据，即采购人会综合考虑包括商品的价格、物流成本、维护成本在内的全部成本和平均成本，决定采购哪个品牌的商品。因此，电商平台的供应商存在着实时调整价格策略的空间，在这种调整中逐渐达成与采购人的均衡。对于定制化模式，供应商参与比选的空间就更大。定制化模式的特点在于，在准入阶段仅仅确认了供应商在某一类业务上的能力，并没有确定相应的标的物。因此，当在网上商城出现定制化需求的时候，必定要产生在入围供应商之间的二次竞标。二次竞标的方式可以多种多样，可以是招标方式，也可以是谈判磋商方式，还可以是其他任何合作方式，这取决于用户的管理要求。在此过程中，供应商有专业队参与比选就变得十分重要，长期不参与就相当于主动被淘汰。

（二）订单确认

在网上商城业务模式中，所有的交易达成都以订单为准。因此，供应商要明确订单确认方法。订单确认有自动确认和人工确认两种。自动确认的订单适用于供应商规模化生产、流水作业的产品和服务，自动确认订单应自动进入供应商发货流程。而需要人工确认的，主要是那些一次性、临时性和工程类的订单，这就需要专业团队对订单条款进行严格审核，确定相应条款符合要求，才可确认。不论何种订单，订单要素的审核对供应商来说都十分重要。一般订单需具备如下要素：订单编号、发单日期、按交订单的供应商名称和地址购买物品的数量和相关描述、发货日期、运输要求、价格、支付条款等。

（三）业务咨询

日常的业务咨询应当伴随在上架商品和服务的左右。业务咨询离客户最近，是网上商城交易过程中的重要部分。在数字化环境下，屏幕展示很难完全展示产品和服务的全貌，有时甚至引起客户误解。所有这些问题都要靠业务咨询师来解决。在电子商务领域，受消费品电商的影响，很多厂商对业务咨询不予重视。实际上，这正是工业电商与消费品电商的不同之处。工业品由于其专业性质，只有专业人员才能把问题说清楚。由于一些采购人不熟悉专业，常常搞不清相似产品之间的区别，从而造成订货失误。虽然咨询在采购的每一个阶段都很重要，但在交易阶段尤为重要。

三、订单执行操作

订单执行操作包括质量保证、物流信息与验收交付、售后服务、电子发票和投诉应答等操作。

6.5　质量保证

供应商应对其所供商品和服务提供质量保证，应符合准入协议和订单中规定的质量要求。

6.6　物流信息与验收交付

供应商应确保网上商城跟踪物流全过程。供应商自有物流的，供应商平台应将订单的物流状态等信息通过数据接口推送至网上商城。供应商使用第三方物流的，应将第三方物流信息接入至网上商城。

供应商应协助采购人完成验收。

6.7　售后服务

6.7.1　退货与换货

供应商应对商品提供退货和换货服务，应对采购人在网上商城提出的退货、换货申请及时予以处理，并将处理结果记录在网上商城相应栏目。

6.7.2　定期维护

供应商如在订单和合同中承诺定期维护服务，应把服务履约情况反馈至网上商城相应栏目。

6.8　电子发票

结算宜使用电子发票。发票信息应反馈至网上商城技术平台。

6.9　投诉应答

供应商应在管理要求中规定的时间内，对采购人在网上商城的投诉在线答复。

在订单达成以后，供应商面临的问题就是交付问题。网上商城的交付与传统的交付不同之处在于网上商城要求交付过程的全程记录，要形成完整的信息流。理论上来说，这个信息流包括业务信息流、商品和服务信息流、资金信息流。

（一）标的物质量信息

对于大部分产品来说，其质量要求在供应商准入时应当已经得到确认。

企业对供应商的质量管理体系、产品的质量指标都有了明确的认可。但对于供应商来说，在发货前的质量检验仍是十分重要的。尽管对不同的标的物其出厂检验的方法不同，出厂检验合格信息必须记录在网上商城的技术平台上。这是订单确认之后供应商履约的一个重要环节。

标的物的质量要求和验收标准，是订单的重要因素，是订单确立时供应商的重要承诺，而出厂合格证明是供应商自我检验的结果和宣示。质量合格文件与客户验收报告形成了一个完整的质量链，用于评价供应商标的物总体合格率以及质量诚信。

建立质量管理体系是供应商保证质量的基本要求。在工业化时代，戴明提出了质量管理的 PDCA 循环理论。即计划（Plan）、执行（Do）、检查（Check）和处理（Act）循环理论。要求在质量活动中，把各项工作按照作出计划、计划实施、检查实施效果，将成功的措施纳入标准、在不断循环中发现问题并解决问题的方式进行。如此使得企业的产品质量不断提升。很显然，这一套质量保证体系是面向大规模工业化生产体系的，是工厂自主的质量管理方法。在现代数字经济条件下，随着产品的个性化要求越来越高，用户或者说采购人越来越深入到产品的质量管理过程中，用户成为产品质量的最终评判者。在现代采购理论和实践中，最终用户的满意度才是真正的质量标准。最终用户的质量要求先传递给企业，企业再传递给供应商。这是现代柔性采购链面临的最大挑战。在交付阶段，供应商要特别重视这一点。

（二）物流信息和验收信息

本规范对商品交付的基本设定是由供应商负责物流和交付。按照电子商务的惯例，商品的报价只报商品本身的价格，运输费用或物流费用单独计算。因此在同等条件下供应商距离的远近和物流成本的高低成为采购人选择供应商商品的重要因素，也促使供应商提供就近服务，推动供应商仓储科学分布。

1. 物流信息

电子商务的发展使物流形态发生了重大变化。传统的物流形态主要是供应商物流和需方物流。这种物流形态的问题主要表现在物流信息封闭、缺乏刚性，经常导致交期不确定、用户满意度低。因此，专业的第三方物流应运而生。在电子商务中对物流的每个环节状态都进行严密监督、跟踪、科学管理。随着信息化的发展，每项产品的物流过程都可以映射在互联网上，使得物流信息可以实现收集自动化、传递实时化和存储数字化，进而实现物流网络的优化，降低物流成本。

随着近几年大数据、人工智能等新技术的发展，以及RFID、传感器、条码、扫描、GPS、云计算、机器人等技术广泛应用于物流运输、仓储、包装、装卸、配送等环节，物流系统朝着智能化、自动化、可视化、协同化的方向发展，这使得物流的不确定性大大降低，成为企业稳定供应链、供应链智能化的有力保证。网上商城适应新技术发展的形势，要求供应商实时提供物流信息，具体说来有两条要求：供应商自备物流的，要进行数据对接；依托第三方物流的，要将第三方物流信息录入网上商城，其目的是确保网上商城跟踪物流全过程。

实际上这里包含着一个具体的要求，即网上商城要发布一个物流信息表，明确规定供应商需要提供哪些物流信息、有什么时限要求和精度要求等。

当汇集了大量物流信息时，网上商城可以反过来为供应商提供物流咨询和优化服务。再进一步，网上商城自身可以组织智慧物流。这种情况下，物流将发生根本变化，从供应商物流转变成需方物流，网上商城就变成了需方供应链中最重要的部分。

2. 验收信息

验收是物流的终点。验收单是供应商完成交付的标志。因此，验收信息应当完整体现在网上商城技术平台上。正常情况下，供应商和采购人的信息平台都应当直接与网上商城技术平台对接，验收信息应当自动反映在网上商城的系统中，使采购循环在网上商城得以完成。验收条件和标准已在订单中确定，用户验收通过率是网上商城评价供应商的重要指标。这一点在关于质量保证一节中已阐明，不再赘述。需要说明的是，对于工程项目，验收信息更为重要。工程项目交付与货物交付的不同之处在于工程项目的实施地一般在采购人指定的地方，实施过程中，采购人一般深度参与，并有监理人员进行监督。工程建设过程信息一般较难反映在网上商城中，不利于网上商城对供应商的信息收集。如果供应商不主动报告，对供应商来说是不利的。特别是优秀的供应商，应当注意将工程实施监督信息和工程验收信息主动推送至网上商城，积累信誉。

（三）售后服务

在工业化初期，供应商把产品卖出去以后，其大部分工作就完成了。随着个性化时代的到来，产品售后服务变得越来越重要。不仅消费品的售后服务收入占企业收入的比重越来越大，而且在工业品的销售中，售后服务的质量和水平也成为考核供应商的一项重要内容，服务成为采购人供应链中必不可少的环节。

1. 关于商品的退货、换货与维修

退货、换货与维修是对供应商在交付过程中出现问题的补救措施，很多供应商都已认识到，当采购人提出此类要求时，供应商应当无条件提供此类服务。

2. 关于定期服务

对于固定资产类的产品，供应商的定期服务显得十分重要。在耐用消费品领域，定期服务已经成为厂商联系消费者、扩大业务的有力手段。如汽车的定期维护已经发展成庞大的产业。在工业领域，专业设备、专业设施的定期维护和保养，对于供应商业务的可持续性也十分重要。专业生产厂商持续维护其专业产品，相对于采购人自己维护在经济上拥有极大优势，可以大大降低采购人的综合成本，同时为供应商增加收入。正是这个原因，“服务化”正在成为生产领域的重要趋势。从历史上看，服务化的演进经历了三个阶段，第一阶段是单一产品的提供；第二阶段是产品加服务，其中的服务包括产品售后服务、物流服务，本规范对供应商的要求界定在这个阶段，要求供应商提供物流服务和售后服务；从长远看，生产服务化正在扩展之中，即第三阶段，其核心内容是“产品＋服务＋支持＋知识＋自我服务”。在这种新的服务化理念中，除前述的产品与服务内容外，所谓支持活动，包括客户培训、系统维护等，其主要功能在于协助用户使用产品、创造自身所需服务，或者建立全新的运营模式。所谓知识，就是协助客户进行知识发现和创新，帮助客户发现问题，提高客户解决问题的能力。所谓自我服务，就是要客户参与进来，共同创造。在网上商城采购模式中，如果供应商能够秉持“服务化”理念，更多参与到构建网上商城为中心的服务化体系中，那么供应商将能更加充分地体现其价值。以上几点，表达了供应商业务流的实现，或者称为物流和服务流的实现。下面是资金流问题。

（四）结算

结算确定资金流。

网上商城主要有两股资金流。一股是用户，包括供应商和采购人，流向网上商城的平台使用费或交易服务费，这是小的资金流。主要的资金流是由采购人向供应商支付的商品和服务价款。

1. 关于货款结算方式

不同的业务模式往往存在不同的结算方式。作为供应商，当然希望预付款结算。而对采购人来说，情况正好相反。采购人往往希望先发货后付款，验收后再结算。于是在供应商与采购人中就形成了不同的结算均衡模式：预付款模式、部分预付款模式、分期付款模式、验收后一次付款模式、账期模式。

在实践中采取何种结算模式，应在供应商与准入管理部门签订的准入协议中明确规定。网上商城作为实施机构，只是按照协议实施记录和监督。因此，本规范只要求结算通过网上商城通道进行并做资金流记录。

这里需要说明网上商城结算通道的概念。当我们在超市买东西的时候，我们通过收款机与超市结算，收款机就是结算通道。通过收款机，超市就能实时记录超市营业现金流，形成现金流记录。实际上在超市中可能有不同厂商的商品，但我们作为购买者，并不是与每一家厂商单独结算，而是与超市集中结算，由超市再向供应商进行分配。对于网上商城来说，厂商结构与一般超市类似，但情况却更为复杂。由于存在多种结算方式，要求厂商通过网上商城结算通道结算表面上看存在一定困难，但实际情况却比想象的要简单一些。这主要是因为在这里把采购人定位于内部采购人，管理部门对内部采购人具有一定的控制力。甚至有不少网上商城规定内部采购人要先存放一部分押金才能在网上商城采购。很显然，网上商城的决策机制仍然是一个需要深入研究的问题。本规范给了实践很大的创新空间。

2. 关于供应商担保与融资

由于存在不同的结算方式，而且在网上商城的结算机制中有相当大的比例是验收后结算和账期结算，这就给供应商带来了一定的流动资金压力。在这种情况下，供应商融资服务就是保证交易顺利进行的重要支持，因此，网上商城联合相关金融机构为供应商提供担保和融资服务的条件就具备了。

实际上，对于数字经济条件下的各种交易平台来说，担保和融资机制是必备条件，而非能轻易地与平台分裂开来。就网上商城这种交易平台形态来说，其存在的重要原因是它能够为交易双方提供交易保证。即对供应商来说，进入网上商城交易之后能保证收到货款；而对采购人来说，交易之后保证获得合格标的物。为了实施这种保证，网上商城必须要对供应商的供应交付过程进行监测，同时对采购人的支付过程进行管理。同时，还要建立一旦失控之后的保证机制，这个机制就只能是担保和融资机制，这样网上商城才能真正提供交易保证。有了交易保证，网上商城的合规保证和分发机制才能进行下去，这是网上商城交易保证的基本原理，应当得到广大供应商的认同。所以，本规范才要求供应商加入网上商城担保与融资机制，与网上商城共同构建交易保证体系。

3. 关于电子发票

发票是供应商向采购人出具的证明交易发生的原始凭证。发票内容包括供应商向采购人提供的产品或服务的名称、质量、价格等信息，是交易双方做账和完税的依据。在现代互联网条件下，电子发票正在逐渐取代纸质发票成为新的原始凭证。这一点对于网上商城具有特别重要的意义。

在消费品领域，由于大部分消费者是个人，对电子发票的需求不大。而在工业品领域，如果仍采用纸质发票的话，会对供应商和网上商城的发票制作、邮寄带来庞大的工作量，增加大量成本。而如果使用电子发票，就可以充分发挥互联网的优势，利用计算机完成电子发票的制作和发送。目前，国家有关部门也正在大力推行电子发票的使用，相关的账务规定也在逐步完善。因此，在本规范中推荐使用电子发票。

（五）投诉应答

采购人对供应商在日常业务操作和订单交付过程中的任何不满都会投诉至网上商城相应栏目。供应商应积极对待所有投诉，积极应答。现代企业理论认为，对客户投诉的处理方式是企业供应链中的重要环节，对企业的市场开拓、企业形象有重要影响。在网上商城中，对投诉的应答速度和应答质量，是衡量用户对供应商满意度的重要指标，应当引起供应商的重视。

四、本章小结

本章主要以供应商视角来解释《规范》对供应商的操作要求。在传统的采购理论中，主要是从采购人的角度来看待采购，网上商城提供的是一个供应商和采购人的合作平台，而非一方控制另一方的场所。因此网上商城更加强调供应商在网上商城操作中的自主和自律，以及这种操作对供应商自身的意义。在网上商城采购模式中，供应商通过操作，实现了物流（业务流）、资金流（价值流）和信息流的三流合一，网上商城也成为供应商开拓业务、发展业务的重要平台。

五、案例

案例一：欧菲斯集团的供应商服务模式

主编按语：欧菲斯集团是一家专注办公用品的平台型供应商。近年来紧密配合国有企业网上商城的发展，构建了以数字平台、交付网络和数字化采购服务为核心的技术竞争力，以规模集采、全国统配和当地服务为核心的运营竞争力。技术和运营的双竞争力提升了欧菲斯集团的服务能力。

欧菲斯集团股份有限公司是一家全国性的集团公司，集团现有员工约2500人，全资子公司40家，拥有B2B采购行业的专业服务标准，覆盖全国的服务网络。欧菲斯整合的产品类别覆盖了办公设备、电脑数码、员工福利、MRO、军需物资等34大类及1265个小类，100万级SKU商品库，形成了四个自有品牌加1.4万余个合作品牌的终端认知品牌体系。

1993年欧菲斯以文化用品经营开启创业之路；2001年OfficeMate办公伙伴品牌成立；2014年全面整合成立集团（欧菲斯办公集团有限公司），由贸易型企业向专业垂直电商全面转型；2020年集团改制完成，重塑全新政企采购需求生态链。持续为各级政府、企事业单位、世界500强等不同类型客户提供数字化采购一站式解决方案，年营业额保持30%以上增速，2020年营业收入超过70亿元。

此外，以办公采购为基础，围绕企业的个性化需求，欧菲斯将服务延伸至非物资领域，包括办公后勤、员工福利、人事服务、财税服务、知识产权、法律服务、商务服务等全方位增值服务，助力客户释放更多的管理精力，专注业务效能提升。截至2020年年底，欧菲斯的全国企业会员客户数量已突破10万家，中标国家机关、省采、市采近200家，大型央企单位16家，成为全国政企办公物资采购领域极具服务能力和发展潜力的生态型服务商之一。

1. 数字化采购场景全覆盖

欧菲斯构建了由数字平台、交付网络和数据资源驱动的数字化采购服务平台，打造全国统配能力、当地服务能力和规模集采能力，全面服务各类机构公务、员工福利及MRO等采购需求。

全国统配能力：经过多年创造与积累，欧菲斯广泛布局全国仓配系统，包括省级中央仓库14个，地市级仓89个，地级市网点仓约230个，县级门店仓约670个，逐步打造出全国极具竞争力的线上采购商城与线下交付网络充分融合的一体化交付能力，实现了全国县级城市24小时标准化交付效果。

多场景数字化采购平台：面向不同类型客户，欧菲斯构建了包括API、线上超市、企业商城在内的多种线上采购场景，满足用户多样化采购需求。不管是国企、政府、大型客户还是SME企业，都能在欧菲斯平台上找到合适的场景，完成在线采购。

属地化优质服务：在下游，欧菲斯制订了专业采购顾问的培养计划，形成超过50万名专业采购顾问的当地化服务网络，提供商机开发、采购咨询、商品寻源、订单履约等服务。

双竞争力体系：伴随规模化采购的新发展趋势，企业对服务于采购环节的供应链品质、数据信息化管理，以及末端交付能力等多方面提出了新的需求。欧菲斯在企业数字化采购中，以数字平台、交付网络、数据资源构筑的技术竞争力，打造双竞争力体系驱动的数字化采购平台。如图 6－1 所示。

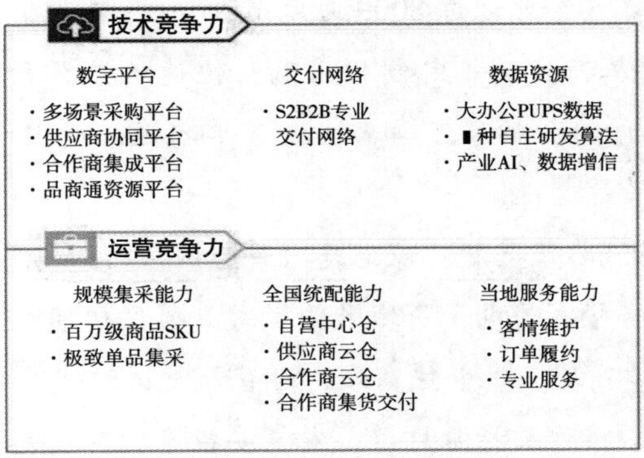

图 6－1　双竞争力体系

2. 典型案例

政采案例——中央国家机关政府采购中心。

自 2016 年开始运营，由线下采购转变为线上电商采购模式，欧菲斯不断助推用户采购完成电商化转型，实现订单交付信息可视化，全渠道订单收订，快速进行订单审核和分仓处理等。

优点：无平台维护成本；移动在线、办公随时随地采购；可在全网平台比价。

央企案例——国家电网有限公司。

政采云在线即政企电商解决方案，是主要针对大型国企、央企等客户的一种电商化解决方案。欧菲斯根据国网客户的商城模式，利用技术手段使商品、订单等接口由客户商城主动来调用，通过端口的直接对接实现交付，完成落地服务。国家电网自 2014 年实行超市化线上采购，2017 年开始网上商城电商集采，2019 年交易额达 5.2 亿元，市场占有率达 13%；2020 年交易额达 8.25 亿元，市场占有率达 15%。

优点：成熟接口、适应多种平台接入；物流运输状态实时呈现；全国订单快速审核实时调配，多仓发货，高效快捷。

金融案例——广发银行股份有限公司。

企业在线是企业商城独家模式，主要服务于大中型企业的采购，为企业客户制定专属平台，反映企业客户自身品牌或公司形象的专属采购界面。广发银行自2019年1月以来，为企业提供全方位一站式服务，范围覆盖23个省873家营业机构，成交金额超过8000万元。

优点：搭建专属商城——定制化采购；快速响应询价商品；专业团队，高效运营；产品、订单、服务互通，快捷下单配送；适用于大中型企业的电商化采购。

3. 项目交易全流程及问题：以电建项目为例

电建项目的业务模式为电子商城采购模式，项目初期欧菲斯通过技术手段API对接到电建自建商城——电建商城，运营人员通过客户端及服务端可操作商品上下架及改价、接收及指派订单、发货妥投等。对接完毕后客户通过短信验证码或电建通登录电建商城采购商品，下单后订单自动流转至欧菲斯各区域业务账号，后续的落地交付、签收、开票及对账结算等由专人负责。在客户下单前欧菲斯能快速响应客户需求并根据不同场景的客户需求提供专业的报价方案，更好地满足客户需求；在交付过程中有着更快的交付效率及质量，其间客户如有问题也能耐心协调处理；售后时以良好的态度与客户沟通退换货或取消订单，必要时根据实际情况制订补偿方案，以此提升客户的认可度。

欧菲斯可提供的商品大类主要为办公用品、生活用品、劳保用品及MRO工业品，其中办公用品包括办公设备及耗材、办公纸品、桌面文具等；生活用品包括生活用纸、洗护清洁及日杂用品等；劳保用品包括全身防护、警示、消防工具及辅材等；MRO工业品包括建材、五金件、电工设备及耗材等。根据客户的实际需求梳理商品并定价，按电建商城上架规则进行上架。

中电建交易流程如图6-2所示。

用户登录到商城首页，浏览并选择想要购买的商品。用户选定商品后，在购买该商品时首先要选择结算方式。选择“在线支付”或“月结后付”选项后加入购物车。购物车里可查看已选商品，用户确认无误后，点击结算按

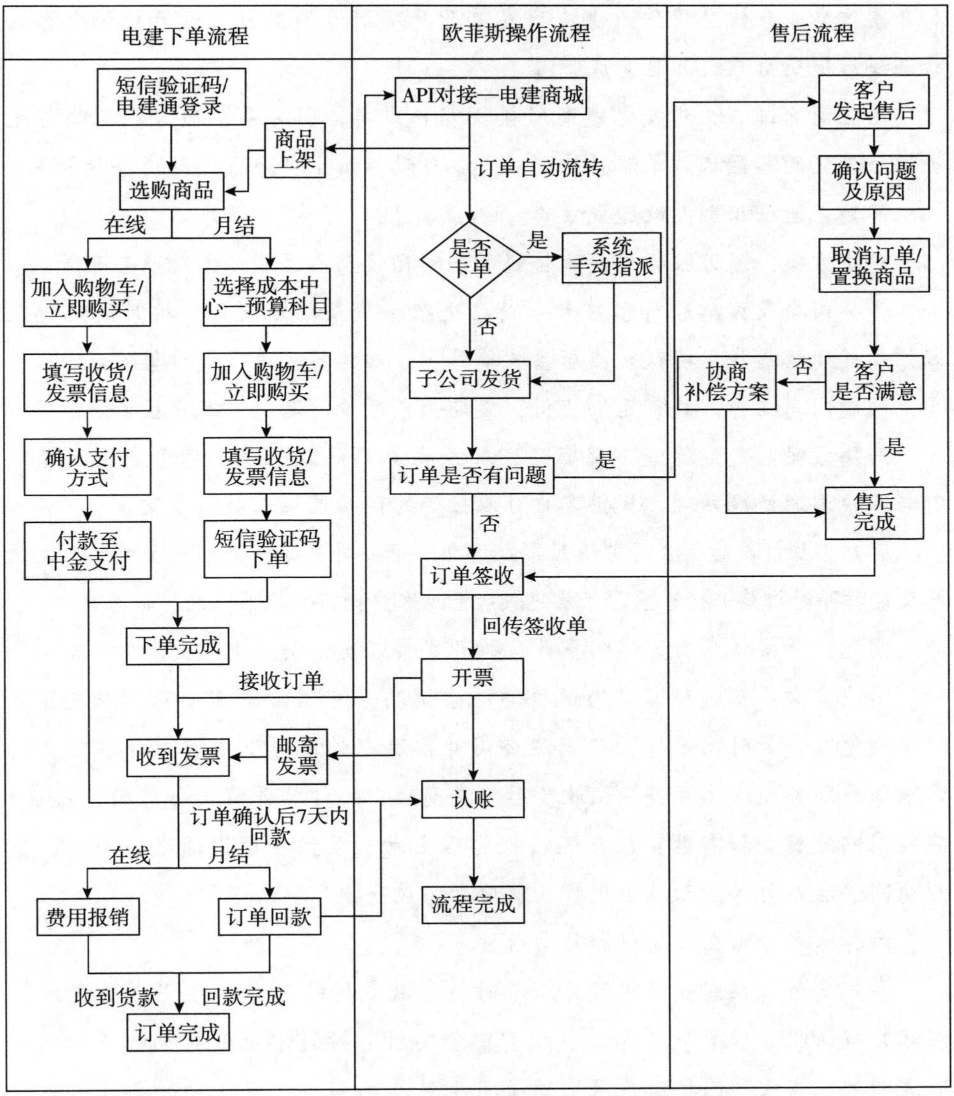

图6－2　中电建交易流程

钮，进入“填写订单信息”的页面。

在线支付：采购员需填写收货信息和开票信息，此信息将作为供应商发票开具及配送的依据。采购员可以选择网关支付、条码支付及跳转支付三种方式支付货款，支付成功后即可完成下单。

月结后付：加购时需选择成本中心、预算科目。采购员需填写收货信息和开票信息，此信息将作为供应商发票开具及配送的依据。最后验证手机的验证码后提交订单，即可完成下单。

供应商通过 API 对接电建商城接收客户订单，同时系统通过识别收货地址按照设置的各区域订单流转规则对订单自动指派至当地业务及商务账号。

问题：地址识别失败造成卡单。

解决方案：通过服务端按流转规则手动指派至各区域业务及商务账号。

子公司接收订单后对客户需求商品进行备货及落地交付。按时间交付至客户处并现场验货，确认无误后签收单签字，回传签收单完成订单签收。

问题：商品停产缺货无法交付；交期长或质量问题引发客户投诉。

解决方案：定期筛选下架商品，从源头避免商品问题；关于商品问题及时与客户沟通协调处理，提供客户可以接受的商品置换或补偿方案。

客户签收订单后子公司申请开票，总部或子公司商务根据客户预留的开票信息反馈财务对订单进行开票。开票完成后根据客户预留的收票地址邮寄客户。

问题：开票信息有误退回重开；拆开发票或发票明细需变更。

解决方案：及时与客户沟通填写退票说明并随错票寄回重开，跟进开票进度避免客户长时间等待；在满足公司开票流程的前提下以客户的实际开票需求联系财务处理。客户确认收货后需在商城中的订单页面点击“确认收货”完成采购流程。如需退货应在确认收货后主动联系供应商沟通退货事宜，供应商同意后在订单页面点击退货，最后由供应商操作确认退货。

结算方式分为在线支付和月结后付。

在线支付：在线支付的客户下单时将货款支付给三方平台“中金支付”，在客户确认收货后 7 个工作日内由“中金支付”按订单批量打至欧菲斯账户完成回款。在收到回款后各区域商务负责结算的同事根据回款时备注的订单号在 T3 系统进行对应款项的认领。退款同理，退货确认后 7 个工作日内原路返回至打款账户。欧菲斯在订单签收后根据客户预留发票信息进行开票并邮寄客户，客户收到发票后完成订单报销。

月结后付：欧菲斯在订单签收后根据客户预留发票信息进行开票并邮寄客户，客户收到发票后在合同规定的账期内（45 天内）回款至欧菲斯账户（私对公或公对公转账）。在收到回款后各区域商务负责结算的同事根据回款时备注的订单号在T3系统进行对应款项的认领。

问题：三方平台未提供完整订单明细或水单，导致无法认款；客户超期未回款。

解决方案：根据平台提供的部分单号或信息匹配欧菲斯订单明细，整理区域信息反馈给商务认款人员，如遇无法匹配的订单需联系中金支付平台方协助处理；主动联系客户沟通回款事宜，将长期未回款的客户订单反馈给电建商城平台方协助催收或邮寄催款函。

（作者：欧菲斯集团　张若鸿）

案例二：企事通集团的供应商服务模式

主编按语：企事通集团是一家以数字科技为先导、提供采购解决方案与综合物资供应服务的平台型企业。2015年以来，大型国企和各级政府、事业单位相继启动电商化集中采购，企事通集团抓住这一契机，迅速强化自己的电商化物资供应能力，并总结出了一整套供应商服务模式。本书主编希望能有更多供应商分享供应商服务经验。

2008年，企事通集团的前身杭州企事通办公用品有限公司在杭州成立，公司的主要定位是区域性办公用品供应商，业务以线下交易为主，经营规模从800万元到1亿元。在这一阶段的后期，为了顺应业务越来越线上化的潮流，公司于2013年创建了企事业商城，是同行中较早建立电子商城、迈出数字化转型步伐的公司之一，为接下来的快速发展埋下了伏笔。2015年以来，大型国企和各级政府、事业单位相继启动电商化集中采购，企事通集团抓住这一契机，迅速强化自己的电商化物资供应能力，在已有企事通商城运营模式基础上，短时间内建立了分布于全国的30多家全资子公司和相应的仓储物流体系，具备了向全国扩展业务的物资基础。自此之后，企事通集团的B2B业务快速增长，2020年年底销售额超过了20亿元。

经过自2015年开始6年来的数字化转型和不断自我塑造，企事通集团逐步具备以下主要业务能力：

1. 企事通办公采购智选商城

集团秉承“优全快省”原则，在原有企事通商城基础上几经迭代，于2018年自主创建一站式B2B集采平台——企事通办公采购智选商城（www.qstoa.com）。商城充分运用“互联网+”时代的大数据技术成果，整合集团优渥的商品资源和线下服务能力，打造“两端四通”，满足各类企业客户集采需求。具体来讲，商城具有以下三种能力：一是作为功能完整的办公综合物资集采平台，为自身没有电商采购平台的企业提供专属入口，让其在商城完成采购计划、采购审批、下达订单、货物跟踪等全程采购业务，实行方便、快捷的一站式办公综合物资集采。在这个意义上，企事通办公采购智选商城本身就是作为一个交易平台而存在的。二是将商城入驻到办公物资等的第三方交易平台（国内比较著名的有政采云、阳光公采等），向集聚在平台上的政府、事业单位等采购人提供物资供应和采购解决方案服务。三是在取得大型国企尤其中央企业客户的办公综合物资、工业品等的供应商入围资质后，按照客户的合规性要求，将企事通商城和客户商城进行链接，实现在客户商城的入驻，在协议服务期内向客户下属企业或关联企业提供物资供应和采购解决方案服务。

2. 运营模式

企事通集团以浙江杭州为管理中心，在全国省会城市设立32家子公司承接集团性客户的落地服务和本地客户的开拓。其中以北京为中心打造集团性客户典型业务运营模式向全国辐射，以杭州为中心打造区域性客户成功业务运营模式向全国辐射。

该运营模式可以用如下简单的公式表示：

属地化团队 + 专业化客服 + 系统化物流 = 线下服务

企事通集团运营模式除了标准化订单处理和配送服务，更强调为客户提供超出其期望的增值服务，包括场景产品配备服务（以丰富的行业经验，为客户提供专业细致的顾问式服务）、定制化服务（专属标识+设计图案定制，满足客户个性化、差异化需求）、备用式维修服务（以备用器械缓解正常使用之需，确保设备按时按质维修）、承接上门服务（专业人员面对面服务，现场调研用户实际需求）等。

3. 供应链体系

经过多年开拓积累，与企事通集团达成长期稳定战略合作的品牌授权供应商已达8000多家，商品SKU数量70余万，涵盖办公文具、办公耗材、生活用品、劳防用品、通信数码、办公设备、办公家电、办公家具、体育用品、食品饮料等品类。该产品数据通过ERP系统管理，其中90%的产品实行固定价销售，能分别以实时价模式、固定价模式、定制化模式对客户的需求进行响应。

除此之外，集团拥有办公文具品牌优势，自主开发产品1000余SKU；拥有医疗器械品牌，在取得相关产品医疗器械注册证的基础上，能自主生产民用防护口罩、一次性使用医用口罩、医用外科口罩产品以及呼吸、麻醉用管路、面罩系列产品200余SKU。

在物流能力建设方面，企事通集团自2015年起，着手构建集团直属仓储物流体系，在全国设立7大中心仓、33个省级仓，自有仓储和共享仓储面积超过100万平方米，加上300余个属地服务网点，成功实现了省会城市1日达、地级城市2日达、县级城市3日达的全国物资配送服务网络布局。

4. 信息竞争力

企事通集团设有专属技术研发团队，通过平台前端引流、终端能力应用、后端大数据分析，实现数据共享和信息交互，全面保障企业运营及业务落地工作有序落实，助力企业管控及业务营运的标准化、规范化和信息化。

数字化时代的到来为企业提供了诸多商机，也带来了更高层面的能力考验。企业需要正确认识以“数据空间+实体空间”为特征的平台化生产方式，在这种全新的生产方式中找准自己的“生态位”进而建立起能力。企事通集团首先是数据江河中的一股细流，关注的数据是国企、政府事业单位的办公及综合物资采购数据，其平台化交易也主要集中在政企单位物资采购这个细分领域。其次，企事通又是数据空间和实体空间的连接点，一方面通过B2B电子商务平台将8000多个供应商的70余万个商品和1200余个政企客户、3.8万个采购终端的采购需求进行连接，打通政企采购供应与需求的屏障；另一方面，6年多来承接的430万个订单都通过电子化工具进行处理，具有精准匹配、比价竞价、数据归集等特征，在促进政府企事业单位的阳光采购、降本增效方面发挥了很好的作用。

大型国企及政府、事业单位的物资采购特别强调项目实施的公平性、合规性，通常采取项目招标、竞争性谈判等形式对供应商进行严格筛选。企事通集团作为国内较为领先的B2B综合物资供应链平台企业，其主要业务来自对国内大型国企及政府、事业单位物资采购需求的承接，参与投标和竞争性谈判等的能力决定企业能否在行业长期立足。2015年以来，企事通集团每年参加国企和政府采购项目的投标和竞争性谈判数百个，中标成功率平均达到35%。

在取得国企及其他平台的供应商入围资格后，企事通集团首先要做的工作是按照相关电商公司的要求准备好开店的资料、数据，适时完成用户注册、入驻开店等（以国网商城为例）。如图6－3所示。

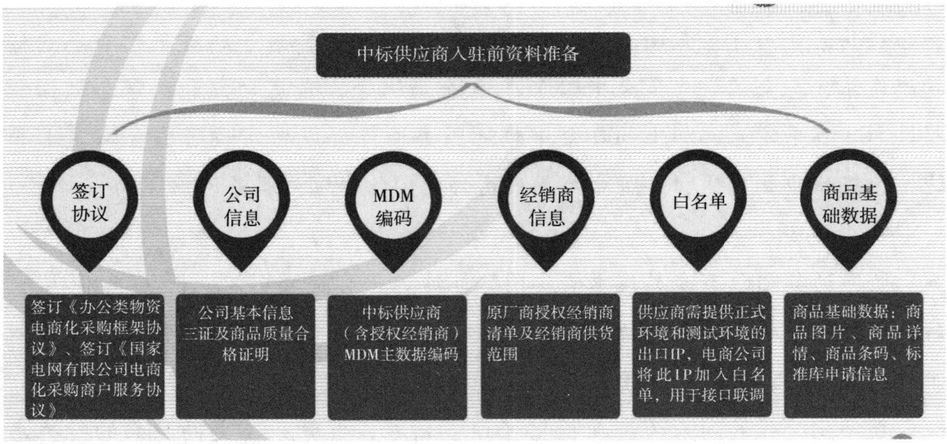

图6－3　中标供应商入驻前资料准备

在完成用户注册、商户入驻、申请开店及与平台相关方合作协议签订各项事宜后，即可开展商品发布、配送供货、支付结算等各项业务工作。如图6－4所示。

企事通集团常态化合作政企客户约200户，每个客户对于商城履约既有相同的方面，又有基于自身实际的个性化要求。针对电商化采购的这一特点，企事通集团首先制订了标准化订单流程，满足各类客户的共性需求。如图6－5所示。

为了提高对客户采购需求的快速响应，企事通集团还明确规定了从接受

图 6－4　电商交易业务流程

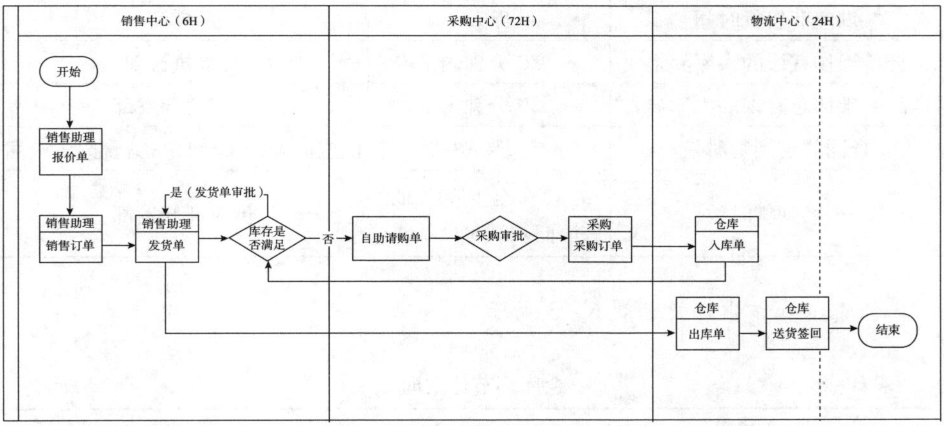

图 6－5　标准化订单流程

订单到配送完成全过程的节点时效要求，并进行了和相关员工收入挂钩的绩效考核。

销售环节作业时效如表 6－1 所示。

表 6－1　　　　　　　　　销售环节作业时效

事项	时间节点	责任人
报价单审核	2 小时内	子公司业务经理/销售助理
发货单制单	2 小时内	子公司销售助理
发货单审核	2 小时内	子公司销售助理

采购环节作业时效如表 6－2 所示。

表 6-2　　采购环节作业时效

事项	时间节点	责任人
请购单审核	30 分钟内	子公司采购
固价订单	2 小时内	订单执行部
非固价订单	3 小时内	订单执行部
异常单回复	4 小时内	供应商开发部
到货单制作	1 小时内	订单执行部
订单审核（及驳回反馈）	30 分钟内	各审批节点
供应商接到订单后的异常反馈	30 分钟内	供应商
供应商发货时间	当天	供应商
订单操作有误的入库异常	30 分钟内	订单执行部
产品基础信息有误的入库异常	30 分钟内	供应商开发部
合同约定到货时效	$T+X$	供应商开发部/订单执行部/供应商
标准到货时效	$T+2$（至少 80% 的供应商须满足此要求）	供应商开发部

仓库环节作业时效如表 6-3 所示。

表 6-3　　仓库环节作业时效

事项	时间节点	责任人
到货无异常订单入库	2 小时内	子公司仓库经理/主管
到货有异常订单入库	30 分钟内反馈	
上架	2 小时	
拣货	当天	
发运	最迟次日上午	

针对时效要求执行结果制订了如下考核细则：

（1）每月定期由信息中心协助导出 ERP 系统各节点耗时，通报总部各部门、子公司。

（2）将异常时长订单导出后，按当月超时效订单数量占当月总订单数量比进行考核。

（3）总部各部门将对应节点订单时效列入考核，与月绩效工资、奖金挂钩。

A. 订单时效≥80%，此项考核为100分。

B. 70%≤订单时效<80%，此项考核为90分。

C. 60%≤订单时效<70%，此项考核为80分。

D. 订单时效<60%，此项考核为60分。

（4）子公司涉及岗位责任人由总部对应部门制订各节点考核指标。

除了标准订单处理，对于发票妥投、客户的售后服务需求，集团也制订了详细的作业标准说明书，供员工参照执行并依此进行绩效考核。

数字经济的高速发展为企业提供了广阔的市场前景。但能否跟上数字化步伐，则取决于企业面对新生产、交易方式时的求新蜕变能力。面向未来，企事通将着重在以下几个方面继续强化能力：一是实现由相对粗放的经营方式向精细化经营方式转变，持续提高运营效率，服务的多样化、敏捷性。电商化采购初期，由于缺乏数据积累，平台商通常只针对客户的采购目录提供一般性商品，往往无法顾及商品的适用性、性价比。在有了七八年的数据积累后，现在已经能够基于交易数据将最能体现适用性、性价比的商品推送到平台，实现采购端和制造端的精准匹配。集团还致力于协助客户优化采购计划和解决方案，根据区域、季节、客户所属行业的不同，智能化调整商品品类，开展定向销售。二是致力于为客户创造价值，由简单地输送商品到为客户提供定制化、集成化解决方案。几年来集团通过与平台上供应商的协作，为电力部门提供了智能营业厅的一站式整体改造服务，为教育部门提供了场景化教室的设计、工程服务，为税务部门供应了稽查工具包等。三是加快智能技术应用步伐，提高作为平台型供应商对客户需求的快速反应能力和应对效率。2018年以来，企事通集团升级了企事通企业商城、ERP及其配套系统，研发了基于自主数据的应用程序、基于微服务的应用性能监控和问题处理平台、基于探针的全链路日志以及智能分析系统、基于非结构性数据库的存储和检索功能……这一系列技术的应用，使企事通能根据告警快速定位问题根源，采取有效管控，使交易过程出现的问题迅速得到智能化的解决。

（作者：企事通集团　季建明）

第七章　采购人操作流程

本规范的采购人是指国有企业内部下属机构、分支机构的采购部门和采购人员。在网上商城模式中，采购人首先是采购需求的提出者，同时又是采购标的物的用户。采购人的需求汇集到总部的采购部门，成为总部选择准入供应商的基础。总部通过供应商在网上商城供货，满足采购人的需求，由此形成了采购需求与采购供给的良性循环。这种循环增加了采购供应链的弹性和柔性，提高了采购灵活性和供应的稳定性。采购人是网上商城主要操作人，其操作规范主要包括三部分内容。第一部分为采购人交易前操作；第二部分为采购人日常交易操作；第三部分为订单跟踪与支付操作。

一、采购人交易前操作

网上商城的采购人具有如下特点：一是采购是内部的，本质上是封闭的；二是采购是确定的，因而必须是实名的，需要把其采购计划、采购意向在网上商城公开。

7.1　采购人注册

采购人应按网上商城要求进行注册。

7.2　采购人需求

7.2.1　采购计划和采购意向

采购人应定期向网上商城管理部门或网上商城通报采购计划和采购意向。

7.2.2　采购规范

采购人应制定采购规范并在网上商城公开。

注：采购规范是采购人根据需求制定的待采商品和服务需满足的技术条件。

7.2.3　请购单

采购人应按照本单位采购管理要求，制作请购单，完成采购申请，确定采购品类、限额和与其匹配的采购模式，获得批准后进入网上商城按相应业务模式进行采购。

尽管《规范》把采购人定义为内部采购人，原则上对网上商城来说是预知的，但其准确信息还是需要采购人通过注册来确认。

对于国有企业集团来说，其下属机构和相关机构有明确的清单，采购人需要把其详细资料进行注册。其注册信息的内容可参考供应商信息的要求。

对于许多网上商城来说，倾向于把服务范围扩大到同行业的其他相关企业，由此围绕着网上商城就形成了一个“虚拟采购集团”。在互联网条件下，这代表了交易平台发展的方向。因此，本规范考虑把承认网上商城规则的其他采购人纳入网上商城采购人中。其他采购人也应当进行注册并获得批准，同时应接受内部采购人相同的制度约束。

采购人经过注册并经网上商城认证后才可享受相应权利。

（一）关于采购需求

对于大多数国有企业和集团型机构来说，每一个分支机构或附属机构都是为企业集团的总体目标服务的，因而在企业集团的总体战略中承担着相应的任务。采购需求是完成企业集团任务的有机组成部分，采购计划是落实企业集团战略具体实施方案的有机组成部分。因此，对于具体采购人的采购需求和采购计划的制订来说，是一个上下多次沟通的结果。国有企业网上商城从本质上说是企业供应链的表现形式。因而企业集团的采购战略和具体采购人的采购计划就要在网上商城中体现出来，以便网上商城与供应商进行沟通，预先组织货源和相关服务能力，确保满足采购人要求。这是国有企业和集团型机构网上商城与一般的消费品网上商城的重要不同之处。基于上述逻辑，采购人需要在网上商城发布其采购计划和意向。

（二）关于采购计划和采购意向

采购人应将其采购计划预先通知网上商城。实际上网上商城准入管理部门选择供应商的一个重要依据就是采购人的采购计划。网上商城采购模式实际上将采购的计划性放松了。传统的集中采购要求内部采购人提前将采购计划上报采购中心，由于采购中心需要较长的准备时间，反过来要求采购人的采购计划水平较高。否则在此期间如果实际情况发生变化，就会造成很大损失。网上商城采购模式的弹性较大，对于大部分商品，需要的响应时间较短。采购人只要给供应商一定的准备时间即可保证即时供货。采购人应当明确交货时间，并据此时间留给供应商足够的准备时间。采购计划的预先发布带给采购人的最大好处是减少库存。在传统上，库存作为一种采购和生产之间的缓冲发挥着重要作用，但也造成了生产商成本的增加。计划周期越长，计划不确定性越大，库存需求越大，库存成本越高。网上商城在一定程度上增强了计划性、缩短了计划周期，为采购人节约了成本。

即使非生产性的机构，如政府采购，也已经充分认识到了采购计划公布的重要性。2020 年财政部发布了《关于开展政府采购意向公开工作的通知》，2021 年公布了《政府采购需求管理办法》，要求政府采购预先公布采购意向和采购需求，以减少政府采购不确定性、提高计划性。采购计划决定采购什么、采购多少、什么时候采购，而采购标准则决定采购的具体品类和品质。

（三）关于采购规范

采购人在发布计划或采购意向时，应当同时发布采购规范。一个成熟的采购管理体系的基础在于要根据企业的需求建立采购规范体系，使采购人员采购有据。对于生产过程中的采购需求，其采购规范是由生产的技术条件和技术要求决定的。

就具体的采购规范文本来说，包括如下三类。第一类是通用采购规范。这种采购标准的表现形式是通用技术标准，包括国际标准、国家标准、行业标准或地区标准、团体标准。这些标准文本对某一类产品或服务提出了技术要求。经审查后可以作为采购人的采购标准予以公布。第二类是企业标准。是企业根据自己独特的生产技术条件提出的对原料、材料、零件采购的特殊技术要求。在大多数情况下，这类技术标准体现了企业生产的特殊性，是企业竞争力的重要组成部分。一般把这类物品的提供作为企业自制物品保留在企业内部业务流程中。但由于各种原因，完全由企业内部自制也很难做到。特别是在生产全球化时代，由外部生产和加工可能成本更低。因此，这类物品的采购就成为采购人的重点工作。实际中采购人的战略供应商和创新供应商所负责的往往是这类产品的供给。这类产品也往往成为所谓“卡脖子”产品。许多人认为，企业标准相比国际标准、国家标准等层次低，往往不受重视。实际上对采购人来说，按企业标准采购才是最重要的采购行为。由于缺乏通用性，此类采购很难通过公开招标采购完成，而是通过合作谈判进行。网上商城往往成为这类采购业务的执行与履约通道。第三类是工程与服务标准。对这类采购业务来说，采购需求是独一的、特殊的，但供给是充足的、可竞争的。对这类采购标准应尽早公开，这对于吸引足够的供应商进行竞争是十分重要的。

尽管在实践中已经有许多企业和机构开始重视采购标准的制定和公开，但在采购理论中，采购标准问题仍没有获得应有的重视。究其原因在于大规模工业化生产过程中，通用采购标准物化为品牌和产品形态。专用采购标准由企业和供应商长期磨合而存在于供应商和企业之间，甚至成为双方的技术秘密。工程与服务标准由于其一次性的特点而失去了规范化的动力。然而，从现代供应链的角度来看，特别是从数字经济的角度来看，上述供应商和企业的采购关系是粗放的，存在很大的成本优化空间。特别是在网上商城技术平台具备供应的条件下，采购标准的文本化和数字化就成为提升采购效益的重要因素。随着现代工业互联网的发展，将进一步要求不同厂商产品之间的数字化对接和虚拟化生产，采购标准就成为处理不同厂商供应和需求之间经济关系的重要指标。本规范把采购标准和采购规范放在采购的重要地位，着眼于供应商和采购人之间的数字化融合，为未来网上商城和企业供应链的发展提供了条件。

（四）关于请购单

请购单是采购人员实施采购的基本条件。请购单是采购任务单，是采购依据。采购人员应当按照本单位采购管理制度的要求和批准的需求计划、采购计划，填写请购单，并获得批准。就合规性来说，这是采购人合规采购的第一步。在网上商城技术平台上，应设置请购单程序或请购单链接，并记录请购单批准信息。请购单应详细载明拟采购商品与服务的采购技术标准、规格与数量、交付期限、采购模式以及验收方法、付款条件等。

对于一些临时的、应急的采购，有可能不在年度或季度采购计划中，应当在请购单上说明情况并获得批准。对于大多数网上商城合规管理来说，在后续的采购项目审计中，请购单合规性是基础。

二、采购人日常交易操作流程

采购人的日常操作在网上商城的技术平台上进行。从进入确定的采购业务模式进行比价比选开始，到确认订单结束。

7.3　比价与比选

7.3.1　实时价模式中的比价

按实时价模式采购的品类，采购人应在网上商城根据采购标准，按商品和服务名称、品牌、型号、产地、物流、售后等要素进行同类比价，选择适宜的商品和服务。

7.3.2　固定价模式中的比选

按固定价模式采购的品类，如网上商城存在相同产品不同供应商，采购人应根据采购标准对不同厂商的除价格以外的条件进行比选，选择适宜的商品和服务，确定最优采购频次。

7.3.3　定制化模式中的比选

7.3.3.1　按定制化模式采购的品类，采购人应在网上商城相应业务模式发布采购清单，邀请相关品类的准入供应商进行报价，按照请购单确定的比选程序完成比价或竞价。

7.3.3.2　部分品类的采购需在线下完成谈判或磋商的，采购人应将谈判与磋商过程信息上传至网上商城定制化模式的系统中。

7.3.4　自动比价和比选

采购人使用网上商城提供的利用大数据、人工智能等技术进行的自动比价和比选服务，应要求系统提供比价比选规则和比价比选过程信息。采购人自主判断比价比选程序是否符合采购人要求，自主确定是否采信自动比价比选结果。

7.4 选购清单

采购人应按网上商城采购模式要求的选购清单格式，完整填写清单内容。

7.5 审批选购清单

采购人通过审批接口或其他方式，按本单位采购管理审批权限进行选购清单审批，并将审批结果导入网上商城相应系统。

7.6 下单和订单确认

7.6.1 下单

经批准的选购清单成为订单。采购人据此在网上商城下单采购。

7.6.2 订单确认

7.6.2.1 网上商城订单可以系统自动确认，也可以由供应商手工确认。

7.6.2.2 网上商城订单确认后对采购人、网上商城和供应商三方具有约束力，未经订单相对方同意，不应单方面取消或变更订单。

（一）关于比价和比选

网上商城采购模式的好处是在准入阶段已经对供应商进行了筛选。当采购人在网上商城采购时，实际上是在一个已经优化了的市场中进行选择。我们称这个市场为“有限市场”。这个有限市场和别的市场的不同之处在于采购人员可以不用考虑供应商所供商品的基本品质问题，所有入驻的供应商品质都是有保证的。因此，采购人在网上商城的采购选择主要是由非品质因素，如价格、物流以及售后等因素决定的，采购人所做的主要工作就是在不同业务模式中的比价或比选。

一个成熟的网上商城的基本功能就是要将业务模式流程化。采购人员在获得请购单批准后，首先要解决的是进入哪个流程进行比价和比选。

（二）关于实时价比选

进入实时价模式的主要是各个工业品电商平台。就网上商城来说，往往与多个工业品电商平台对接，就同一品类来说可能对接多个平台，因而也可能存在多个价格。即便是实时价模式，对采购人来说也存在比价问题。就集团企业来说，不同地域的分支机构可能由于产品使用条件、物流费用以及其他因素不同而选择不同的品牌。这正是网上商城采购模式为采购人带来的灵活性。

在这种情况下，采购人实际具有一个采购原则和采购标准。在满足技术标准的前提下，按照采购标准对备选商品进行权衡，最终确定一个品牌。在现代数字经济条件下，采购人根据采购标准确定选择品牌的过程可以由网上商城提供的智能化服务来完成，只要采购人输入选择要素和选择标准，网上商城选择服务系统就可以很快形成选择排序供采购人确定。这种方法大大减轻了采购人的选择负担，也使得采购人的合规性表述更加具体化、选择留痕更加清晰。

（三）关于固定价比选

所谓“固定价”，实际上是指在准入阶段就确定的价格。到了内部采购人采购阶段，实际上是采购人落实采购量的合同执行阶段。就单一供应商来说采购人不存在比价的问题，但可以根据企业的生产进度和库存决定每次的采购量和采购频率。由此，单一供应商的固定价比选就转化为基于最终库存的采购量的决策。这涉及供应链管理的基本库存管理，库存确定可参照有关文献深入研究，在此不再赘述。在当前技术条件下，网上商城可以提供最佳批量计算服务。通过这种服务，采购人可以获得较为科学的批量采购建议，从而成为采购人采购合规依据。

在单一供应商固定价模式的大部分情况下，供应商在企业供应链中具有特别重要的位置。这类供应商不是战略供应商就是主要供应商或关键供应商。有可能在其与企业的框架协议中，不仅确定了采购单价，甚至有可能确定了每年必须采购的总量以及分期采购额与分部采购额。在这种情况下，采购人实际上连根据最佳库存确定采购批次和采购量的权利也没有了，完全转化为总部框架协议的分部执行人。与此同时，采购合规的主要责任也转化到了总部，采购人只要做好订单后续的验收与支付工作就可以了。

对于大部分国有企业来说，对同一产品一般倾向于通过集中采购选择 2 ~ 3 个战略供应商，不同的供应商存在可替代性，以避免供应商“卡脖子”风险。这种情况下采购人就存在比选问题了。采购人的比选存在两种机制，一种是基于采购人实际需求的科学比选，即综合考虑条件因素，如物流、仓储、服务等因素，按照相应的数量进行选择，可通过相应计算确定供应商。另一种是制度性选择，现实中可能总部会出于平衡战略供应商的考虑，要求分支机构按一定比例采购不同供应商的产品，或者采取轮替方式选购不同供应商产品。本规范不排斥以上两种比选方式，仅要求在选择时具有相应依据。2022 年发布的《政府采购框架协议采购方式管理暂行办法》可供参考。

（四）关于定制化比选

在网上商城采购定制化商品，是一个十分广泛的概念。所谓定制化采购，就是由采购人提出需求，向供应商定制工程、产品和服务；是采购人利用供应商特有的技能，获得非批量生产标的物。可定制的标的物至少可分成三类，即工程定制、物品定制和服务定制。

就定制化本身来说，我们可以认为所定制的标的物在定制前是不存在的。只是在采购人那里存在一个需求，这个需求可以表现为一幅蓝图，也可以是一份说明书。因此定制的本质是采购人向供应商购买一份特别的服务，或者说是采购人向供应商发出一份邀约以完成一项特别任务。因而定制化本质上是服务采购。

在网上商城的业务模式设定中，定制化模式的业务逻辑是准入机构对企业所需的定制化业务的范围已有充分了解，因而能够预选一批具有相应业务能力的供应商在网上商城待命。当采购人产生了需求时，这些供应商可以立即响应参加竞标。对于限额以上的工程项目，国家要求按照《招标投标法》进行招标。对于限额以下的项目，企业即可在网上商城定制化模式中操作。因而在一些企业的网上商城中，也把定制化模式称作非招标业务。

定制化模式的标的物一般称为项目。其业务流程从项目需求制定开始，即要对定制项目的技术要求、技术指标、完成时限、预算等做出详细说明，然后报相关部门批准，这个阶段相当于请购单阶段。在此之后，采购人要确定采购方式，就企业采购来说，根据定制标的物特性可有4类9种选择方案，即可按照《国有企业采购操作规范》规定的条件确定采购方式。详见表7－1。

表7－1　采购方式及适用条件

序号	采购方式	适用条件
1	公开招标	公开招标应同时具备如下条件：采购需求明确、具有竞争条件、采购时间允许、采购成本合理
2	邀请招标	邀请招标应符合下列条件之一：采购标的因其高度复杂性或专门性只能从数目有限的供应商处获得。审查和评审大量投标书所需要的时间和费用与采购标的的价值不成比例。符合招标条件但不宜采用公开招标方式的采购
3	竞价采购	竞价采购应符合以下条件：采购需求明确、规格型号统一、货源充足、价格稳定或价格形成机制明确
4	询比采购	询比采购应符合下列条件之一：采购需求明确但不符合招标采购条件的工程、货物和服务项目。包括企业内部非必须招标的中小型项目；少数保密性较强而不适合公开招标或邀请招标的工程项目；工程所在地区偏僻而很少有施工单位前来投标的工程项目；招标采购失败后的中小型简单项目；必须招标采购可以不招标且具有竞争条件的中小型简单项目
5	合作谈判	合作谈判应符合下列条件之一：需要长期稳定供应，采用招标或其他方式不可能满足需求的采购；需要和特定供应商当面沟通、交流、协商长期合作的采购
6	竞争谈判	竞争谈判应符合以下条件之一：采购标的存在紧迫需要，采用招标或其他采购程序难以满足实际需要，且该紧急需求非采购人拖延或可以预见所致；发生灾难性事件或有利商机，采用招标或其他采购程序难以满足需要；采用其他采购方式不利于国家安全或企业核心利益
7	竞争磋商	竞争磋商应符合下列条件之一：采购需求只能提出功能性指标和相对宽泛的技术规格，需要和供应商讨论的项目采购；采购项目总体明确但可以由不同路径和方案实现，采购人需要和供应商通过对话确定最优采购路径方案并选择最符合采购人需要的项目采购；大型复杂项目确定采购方案后需要对财务指标谈判的项目采购；必须招标可以不招标或招标失败，合同金额较大的大型复杂项目采购

续　表

序号	采购方式	适用条件
8	单源直接采购	单源直接采购应符合下列条件之一：采购标的只能从某供应商获得，或者某供应商拥有与采购标的相关的专属权，不存在其他合理选择或替代物，也不肯使用其他任何采购方式；生产经营发生了不可预见的紧急情况，不能采用其他方式且只能从某特定供应商采购；采购人原先向某供应商采购货物、设备、技术或服务的，需要与现有货物、设备、技术或服务配套；向某供应商采购符合保护国家基本安全利益或企业核心利益，或者有利于实现国家社会经济政策的采购；采购金额小、需求技术规格简单通用、市场价格透明和竞争度高、可以直接比较和判断选择的采购项目
9	多源直接采购	多源直接采购应符合下列条件之一：企业生产需要、有多家供应商可以提供且不符合招标或其他竞争条件，采购人进行价格邀约，多家供应商承诺并签订合同的采购；货源质量经评估，采购人以质量等级确定价格，采购人和众多供应商签订合同的采购

在实际操作中，对于限额以上的项目，国有企业一般建立专门的电子招标投标系统进行采购。一部分限额以下的重要项目也放在电子招标投标系统进行，而把日常的流程简单的定制化采购放到商城进行。具体怎么分工，企业可根据具体情况确定。但从总体上来说，工程项目不论大小，都属于定制化采购。定制化作为发展趋势如何在网上商城顺利运行是一个值得重点研究的问题。

（五）关于自动比价比选

无论是哪种业务模式，网上商城均可以通过技术手段为采购人提供自动比选服务。本规范鼓励网上商城开展这种服务。但是否采信其比选结果，由采购人自主确定。

（六）关于比价和比选记录

总的来说，网上商城的三种业务模式涵盖了企业的全部采购类型。在网上商城沉淀的数据，反映了企业采购和供应链的全流程信息。企业采购人的所有采购行为，也应当在网上商城的数据中反映出来。这些数据成为采购人采购合规性的证明。

（七）选购清单

选购清单是采购人比价比选的结果。在不同的业务模式下，采购人比价比选的方法不同，但最终的结果都以选购清单的形式表现出来。在实时价模式下，选购清单是不同品牌厂商的比价结果。在固定价模式下，选购清单是采购人确定的采购量清单。而在定制化模式下，如采购人通过招标方式确定定制供应商，选购清单则是中标候选人名单，如采购人通过谈判磋商决定定制供应商，则是谈判或磋商小组的谈判结果。

选购清单应附有比选过程记录和相关材料，以供相关领导审批参考和作为将来审计与检查的资料。

（八）审批选购清单

这是一个采购合规程序。采购人员在完成比价比选后形成的选购清单有三种情况，一是选购清单的品目和价格等与请购单在品目和价格等要求上完全相符。二是部分品目没有完成。三是选购清单上的选购结果超出请购单要求，但在当前情况下又没有更好的选择。除第一种情况外后两种情况必须报有关领导按企业采购程序批准。

部分国有企业规定第一种情况下采购人员可以直接下单。第二种、第三种情况下，采购人员有一定的自由处置权。所有这些情况，都应在企业采购管理办法中明确规定。

在网上商城技术平台上，可按照制度规定以技术方式实现自动审批选购清单，这样可以大大简化审批流程、提高审批效率，进而提高采购效率。

（九）下单和订单确认

下单和订单确认是一件事的两个方面。采购人下单，供应商确认，意味着交易达成。对于一些定制化服务，供应商往往习惯于通过合同确认交易的达成。在网上商城的电子化环境中，也应支持电子合同。采购人与供应商签订的电子合同与订单一样具备法律效力。就业务模式来说，网上商城把订单和电子合同统一作为订单进行管理，网上商城对订单要素进行规范化，合同也应当具有相同的要素。只是这些要素的表述在合同中更灵活一些。熟悉规范的订单和合同要素，是采购人员的基本素质。

三、订单跟踪与支付操作

在确认订单之后，采购人员的主要任务就由达成交易转变成了跟单与完成订单的验收与支付。其主要工作如下：

7.7　商品物流跟踪与定制化项目进程监测

采购人应通过网上商城跟踪订单，了解物流状态和定制化项目进程。当发现异常情况时，可进行催单。

7.8　验收

采购人收到商城订单货物后，应及时验收，并在网上商城填写验收单。

7.9　支付

采购人验收订单和货物一致后，按照订单确定的支付方式和网上商城不同业务模式的支付流程完成支付。

7.10　供应商服务评价

采购结束后，采购人应在网上商城的供应商评价栏目完成对供应商服务的评价。

在网上商城，可以显示订单的运行状态，包括货物所处位置、预计到达目的地时间等。这些信息的整理由供应商平台与网上商城共同完成。当采购人员发现问题，如交付有可能延期影响企业生产时，可以进行催单。在当前我国电子商务条件下，电商平台的物流是基本可以保证的。出问题较多的是供应商自有物流。对于企业来说，由于有些物品存在尺寸大小、防潮、防热、防撞等特殊要求，供应商只能使用自有物流。但自有物流往往覆盖面有限，造成交货期的不确定性增加，采购人员应当特别重视。

另一个需要注意的问题是，除在网上商城达成的交易外，许多企业把其他方式达成的订单也纳入网上商城的跟单与支付程序中。这些项目包括对限额以上项目的招标后跟踪和项目实施记录、外包项目的跟踪与实施，以及其他在网上商城之外达成的交易。这样，对于企业来说，网上商城实际上变成了一个采购全过程业务管理平台。这个平台与企业的生产运营 ERP 平台及销售平台对接，就构成了企业完整的供应链平台。

（一）交货单与验收单

供应商把货物送到采购人指定地点获得交货单，采购人验收合格后出具验收单，交付完成。

对于一般的货物和通用的货物，质量指标相对简单，交货与验收合并，简称交货单。

对生产过程中所需的原材料、中间品和零部件采购来说，验收是一项专业性很强的工作，由专业人员按照相应的技术标准进行验收。按照采购流程的闭环管理模型，采购标准就是验收标准。对采购人来说，又一次显示出采购标准对采购的基础作用。

在现代信息技术条件下，产品验收往往可依托信息系统和各种传感器进行。检验人员利用传感器在现场对各种指标进行测量、检测，相关数据直接进入信息系统，由信息系统通过计算判断交付货物是否合格，自动出具验收单。特定专业的网上商城正在通过工业互联网实现这一点。

支付条件是在订单和合同确定时就定好的，甚至是在框架协议阶段就定好的。采购人员在此阶段并不能做得更多。采购人需要做的是确认供应商的交付是否达到了支付条件所要求的支付节点，即所谓请购单、交货单、验收单三单一致，达到支付节点，同时每个支付节点需要具备相应的清单数据以及交易保证，只要这些条件达到了，就要确保支付。

对于预先支付必须有收货保证和退货自由保证。对于货款预付，需要供应商提供履约担保。对于分期支付，则每期支付需要明确的质量和验收节点。对于验收后支付，则反过来需要买方提供支付担保或融资服务。这样一种在供应商和采购人之间的支付平衡，是保证订单和合同顺利进行的基本条件。

采购人不可一味延期支付，拖延支付义务。因此，在本规范中不仅设定了采购人对供应商的评价，也设定了供应商对采购人的评价。在此之中，支付评价是重要内容。对我国国有企业来说，拖欠供应商货款是一个顽疾，应当引起重视。网上商城作为数字经济条件下的供应链创新，完全有条件处理好这个问题。

（二）供应商服务评价

对供应商服务进行评价，是每个采购人员在完成采购项目时应尽的义务。传统电商往往要求客户对供应商进行不同级别的评价，目的在于促进供应商改进服务，使交易平台进入良性循环的生态。对于网上商城来说，采购人对供应商每次交易的评价不仅是对供应商施加压力，更重要的是要分析企业供应商管理中存在的问题，包括网上商城业务模式和操作流程中存在的问题，使整个采购链进一步优化。因此，本规范设定了一个全面的，包括供应商评价、采购人评价和商城服务评价在内的评价机制，实际上是对以网上商城为中心的采购链效能进行综合评价。采购人对供应商服务的评价主要有如下三个方面：一是产品质量方面，主要关注产品合格率；二是订单响应方面，主要看响应速度；三是物流方面，主要考虑按时交货率。在交付和支付完成之后，这些单项交易的数据都可获得。如果数据全部上网的话，这些指标甚至可以迅速得到。就网上商城技术平台来说，也应当具备这种能力。

四、本章小结

本章主要对《规范》关于采购人操作流程的内容进行说明。这部分内容就是许多采购专家所谈论的“小采购”的内容，也是传统的基本采购业务内容。网上商城技术平台把这部分内容流程化、规范化，不仅大大节约了采购部门的劳动量，使采购部门专注于采购战略，即“大采购”。更重要的是当这些具体的采购业规范化、数字化之后，才能为大采购决策提供数据，为大采购奠定基础。因此，对任何企业来说，做好小采购或者说利用好网上商城的采购模式和采购流程，都是十分重要的。

网上商城的三种采购模式是大采购战略的具体体现，是大采购战略的落地方式。本规范把供应商选择纳入准入机构的能力范围，但供应商确定之后的分类、分期、分步实施仍要依靠网上商城。网上商城的三种业务模式本质上是与供应商的分类相对应的。习惯上把网上商城仅仅当作对接电商平台的一种合规手段，这种认识是不正确的。网上商城可以容纳所有类型的供应商。即平台供应商对应实时价模式，战略供应商和主要供应商对应固定价模式，工程和服务供应商对应定制模式。采购人在熟悉这些模式的同时，也就把日常的小采购和企业采购的大战略结合起来了，企业的采购战略也就落到了实处。

网上商城提供了一个所有项目的订单执行机制，采购信息在网上商城数据库中集中起来，事实上形成了采购人的采购大脑，用以分析物流、资金流和信息流数据。采购人可以利用网上商城，监督所有采购项目的执行，并基于这些数据和记录优化采购制度和采购流程，使采购人进入数字化时代。

五、案例

案例一：筑龙公司的智能物料和智能比价

主编按语：近年来，电子商务飞速发展，国有企业“互联网＋”改革浪潮势不可挡，网上商城就是在新技术背景下，在传统企业采购基础上演变而来的一种新型采购模式。传统的网上商城模式已经无法满足国有企业多元化业务场景发展，现阶段网上商城是以用户为中心、以采购管理为导向，围绕目录化采购、非目录化采购、计划性采购等业务场景，承接协议供货、定点采购、批量集中采购等多种采购模式。本文结合深圳阳光采购商城实践案例，分析商城建设难点、总结商城建设经验，与大家一起分享探究智能物料在商城建设过程中发挥的重要作用。

本文基于国有企业网上商城发展现状，结合深圳阳光采购商城实际情况，充分了解国有企业采购部门需求，开展商品标准化管理架构研究，实现多方电商在线协同比价，同时建立统一标准的商品库，智能化建立关联映射关系，开展智能比价模型应用，分析多维比价模式，合理制定比价属性权重和规则，应用智能物料识别技术提取商品属性标签，为商城比价提供思路和方向，为后续搭建统一的商品价格库提供智能化基础。

一、背景分析

为进一步提高物资采购集中管控能力，为需求单位提供更加多样化、高效快捷的采购渠道，着力降低低值、高频、多样需求的采购实施成本，深圳交易集团于2020年搭建了深圳阳光采购网上商城，经过一年多试运行，针对商城采购中建设的难点和问题进行梳理总结如下。

（一）各需求单位采购物资种类繁多，运营方与各家电商签订的框架协议商品范围不一致，同类商品由于供货方不同，商品规格、属性、型号不一致，导致商城的商品数据很难形成统一的数据标准与数据规范，增加了运营审核商品的工作量。例如，针对办公用品这个类别，晨光和得力在此商品分类下的二级、三级定义也千差万别，各家电商对同一个商品定义的编码和型号各不相同，造成商品检索不清晰、商品价格难提取。

（二）由于商品数据标准化、精细化程度不高，企业要想通过各家电商商品编码、商品规格、商品属性实现多家电商在线比价、同类商品智能寻源、商品价格实时监测，就必须建立统一的商品编码体系，引入智能物料识别技术和大数据算法，制定比价规则和计算逻辑，解决因商品特性不同、比价属性权重不均衡等原因造成的价格风险难掌控的问题。

二、商城建设

深圳阳光采购网上商城是在集团战略管控模式下，紧紧围绕集团招标采购业务总体规划，以价值创造为导向、以目标牵引和创新发展为驱动，借助数字化技术，协同供应链上下游，充分挖掘采购数据价值，激活数据要素潜能，实现采购场景可视化、业务自动化、数据智慧化，持续提升企业的核心竞争力。采购商城业务流程如图7－1所示。

网上商城业务流程包括采购准备、采购前、采购中、采购后四大阶段。

准备阶段：主要完成商城首页的配置与商城供方资源引入。商城配置包括组织机构设置、账号权限开通、审批流设置。供方资源引入主要包括框架

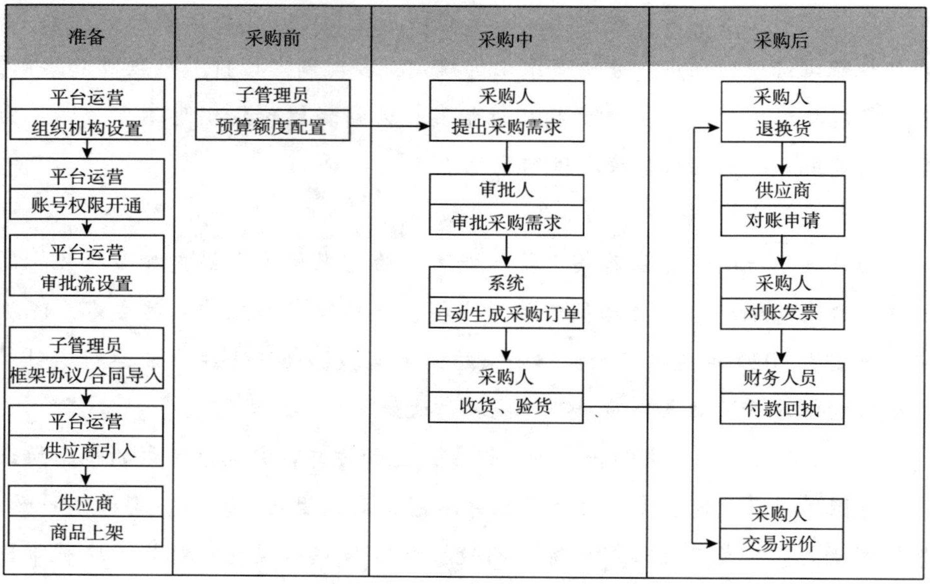

图7－1　采购商城业务流程

协议/合同导入，供应商根据对应的协议、合同清单内容上架权限范围内的商品。

采购前阶段：主要完成预算额度配置工作。采购预算完成创建和审批，然后由子管理员导入平台。

采购中阶段：主要完成供应商与商品选择、下单、收货、验货工作。可通过采购商城、选比价两种方式确定供应商与商品。系统自动生成订单，供应商线上完成发货，各需求方分别收货、验货。

采购后阶段：主要完成售后、结算、付款与评价工作。验货完成后，各采购需求方可对本次交易进行评价。如需退货、换货、维修，可通过售后处理。系统自动完成对账，供应商开具发票后，系统自动生成结算单，财务人员完成付款后，可将付款回执导入平台。

以下重点对智能物料在“采购准备阶段”和“采购中阶段”的深度应用及相关智能技术进行详细介绍。

三、智能物料深度应用

根据深圳交易集团业务规划和网上商城物资采购需求，北京筑龙信息技术有限责任公司基于京东商城多年运营经验，对国有企业商品标准化管理难题和商城比价需求进行研究分析，结合筑龙标准物料库、智能物料识别技术和价格比对分析模型，在深圳阳光采购网上商城“采购准备阶段”和“采购中阶段”落地了商品标准化应用和商品智能比价应用，有效解决了企业采购流程烦琐、采购效率低下等难题，有利于帮助采购人合理选择采购商品，帮助集团优化采购流程，加快推进深圳交易集团采购商城电商化、数字化、智慧化建设进程。

（一）商品标准化应用

深圳阳光采购网上商城商品标准化应用以商品标准体系为基础，建立商品库管理，通过供应商选取商品上架实现与商城门户详情页的同步展示，丰富商城商品库，同时引入智能物料识别技术，实现商品编码与物料（主数据）SKU 编码的自动化关联映射，解决深圳交易集团对于物料管理的多平台颗粒度不同，需要人工手动映射的问题，从而帮助集团优化采购流程，提升物料管理水平。

1. 商品标准体系

为满足商城采购的需求，需要对商品进行科学的分类，在本案例中，深圳阳光采购网上商城商品标准体系包括了商品目录标准化和商品属性标准化。通过层级化目录和结构化特征形成商品组合，可以使商品配置、商品属性更加清晰明了，同时丰富商品内容和采购方式，使企业采购过程更加规范高效。

2. 商品库管理

商品库主要对商品的目录、品牌、属性、价格等信息进行维护管理，供应商基于统一的商品库进行商品售卖。

（1）商品目录管理：可设置统一的商品属性和属性值，便于供应商上架管理商品。

（2）商品品牌管理：基于商品标准体系构建标准化的品牌库。可根据实际需求添加、禁用、启用相应品牌。

（3）商品属性管理：商品分类的属性和属性值管理。

（4）商品价格管理：商品价格信息维护功能，供应商可根据商品的具体情况对商品价格进行维护管理，价格数据会用于商城自动比价比选功能中。

3. 商品上下架管理

商品上下架管理主要支持实体供应商、电商等多种供应商的商品上下架管理。

供应商在选取商品上架时，需按照网上商城的标准业务流程进行操作。应从标准化目录层级分类中选取商品名称，同时添加商品品牌，在选取规格特征时需先选取特征项，再选取特征值。对于标准商品库中没有的规格特征描述，应支持供应商自定义创建特征项和特征值，建议仅限当前供应商上架使用。

商品上架流程完成后，运营中心会按协议对准入商品的信息进行审核，审核通过后即可在供应商店铺详情页同步展示供应商上架销售的商品记录。

4. 商品编码映射

商城商品上架后会自动生成一条商品编码，此编码会与物料 SKU 编码建立关联关系，保证物料编码在不同业务平台的唯一流转。

采用智能物料识别技术可实现对供应商新上架商品形成的编码进行标签提取和自动化映射，免去人工手动映射对应关系的工作量。通过判断不同目录分类体系之间对同种物料的应用差异，排除不同形式描述的同种物料数据，避免出现一物多名、一码多物的问题，同时方便深圳交易集团整合数据资源构建统一的物料价格分析体系。

（二）商品智能比价应用

深圳阳光采购网上商城商品智能比价应用是基于“大数据 + 云计算 + 微服务架构”，实现同商品不同供应商比价和同商品历史采购价比价的应用服务。采购人选择（查找）商品后，通过采购方式的选择进入比价模式，网上商城按照合理比价逻辑的权重规则，计算最低和最优比价结果推送给采购人，商城会将电商和供应商的商品统一纳入商品比价池中，实现实体、电商海量数据同时在线比价，帮助采购人货比“三家”，采购人可根据比价结果自主选购。

1. 商品比价智能检索

（1）支持采购人在商城门户首页手工录入检索信息对比价商品进行模糊检索。

（2）支持采购人通过商品目录直接搜索需要采购的商品。

（3）系统提供历史搜索记录、热门搜索关键词，可快速发起商品搜索。

2. 商品比价智能分析

深圳阳光采购网上商城运用大数据技术通过商品关键词建立同类商品池，运用人工智能技术基于商品名称、品牌、型号、价格、销量等要素制定比价权重和推送规则。

（1）同一商品多家供应商比价：系统根据检索商品的 SKU 找到对应的商品目录分类，同时通过智能物料识别技术将此分类中涵盖的 SKU 进行汇集形成同类商品池，分析这些 SKU 的品牌、商品规格属性等数据，根据指定的比价属性（包括型号、价格、销量等）及其所占比价权重，计算比价商品的相似度。

（2）同一商品历史采购价比价：系统根据检索商品的 SKU 查找历史采购记录，从时间维度对采购价格进行分析，同时从供应商维度进行价格深度分析，通过智能物料识别技术对供应商供应物料进行结构化、标准化处理，实现同一商品标签与不同供应商之间的横向比对，从而为采购人选择供应商提供标准，也为后续搭建统一的价格库提供基础。

3. 商品比价结果展示

商品比价结束后，需要将比价结果推送给采购人决策。比价结果展示页面支持从介绍、历史报价、同类商品推荐等维度全方位展示商品详情，包括图片、售价、库存、商品参数、评价等信息。根据商品价格、品牌销量或订单成交数量择优排序对采购方进行智能引导，最终确定几款最优商品呈现给采购人，从而提升采购效率。

（三）智能物料在网上商城的应用意义

商品标准化相关应用在深圳阳光采购网上商城落地以来，商城内商品建立了统一的数据标准和数据规范，解决了商品目录标准化、精细化管理难题，极大地减少了运营审核的工作量。随着商品库不断丰富，借助智能识别映射技术实现了多家供应商与商品的匹配推荐和解决了多平台编码映射问题。

与此同时，商品智能比价应用在商城落地后，建立了商品比价智能检索、商品比价智能分析、商品比价结果展示等应用模块，实现了网上商城自动比价服务，解决了因商品特性不同、比价属性权重不均衡等原因造成的价格风险难掌控的问题，随着电商资源的不断引入，商品资源不断拓展，实现了实体、电商海量数据同时在线比价，帮助深圳交易集团更加合理地制定比价依据，把控采购决策风险。

（作者：北京筑龙信息技术有限责任公司　胡玥、刘懿颍、蔚嘉）

案例二：高德地图的物流优化服务

高德是中国领先的数字地图内容、导航和位置服务解决方案提供商。高德软件有限公司拥有导航电子地图制作甲级测绘资质、互联网地图服务甲级测绘资质等多个甲级测绘资质，其优质的电子地图数据库成为公司的核心竞争力。高德公司专注地图数据制作 18 年，累计申请专利超过 1000 件，授权超过 400 项，是国家高新技术企业和国家规划布局内重点软件企业。

高德地图在国内拥有超过 7000 万活跃的 POI 位置点数据，覆盖超过 650 万公里的道路里程，超过 400 种的道路属性，以及覆盖超过 3500 万的地址库数据。提供全国 100% 地级城市以及其他各类共 360 多个城市和所有高速公路的实时交通路况，实现分钟级更新。

高德地图开放平台为超过 30 万的移动应用提供位置服务，拥有海量的数据处理能力，高德日均处理定位及路径规划请求上千亿次，为用户提供位置服务。为国内 90% 的出行 App 提供地图、导航和路径规划服务，为 80% 的主流社交应用提供精准位置功能以及地理围栏服务，为市场上 98% 的智能安全设备提供定位能力。

高德自 2018 年开始面向物流行业提供位置服务，为物流企业客户在供应链管理及运输管理系统层面，提供基于订单管理、运输计划、车辆监控、物流配送等多场景的位置服务的行业解决方案。国内超千家的物流客户使用高德地图物流行业 API 服务，推动企业由信息化向数字化转型建设，目前服务物流行业头部客户超 50 家，主要涉及企业物流、快递快运、车货匹配、网络货运、即时配送、物流科技等。

物流业务场景方案如下。

1. 物流路线优化

（1）路线规划流程。

· 路线计算：根据订单的起终点为客户提供合理的路线规划（Route）。

· 驾车导航：提供路线上的指引播报信息，供导航指引播报引擎（TBT SDK）使用，在司机导航过程中，提供路况更新、偏航时路线重算、静默算路等支持。

（2）引擎算路流程。

· 抓路：把起终点的“点”匹配至路网（link）上。

· 召回：计算起终点之间“代价”较小的路线集合。

· 排序：引入多维度信息，给召回集合结果打分（rank）。

· 过滤：保留最终得出的路线结果，平衡质量和多样性。

· 数据加载：在数据内存结构建立的基础上，数据后台定时刷新一次限行、禁行、UGC、躲避拥堵路段等与时间强关联的数据信息。

（3）CBR 算法。CBR 基于网格预处理的算路算法，在国内大范围道路规划预处理过程中，解算出全局最优解。

（4）货车路线规划能力。货车限行种类：客观限制（道路客观条件产生的限宽、限高、限重）和政策限行（行政部门规定的限制），路径规划时会根据传入参数分别处理。

（5）货车车辆限行识别功能。用户请求参数中，支持通过上传特定参数，控制是否需要开启车辆限行功能，控制参数为路径下发 province 和 number，并允许传入车牌详情、车辆类型、车辆高度、车辆宽度、车辆重量、车辆轴数、车辆核载，以计算限行策略，避开限行区域。

（6）货车区域避让功能。用户请求参数中，支持通过上传特定参数，控制是否需要开启区域避让功能，控制参数为 avoidpolygons。允许传入 100 个避让区域和 1 条避让道路，规划时避开。

2. 物流公司选择

运输计划和订单管理。包括订单信息，记录客户下单信息、货运信息及运输起止地的地理位置信息。

按物流公司具体报价模块（里程、重量、容积等）筛选物流运力。

· 根据订单信息及运输货物信息，按类型、重量、体积筛选可用运力车型。

· 根据可用运力车型对应物流公司运输报价进行横向比对。

· 结合高德地图货车路径规划在线 API 接口，按订单运输起止地点进行行驶距离计算。

3. 物流费用计算

· 用户在算路 API 接口输入订单起、止地点，查询路径并估算通行费。

· 高德地图根据起、止地点做行驶路径规划。

· 高德地图根据基础信息匹配结果，按行驶顺序抽取每条路径的收费单元及预计通过时间。

· 高德地图将车辆信息、入/出口信息、通行收费单元信息请求内部数据服务，预估通行费。

· 服务系统将各省计费模块预估结果合并、汇总，经服务网关反馈至高德地图并通过接口提供平台进行订单成本核算。

4. 物流跟踪监测

运输车辆监测主要依赖高德猎鹰服务实现，包括以下五个部分：

围栏判定：支持自定义圆形、多边形、路线等围栏，支持轨迹与围栏的实时判断，并进行预警推送，支持通过围栏进行空间搜索的能力。猎鹰地理围栏是一个虚拟的空间围栏，可以帮助客户检测人或物何时进入或离开预定区域，并支持实时报警功能。适用于追踪观测某对象是否在预期的空间范围内。

轨迹纠偏：针对定位偏移、定位缺失、定位间隔大等情况造成的轨迹异常，提供基于路网和路径规划的轨迹纠偏补路功能，可将偏移点纠正到正确的道路上，呈现连贯、平滑的轨迹。服务包括轨迹的上传和管理、轨迹的查询及纠偏。其中轨迹查询及纠偏包括经纬度点、里程、时间等信息。查询策略支持如下两种方式：查询某条指定轨迹，指定服务 id、终端 id、轨迹 id，查询指定的轨迹信息，单次最多查询一条轨迹；查询指定终端特定时间下的所有轨迹，指定服务 id、终端 id，并设置查询的时间间隔，查询该时间范围内的所有分段轨迹数据。

驾驶信息分析：针对纠偏后的轨迹，分析行驶的里程、时间、通行 ETC 费用等基础信息。同时支持分析超速、偏航、急加速、急减速、急转弯、异常停留等驾驶行为。支持两条轨迹重合度对比。

轨迹收费计算：轨迹收费计算接口是基于客户上传的一段轨迹信息，结合轨迹所在道路各段的收费标准，分析计算出路线准确收费的服务。

轨迹行为分析："猎鹰"对轨迹数据进行分析和处理，输出有深度的、有实际应用价值的分析结果，通过此接口开放给客户。轨迹行为分析目前包含三大块内容：

· 驾驶行为分析：急加速、急减速（刹车）、急转弯、超速行为。

· 停留点分析：停留次数、停留坐标、停留点地址描述、停留起始时间、停留时长。

· 轨迹重合度分析：轨迹重合度分析用于判断两条轨迹的重合率。应用于物流行业绕路判定、出行行为相似性判定等场景。

（作者：高德公司　刘浩）

六、补充资料：关于开展采购意向和采购需求管理

主编按语：采购人的采购意向和采购需求管理是网上商城管理部门的重要工作，关系到商城持续运营。目前，在国家对国有企业的采购意向和采购需求管理没有统一要求的情况下，2021 年财政部出台的《财政部关于开展政府采购意向公开工作的通知》和《政府采购需求管理办法》就成了最具参考价值的文件。网上商城可参照该文件探索各自的采购意向和需求管理模式。

（一）《财政部关于开展政府采购意向公开工作的通知》（后附原文）

1. 采购意向信息公开的基础是部门预算

所谓意向，是指对待或处理某事物的活动，其表现为欲望、愿望、希望、

谋虑等行为，也称为意图。采购意向信息虽然只是一个意图，但它的公开也不能随心所欲。

采购意向信息内容应来源于部门预算，也就是说，采购意向信息的内容应与部门预算（政府采购预算）相一致，其公开的内容只能多于或大于部门预算，不能“偷工减料”，否则采购意向信息公开就没有实际意义，因为部门预算也是要公开的。

那么，部门预算、采购意向和采购实施计划三者的关系如何？是否重复？部门预算、采购意向和采购实施计划是政府采购活动过程中不可或缺的三个重要步骤，其内容的侧重点不同，法律效应也不同。部门预算是基础，是采购意向信息的来源，但采购意向内容中采购需求的信息量更大，更便于供应商读懂或了解。采购实施计划是依据采购意向编制的具体的采购实施方案，是落实采购意向的方案，其内容更具体更便于实施。

部门预算的采购信息侧重于告诉人大代表，采购意向的信息侧重于告诉供应商，采购实施计划则主要告诉采购代理机构和监管部门。

2. 采购意向信息公开的内容有法规要求

《财政部关于开展政府采购意向公开工作的通知》（以下简称《通知》）明确，采购意向信息公开的内容，除以协议供货、定点采购方式实施的小额零星采购和由集中采购机构统一组织的批量集中采购外，按项目实施的集中采购目录以内或者采购限额标准以上的货物、工程、服务采购均应当公开采购意向。

《通知》规定，采购意向信息公开的内容应当包括采购项目名称、采购需求概况、预算金额、预计采购时间等，其中，采购需求概况应当包括采购标的名称、采购标的需实现的主要功能或者目标、采购标的数量，以及采购标的需满足的质量、服务、安全、时限等要求。还有几个信息十分重要，它关系供应商决定是否参与政府采购活动，也关系到采购活动的竞争性和采购价格。

一方面是采购人的联系人以及联系方式。有些采购项目越早介入就越能做到知己知彼，方可求胜。

另一方面是采购项目开工、完工的时间或工期的要求。开工、完工的时间涉及供应商安排工期，对采购成本有一定影响。

另外还包括资金的支付方式或支付比例、支付时间。

这些直接关系采购项目的报价，供应商对此都十分关注。所以，采购意向应当尽可能清晰完整，便于供应商提前做好参与采购活动的准备。

3. 采购意向信息公开的形式应规范统一

既然采购意向作为必须公开的重要的政府采购信息，其公开的形式也应做到全国规范统一。

关于公开的主体。虽然《通知》规定采购意向由预算单位负责公开，但还是应该由主管预算单位汇总本部门、本系统所属预算单位的采购意向，实行集中公开为好，便于供应商获得。

关于公开的媒体。公开的媒体应为中国政府采购网，可在该网上开辟专栏，即采购意向信息公开专栏，并分省区市专栏，便于供应商查询。如各主管预算单位有自己的门户网站，也应开辟专栏，用于公开本部门、本系统的采购意向。同时，也可在省级以上财政部门指定的其他政府采购信息发布媒体上同步公开，以扩大信息传播范围，从而让更多的供应商了解到该信息。

关于公开的模式。可按政府采购品目分类的标准进行，这样更便于供应商在海量的政府采购信息中分类获取。

在公开的时间方面。《通知》虽然要求“原则上不得晚于采购活动开始前30日公开采购意向”，但采购人不能都“踩点”公开，不然采购意向信息公开的意义不大。原则上讲，部门预算下达后的一个月内即可公开采购意向信息。

此外，“不可预见”条款不可随意使用。虽然《通知》规定，因预算单位不可预见的原因急需开展的采购项目，可不公开采购意向。但为了保证采购意向信息公开工作落到实处，“不可预见”情况应与《政府采购法》及其实施条例的解释相一致。采购人不可滥用该条款而规避公开采购意向信息。

（二）财政部《政府采购需求管理办法》（后附原文）

财政部《政府采购需求管理办法》（以下简称《办法》）已出台，据相关人士介绍，《办法》的出台，主要是为加强政府采购需求管理，实现政府采购项目绩效目标。《办法》共6章、44条。

《办法》指出，政府采购需求管理是指采购人组织确定采购需求和编制采购实施计划，并实施相关风险控制管理的活动。采购需求管理应当遵循科学合理、厉行节约、规范高效、权责清晰的原则。采购人对采购需求管理负有主体责任，主管预算单位负责指导本部门采购需求管理工作。

根据《办法》，采购需求是指采购人为实现项目目标，拟采购的标的及其需要满足的技术、商务要求。

《办法》规定，采购需求应当符合法律法规、政府采购政策和国家有关规定，符合国家强制性标准，遵循预算、资产和财务等相关管理制度规定，符合采购项目特点和实际需要。采购需求应当依据部门预算（工程项目概预算）确定。

《办法》称，四类项目应当开展需求调查：一是1000万元以上的货物、服务采购项目，3000万元以上的工程采购项目；二是涉及公共利益、社会关注度较高的采购项目，包括政府向社会公众提供的公共服务项目等；三是技术复杂、专业性较强的项目，包括需定制开发的信息化建设项目、采购进口产品的项目等；四是主管预算单位或者采购人认为需要开展需求调查的其他采购项目。

《办法》同时明确，编制采购需求前一年内，采购人已就相关采购标的开展过需求调查的可以不再重复开展。

《办法》规定，采购需求客观、明确的采购项目，采购需求中客观但不可量化的指标应当作为实质性要求，不得作为评分项；参与评分的指标应当是采购需求中的量化指标，评分项应当按照量化指标的等次，设置对应的不同分值。价格因素应当按照相关规定确定分值和权重。采购项目涉及后续采购的，如大型装备等，要考虑兼容性要求。可以要求供应商报出后续供应的价格，以及后续采购的可替代性、相关产品和估价，作为评审时考虑的因素。

根据《办法》，需由供应商提供设计方案、解决方案或者组织方案，且供应商经验和能力对履约有直接影响的，如订购、设计等采购项目，可以在评审因素中适当考虑供应商的履约能力要求，并合理设置分值和权重。需由供应商提供设计方案、解决方案或者组织方案，采购人认为有必要考虑全生命周期成本的，可以明确使用年限，要求供应商报出安装调试费用、使用期间能源管理、废弃处置等全生命周期成本，作为评审时考虑的因素。

《办法》还规定了风险控制、监督检查与法律责任等内容。该办法自2021年7月1日起施行。

《财政部关于开展政府采购意向公开工作的通知》（财库〔2020〕10号）

各中央预算单位，各省、自治区、直辖市、计划单列市财政厅（局），新疆生产建设兵团财政局：

为进一步提高政府采购透明度，优化政府采购营商环境，根据《深化政府采购制度改革方案》和《财政部关于促进政府采购公平竞争优化营商环境的通知》（财库〔2019〕38号）有关要求，现就政府采购意向公开有关工作安排通知如下：

一、高度重视采购意向公开工作

推进采购意向公开是优化政府采购营商环境的重要举措。做好采购意向公开工作有助于提高政府采购透明度，方便供应商提前了解政府采购信息，对于保障各类市场主体平等参与政府采购活动，提升采购绩效，防范抑制腐败具有重要作用。各地区、各部门要充分认识此项工作的重要意义，高度重视、精心组织，认真做好采购意向公开工作。

二、关于采购意向公开工作推进步骤

采购意向公开工作遵循“试点先行，分步实施”的原则。2020年在中央预算单位和北京市、上海市、深圳市市本级预算单位开展试点。对2020年7月1日起实施的采购项目，中央预算单位和北京市、上海市、深圳市市本级预算单位应当按规定公开采购意向。各试点地区应根据地方实际尽快推进其他各级预算单位采购意向公开。其他地区可根据地方实际确定采购意向公开时间，原则上省级预算单位2021年1月1日起实施的采购项目，省级以下各级预算单位2022年1月1日起实施的采购项目，应当按规定公开采购意向；具备条件的地区可适当提前开展采购意向公开工作。

三、关于采购意向公开的主体和渠道

采购意向由预算单位负责公开。中央预算单位的采购意向在中国政府采购网（www. ccgp. gov. cn）中央主网公开，地方预算单位的采购意向在中国政府采购网地方分网公开，采购意向也可在省级以上财政部门指定的其他媒体同步公开。主管预算单位可汇总本部门、本系统所属预算单位的采购意向集中公开，有条件的部门可在其部门门户网站同步公开本部门、本系统的采购意向。

四、关于采购意向公开的内容

采购意向按采购项目公开。除以协议供货、定点采购方式实施的小额零星采购和由集中采购机构统一组织的批量集中采购外，按项目实施的集中采购目录以内或者采购限额标准以上的货物、工程、服务采购均应当公开采购意向。

采购意向公开的内容应当包括采购项目名称、采购需求概况、预算金额、预计采购时间等，政府采购意向公开参考文本见附件。其中，采购需求概况应当包括采购标的名称，采购标的需实现的主要功能或者目标，采购标的数量，以及采购标的需满足的质量、服务、安全、时限等要求。采购意向应当尽可能清晰完整，便于供应商提前做好参与采购活动的准备。采购意向仅作为供应商了解各单位初步采购安排的参考，采购项目实际采购需求、预算金额和执行时间以预算单位最终发布的采购公告和采购文件为准。

五、关于采购意向公开的依据和时间

采购意向由预算单位定期或者不定期公开。部门预算批复前公开的采购意向，以部门预算“二上”内容为依据；部门预算批复后公开的采购意向，以部门预算为依据。预算执行中新增采购项目应当及时公开采购意向。采购意向公开时间应当尽量提前，原则上不得晚于采购活动开始前30日公开采购意向。因预算单位不可预见的原因急需开展的采购项目，可不公开采购意向。

六、工作要求

各中央预算单位要加强采购活动的计划性，按照本通知要求及时、全面公开采购意向。各中央主管预算单位应当做好统筹协调工作，及时安排部署，加强对本部门所属预算单位的督促和指导，确保所属预算单位严格按规定公开采购意向，做到不遗漏、不延误。

各省级财政部门要根据本通知要求抓紧制定具体工作方案，对本地区采购意向公开工作进行布置，着重加强对市县级预算单位政府采购意向公开工作的指导，并在中国政府采购网地方分网设置相关专栏，确保本地区各级预算单位按要求完成采购意向公开工作。

各地区、各部门要认真总结采购意向公开工作中好的做法和经验，对推进过程中遇到的新情况、新问题，要研究完善有关举措，并及时向财政部反映。财政部将结合政府采购透明度评估工作，对采购意向公开情况进行检查并对检查结果予以通报。

特此通知。

附件：政府采购意向公开参考文本

（单位名称）______年______（至）______月

政府采购意向

为便于供应商及时了解政府采购信息，根据《财政部关于开展政府采购意向公开工作的通知》（财库〔2020〕10号）等有关规定，现将（单位名称）______年______（至）______月采购意向公开如下：

序号	采购项目名称	采购需求概况	预算金额（万元）	预计采购时间（填写到月）	备注
	填写具体采购项目的名称	填写采购标的名称，采购标的需实现的主要功能或者目标，采购标的数量，以及采购标的需满足的质量、服务、安全、时限等要求	精确到万元	填写到月	其他需要说明的情况
	……				
	……				

本次公开的采购意向是本单位政府采购工作的初步安排，具体采购项目情况以相关采购公告和采购文件为准。

（单位名称）

年　月　日

《政府采购需求管理办法》

第一章　总　则

第一条　为加强政府采购需求管理，实现政府采购项目绩效目标，根据《中华人民共和国政府采购法》和《中华人民共和国政府采购法实施条例》等有关法律法规，制定本办法。

第二条　政府采购货物、工程和服务项目的需求管理适用本办法。

第三条　本办法所称政府采购需求管理，是指采购人组织确定采购需求和编制采购实施计划，并实施相关风险控制管理的活动。

第四条　采购需求管理应当遵循科学合理、厉行节约、规范高效、权责清晰的原则。

第五条　采购人对采购需求管理负有主体责任，按照本办法的规定开展采购需求管理各项工作，对采购需求和采购实施计划的合法性、合规性、合理性负责。主管预算单位负责指导本部门采购需求管理工作。

第二章　采购需求

第六条　本办法所称采购需求，是指采购人为实现项目目标，拟采购的标的及其需要满足的技术、商务要求。

技术要求是指对采购标的的功能和质量要求，包括性能、材料、结构、外观、安全，或者服务内容和标准等。

商务要求是指取得采购标的的时间、地点、财务和服务要求，包括交付（实施）的时间（期限）和地点（范围），付款条件（进度和方式），包装和运输，售后服务，保险等。

第七条　采购需求应当符合法律法规、政府采购政策和国家有关规定，符合国家强制性标准，遵循预算、资产和财务等相关管理制度规定，符合采购项目特点和实际需要。

采购需求应当依据部门预算（工程项目概预算）确定。

第八条　确定采购需求应当明确实现项目目标的所有技术、商务要求，功能和质量指标的设置要充分考虑可能影响供应商报价和项目实施风险的因素。

第九条　采购需求应当清楚明了、表述规范、含义准确。

技术要求和商务要求应当客观，量化指标应当明确相应等次，有连续区间的按照区间划分等次。需由供应商提供设计方案、解决方案或者组织方案的采购项目，应当说明采购标的的功能、应用场景、目标等基本要求，并尽可能明确其中的客观、量化指标。

采购需求可以直接引用相关国家标准、行业标准、地方标准等标准、规范，也可以根据项目目标提出更高的技术要求。

第十条　采购人可以在确定采购需求前，通过咨询、论证、问卷调查等方式开展需求调查，了解相关产业发展、市场供给、同类采购项目历史成交信息，可能涉及的运行维护、升级更新、备品备件、耗材等后续采购，以及其他相关情况。

面向市场主体开展需求调查时，选择的调查对象一般不少于 3 个，并应当具有代表性。

第十一条　对于下列采购项目，应当开展需求调查：

（一）1000 万元以上的货物、服务采购项目，3000 万元以上的工程采购项目；

（二）涉及公共利益、社会关注度较高的采购项目，包括政府向社会公众提供的公共服务项目等；

（三）技术复杂、专业性较强的项目，包括需定制开发的信息化建设项目、采购进口产品的项目等；

（四）主管预算单位或者采购人认为需要开展需求调查的其他采购项目。

编制采购需求前一年内，采购人已就相关采购标的开展过需求调查的可以不再重复开展。

按照法律法规的规定，对采购项目开展可行性研究等前期工作，已包含本办法规定的需求调查内容的，可以不再重复调查；对在可行性研究等前期工作中未涉及的部分，应当按照本办法的规定开展需求调查。

第三章　采购实施计划

第十二条　本办法所称采购实施计划，是指采购人围绕实现采购需求，对合同的订立和管理所做的安排。

采购实施计划根据法律法规、政府采购政策和国家有关规定，结合采购需求的特点确定。

第十三条　采购实施计划主要包括以下内容：

（一）合同订立安排，包括采购项目预（概）算、最高限价，开展采购活动的时间安排，采购组织形式和委托代理安排，采购包划分与合同分包，供应商资格条件，采购方式、竞争范围和评审规则等。

（二）合同管理安排，包括合同类型、定价方式、合同文本的主要条款、履约验收方案、风险管控措施等。

第十四条　采购人应当通过确定供应商资格条件、设定评审规则等措施，落实支持创新、绿色发展、中小企业发展等政府采购政策功能。

第十五条　采购人要根据采购项目实施的要求，充分考虑采购活动所需时间和可能影响采购活动进行的因素，合理安排采购活动实施时间。

第十六条　采购人采购纳入政府集中采购目录的项目，必须委托集中采购机构采购。政府集中采购目录以外的项目可以自行采购，也可以自主选择委托集中采购机构，或者集中采购机构以外的采购代理机构采购。

第十七条　采购人要按照有利于采购项目实施的原则，明确采购包或者合同分包要求。

采购项目划分采购包的，要分别确定每个采购包的采购方式、竞争范围、评审规则和合同类型、合同文本、定价方式等相关合同订立、管理安排。

第十八条　根据采购需求特点提出的供应商资格条件，要与采购标的的功能、质量和供应商履约能力直接相关，且属于履行合同必需的条件，包括特定的专业资格或者技术资格、设备设施、业绩情况、专业人才及其管理能力等。

业绩情况作为资格条件时，要求供应商提供的同类业务合同一般不超过2个，并明确同类业务的具体范围。涉及政府采购政策支持的创新产品采购的，不得提出同类业务合同、生产台数、使用时长等业绩要求。

第十九条　采购方式、评审方法和定价方式的选择应当符合法定适用情形和采购需求特点，其中，达到公开招标数额标准，因特殊情况需要采用公开招标以外的采购方式的，应当依法获得批准。

采购需求客观、明确且规格、标准统一的采购项目，如通用设备、物业管理等，一般采用招标或者询价方式采购，以价格作为授予合同的主要考虑因素，采用固定总价或者固定单价的定价方式。

采购需求客观、明确，且技术较复杂或者专业性较强的采购项目，如大型装备、咨询服务等，一般采用招标、谈判（磋商）方式采购，通过综合性评审选择性价比最优的产品，采用固定总价或者固定单价的定价方式。

不能完全确定客观指标，需由供应商提供设计方案、解决方案或者组织方案的采购项目，如首购订购、设计服务、政府和社会资本合作等，一般采用谈判（磋商）方式采购，综合考虑以单方案报价、多方案报价以及性价比要求等因素选择评审方法，并根据实现项目目标的要求，采取固定总价或者固定单价、成本补偿、绩效激励等单一或者组合定价方式。

第二十条　除法律法规规定可以在有限范围内竞争或者只能从唯一供应商处采购的情形外，一般采用公开方式邀请供应商参与政府采购活动。

第二十一条　采用综合性评审方法的，评审因素应当按照采购需求和与实现项目目标相关的其他因素确定。

采购需求客观、明确的采购项目，采购需求中客观但不可量化的指标应当作为实质性要求，不得作为评分项；参与评分的指标应当是采购需求中的量化指标，评分项应当按照量化指标的等次，设置对应的不同分值。不能完全确定客观指标，需由供应商提供设计方案、解决方案或者组织方案的采购项目，可以结合需求调查的情况，尽可能明确不同技术路线、组织形式及相关指标的重要性和优先级，设定客观、量化的评审因素、分值和权重。价格因素应当按照相关规定确定分值和权重。

采购项目涉及后续采购的，如大型装备等，要考虑兼容性要求。可以要求供应商报出后续供应的价格，以及后续采购的可替代性、相关产品和估价，作为评审时考虑的因素。

需由供应商提供设计方案、解决方案或者组织方案，且供应商经验和能力对履约有直接影响的，如订购、设计等采购项目，可以在评审因素中适当考虑供应商的履约能力要求，并合理设置分值和权重。需由供应商提供设计方案、解决方案或者组织方案，采购人认为有必要考虑全生命周期成本的，可以明确使用年限，要求供应商报出安装调试费用、使用期间能源管理、废弃处置等全生命周期成本，作为评审时考虑的因素。

第二十二条　合同类型按照民法典规定的典型合同类别，结合采购标的的实际情况确定。

第二十三条　合同文本应当包含法定必备条款和采购需求的所有内容，包括但不限于标的名称，采购标的的质量、数量（规模），履行时间（期限）、地点和方式，包装方式，价款或者报酬、付款进度安排、资金支付方式，验收、交付标准和方法，质量保修范围和保修期，违约责任与解决争议的方法等。

采购项目涉及采购标的的知识产权归属、处理的，如订购、设计、定制开发的信息化建设项目等，应当约定知识产权的归属和处理方式。采购人可以根据项目特点划分合同履行阶段，明确分期考核要求和对应的付款进度安排。对于长期运行的项目，要充分考虑成本、收益以及可能出现的重大市场风险，在合同中约定成本补偿、风险分担等事项。

合同权利义务要围绕采购需求和合同履行设置。国务院有关部门依法制定了政府采购合同标准文本的，应当使用标准文本。属于本办法第十一条规定范围的采购项目，合同文本应当经过采购人聘请的法律顾问审定。

第二十四条　履约验收方案要明确履约验收的主体、时间、方式、程序、内容和验收标准等事项。采购人、采购代理机构可以邀请参加本项目的其他供应商或者第三方专业机构及专家参与验收，相关验收意见作为验收的参考资料。政府向社会公众提供的公共服务项目，验收时应当邀请服务对象参与并出具意见，验收结果应当向社会公告。

验收内容要包括每一项技术和商务要求的履约情况，验收标准要包括所有客观、量化指标。不能明确客观标准、涉及主观判断的，可以通过在采购人、使用人中开展问卷调查等方式，转化为客观、量化的验收标准。

分期实施的采购项目，应当结合分期考核的情况，明确分期验收要求。货物类项目可以根据需要设置出厂检验、到货检验、安装调试检验、配套服务检验等多重验收环节。工程类项目的验收方案应当符合行业管理部门规定的标准、方法和内容。

履约验收方案应当在合同中约定。

第二十五条　对于本办法第十一条规定的采购项目，要研究采购过程和合同履行过程中的风险，判断风险发生的环节、可能性、影响程度和管控责任，提出有针对性的处置措施和替代方案。

采购过程和合同履行过程中的风险包括国家政策变化、实施环境变化、重大技术变化、预算项目调整、因质疑投诉影响采购进度、采购失败、不按规定签订或者履行合同、出现损害国家利益和社会公共利益情形等。

第二十六条　各级财政部门应当按照简便、必要的原则，明确报财政部门备案的采购实施计划具体内容，包括采购项目的类别、名称、采购标的、采购预算、采购数量（规模）、组织形式、采购方式、落实政府采购政策有关内容等。

第四章　风险控制

第二十七条　采购人应当将采购需求管理作为政府采购内控管理的重要内容，建立健全采购需求管理制度，加强对采购需求的形成和实现过程的内部控制和风险管理。

第二十八条　采购人可以自行组织确定采购需求和编制采购实施计划，也可以委托采购代理机构或者其他第三方机构开展。

第二十九条　采购人应当建立审查工作机制，在采购活动开始前，针对采购需求管理中的重点风险事项，对采购需求和采购实施计划进行审查，审查分为一般性审查和重点审查。

对于审查不通过的，应当修改采购需求和采购实施计划的内容并重新进行审查。

第三十条　一般性审查主要审查是否按照本办法规定的程序和内容确定采购需求、编制采购实施计划。审查内容包括，采购需求是否符合预算、资产、财务等管理制度规定；对采购方式、评审规则、合同类型、定价方式的选择是否说明适用理由；属于按规定需要报相关监管部门批准、核准的事项，是否作出相关安排；采购实施计划是否完整。

第三十一条　重点审查是在一般性审查的基础上，进行以下审查：

（一）非歧视性审查。主要审查是否指向特定供应商或者特定产品，包括资格条件设置是否合理，要求供应商提供超过 2 个同类业务合同的，是否具有合理性；技术要求是否指向特定的专利、商标、品牌、技术路线等；评审因素设置是否具有倾向性，将有关履约能力作为评审因素是否适当。

（二）竞争性审查。主要审查是否确保充分竞争，包括应当以公开方式邀请供应商的，是否依法采用公开竞争方式；采用单一来源采购方式的，是否符合法定情形；采购需求的内容是否完整、明确，是否考虑后续采购竞争性；评审方法、评审因素、价格权重等评审规则是否适当。

（三）采购政策审查。主要审查进口产品的采购是否必要，是否落实支持创新、绿色发展、中小企业发展等政府采购政策要求。

（四）履约风险审查。主要审查合同文本是否按规定由法律顾问审定，合同文本运用是否适当，是否围绕采购需求和合同履行设置权利义务，是否明确知识产权等方面的要求，履约验收方案是否完整、标准是否明确，风险处置措施和替代方案是否可行。

（五）采购人或者主管预算单位认为应当审查的其他内容。

第三十二条　审查工作机制成员应当包括本部门、本单位的采购、财务、业务、监督等内部机构。采购人可以根据本单位实际情况，建立相关专家和第三方机构参与审查的工作机制。

参与确定采购需求和编制采购实施计划的专家和第三方机构不得参与审查。

第三十三条　一般性审查和重点审查的具体采购项目范围，由采购人根据实际情况确定。主管预算单位可以根据本部门实际情况，确定由主管预算单位统一组织重点审查的项目类别或者金额范围。

属于本办法第十一条规定范围的采购项目，应当开展重点审查。

第三十四条　采购需求和采购实施计划的调查、确定、编制、审查等工作应当形成书面记录并存档。

采购文件应当按照审核通过的采购需求和采购实施计划编制。

第五章　监督检查与法律责任

第三十五条　财政部门应当依法加强对政府采购需求管理的监督检查，将采购人需求管理作为政府采购活动监督检查的重要内容，不定期开展监督检查工作，采购人应当如实反映情况，提供有关材料。

第三十六条　在政府采购项目投诉、举报处理和监督检查过程中，发现采购人未按本办法规定建立采购需求管理内控制度、开展采购需求调查和审查工作的，由财政部门采取约谈、书面关注等方式责令采购人整改，并告知其主管预算单位。对情节严重或者拒不改正的，将有关线索移交纪检监察、审计部门处理。

第三十七条　在政府采购项目投诉、举报处理和监督检查过程中，发现采购方式、评审规则、供应商资格条件等存在歧视性、限制性、不符合政府采购政策等问题的，依照《中华人民共和国政府采购法》等国家有关规定处理。

第三十八条　在政府采购项目投诉、举报处理和监督检查过程中，发现采购人存在无预算或者超预算采购、超标准采购、铺张浪费、未按规定编制政府采购实施计划等问题的，依照《中华人民共和国政府采购法》《中华人民共和国预算法》《财政违法行为处罚处分条例》《党政机关厉行节约反对浪费条例》等国家有关规定处理。

第六章　附　则

第三十九条　采购项目涉及国家秘密的，按照涉密政府采购有关规定执行。

第四十条　因采购人不可预见的紧急情况实施采购的，可以适当简化相关管理要求。

第四十一条　由集中采购机构组织的批量集中采购和框架协议采购的需求管理，按照有关制度规定执行。

第四十二条　各省、自治区、直辖市财政部门可以根据本办法制定具体实施办法。

第四十三条　本办法所称主管预算单位是指负有编制部门预算职责，向本级财政部门申报预算的国家机关、事业单位和团体组织。

第四十四条　本办法自2021年7月1日起施行。

第八章　网上商城技术平台

网上商城的全部服务基于网上商城技术平台。技术平台的功能决定了网上商城服务是否到位，技术平台的数据集是否完备决定了网上商城的业务流、资金流能否得到完备记录和持续改进。基于此，网上商城在建构技术平台时，就需要从交易主体、业务模式，交易流程、履约过程，以及技术平台支撑体系各个方面进行研究，通过技术平台实现《规范》要求。《规范》第四章对网上商城技术平台提出了基本要求，本书作者根据该要求提出了细化内容。但本章内容不是对规范的解释，是作者对网上商城技术平台的建议。

一、交易主体和交易集聚功能

如同所有交易平台一样，网上商城的首要功能是把交易主体，包括供应商及其商品和服务的数据集聚在技术平台上，形成数据空间。有集聚才有交易。

1. 交易主体数据集聚功能

具有供应商准入功能和退出功能。网上商城应提供供应商准入对接、入驻、测试和退出功能。支持供应商按框架协议主动接入和自动审核功能。支持供应商主动退出和基于失信原因强制退出功能。支持接入和退出的审批流程、审批记录以及审批的追溯与查询。

建立供应商数据库。网上商城应建立统一的供应商数据库，实现信息的统一编码、统一管理和数据共享。供应商准入信息见《规范》附录 A。

进行供应商信息分类。网上商城供应商数据库应支持多维度分类。包括按企业类型、企业性质、企业规模、行业等进行分类。宜采用框架表示法和知识图谱。

进行供应商信息分级。网上商城数据库应支持按供应商信用等级分级管理。

供应商是网上商城的主动方。供应商需先行展示自己，实现供应商数据汇集，然后再由采购人选择。

（1）关于供应商准入与退出功能。

在网上商城业务架构中，供应商不可以自由进入和退出。在进入网上商城之前，供应商需要与准入机构达成一致并签订框架协议。因此网上商城应具备供应商注册、审核及准入功能，形成供应商注册程序，包括审批流程和审批结果记录，并支持各种查询。这是供应商合规的基本记录。就供应商选择程序来说，目前有两种做法。一种是将供应商选择作为网上商城的功能，纳入网上商城业务流程。由此形成完整的采购链数字化体系。另一种是把供应商选择程序单独建立一个平台，如电子招标投标交易平台。网上商城不负责选择供应商，仅仅采用管理部门提供的供应商选择结果。《规范》设定的网上商城业务起点从供应商注册开始，不直接在网上商城执行供应商选择过程。在实际中，如有必要网上商城可以通过系统对接处理。网上商城只是根据准入协议的内容将供应商定位于不同的业务模式中，展示其产品和服务。供应商作为交易主体，需在网上商城填报信息。附录A中规定了供应商需填报的主要信息。其包括8类信息。

供应商准入信息（《规范》附录A）

基本信息：供应商唯一代码、供应商名称、联系人、手机号、邮箱等。

企业信息：供应商类别、法人代表、注册资本、统一社会信用代码等。

银行账户信息：开户行、开户名、账号、银行联行号、账户属性等。

业绩信息：业绩名称、类型、合同名称、编号、签订日期、金额、业主单位、证明人及联系方式等。

资质信息：资质名称、等级、资质证书名称、编号、有效期、发证机构等。

认证信息：认证名称、认证标准、认证范围、证书有效期、认证机构等。

开票信息：发票抬头、发票类型、纳税人识别号、开户银行、账号等。

通信信息：通信地址 、电话、联系人、手机号等。

在现代大数据和人工智能的技术条件下，我们应当从新的角度看待供应商信息。即从供应商知识的角度看待这些数据。要将供应商数据看成一种关于供应商的知识表示。因此，规范并没有规定数据格式等传统数据表示方法，而是给网上商城平台设计者更大的创新空间。

（2）关于供应商数据处理。

框架表示法和知识图谱是知识表示的两种结构化方法。

框架（frame）表示法是一种描述所论对象属性数据结构的方法。一个框架由若干个被称为“槽”（slot）的结构组成，每一个槽又可根据实际情况划分为若干个侧面（facet）。一个槽用于描述所论对象某一方面的属性。一个侧面用于描述相应属性的一个方面。槽和侧面所具有的属性分别被称为槽值和侧面值。在一个用框架表示知识的系统中一般都会有多个框架，一个框架含有多个不同槽，不同的侧面，分别用不同框架名、槽名及侧面名表示。对于框架、槽或侧面，都可以为其附加上一些说明性的信息，一般是一些约束条件，用于指出什么样的值才能填入槽和侧面中去。

在框架表示法中，通过使“槽值”与另一个框架的名字建立联系，由此建立起不同框架之间的关系。这样，在框架网络中，下层框架可以继承上层框架的槽值，也可以进行补充和修改，不仅减少了知识的冗余，而且较好地保证了知识的一致性。

框架表示法中框架的内容一般由主体填写，形成了关于主体的基础性知识。但在互联网条件下，这种由主体填写的信息对于人们了解供应商是远远不够的。

知识图谱和知识卡片通过在互联网上更广泛的搜索建立的关于主体的更详细的概念和关系，就显得更为重要。知识图谱以结构化的形式描述客观世界中的概念和实体间的复杂关系，将互联网信息表达为更接近人类认知世界的形式，为供应商信息的整合提供了一条新的路径。知识图谱的最初形式是知识卡片（knowledge card）。传统搜索引擎把包含用户搜索关键字的页面作为搜索结果返给用户，而知识卡片旨在为用户提供更多与搜索内容相关的信息，为具体的概念或实体提供详细的结构化摘要，即为用户找到最想要的信息，提供最全面的摘要以及让搜索具有深度和广度。同时，还可具有一定的推理能力，来建立不同主体和概念之间的关系。

供应商知识图谱为采购人了解供应商提供了新的途径，有了知识图谱，对供应商的了解不再局限于供应商的自我申报信息，而是依赖于供应商的综合表现。知识图谱为供应商进行了全面画像。同时，立足于一种专业领域，也可以在供应商知识图谱的基础上，发现和建立供应商的专业形象图谱。对采购领域来说，就是对供应商在特定供应链上的专业定位。

（3）供应商专业分级。

所谓供应商专业分级，主要指的是供应商在相关供应链上的层级和信用等级。在网上商城中，在知识图谱的基础上，构建一个供应商专业形象图谱，是对供应商评价的深化，也可以成为网上商城的一项服务。

由此，供应商知识框架、供应商知识卡片和知识图谱、供应商专业形象图谱以及供应商的交易记录，就构成了一套完整的供应商知识体系。建立供应商知识体系，对供应商进行全面动态评估，是以前的供应商选择过程中的难点，在没有互联网和平台技术的条件下是不可能的。同样，也可以通过建立产品图谱，用于对产品和服务的评价。

2. 商品和服务集聚功能

建立商品和服务数据库。网上商城应支持建立统一的商品和服务数据库，支持按照业务模式、业务板块、服务范围构建多个独立的商品和服务数据库。网上商城商品和服务准入清单基本内容见《规范》附录 B。

按品类制订商品目录。网上商城应提供树形结构的多层级商品分类管理功能，后台维护，前台展示，支持导入导出和交叉分类。商城类目应分前台类目和后台类目，前台类目与后台类目通过映射关系进行配置，一个前台类目可以包含多个后台类目，一个后台类目也可以映射给多个前台类目。

按业务模式制订商品目录。网上商城应支持按照业务模式划分商品池。每种业务模式或者商城频道可以拥有独立的分类目录，并可通过前台导航类目与后台类目的映射关系进行灵活配置。

建立统一的商品和服务代码。网上商城应建立统一的商品和服务代码。网上商城商品和服务代码编制规则参见《规范》附录C。

网上商城的交易标的物主要是商品和服务。这些商品和服务在准入阶段就已完成了界定，即确定了供应商可以进入网上商城的品类。

（1）关于商品和服务数据库。

网上商城重视如下几个方面的基础数据：首先是供应商数据，其次是商品和服务数据，最后是动态交易数据。《规范》提出了对建立数据库的要求，但不要求具体的数据库的形式，只提出分类要求，即需要满足使用要求。实际上，近几年，随着大数据和云计算的发展，数据库的概念和技术已发生了巨大变化。商品和服务数据库建构也必须适应技术的变化，适应以结构化数据为主的数据库向以非结构化和半结构化为主的数据库的转变。

（2）关于产品和服务目录。

准入商品和服务实际上是网上商城商品和服务目录。商品和服务目录按照一定的数据格式在网上商城的网页中显示出来为上架。取消显示为下架。

其实，上架和下架的概念是超市特有的概念。商品在超市上架，意味着产品进入消费者的选择范围，具有了面向消费者的机会。下架就意味着从消费者视野中消失，失去了销售机会。在网上商城发展的初期，很多情况下都模仿了超市的概念和做法。对于一般消费品来说，网上商城所展示的商品是消费者早已熟知的东西，所显示的品牌形象也是消费者熟悉的。因而当消费者在网络上看到一个商品的目录或者其品牌形象时，很自然地就会和其早已知悉的东西进行匹配。因此，消费品网上商城的商品的标识可以是比较简单的，只需将线下搬到线上就可以了，在此过程中，消费者的认知是没有障碍的。网上商城在向工业品进发的过程中，首先从人们熟悉的办公用品、劳保用品等与生活消费品接近的领域开始，以目录和品牌显示的方式进入买主视野。由此，首先是一批以消费性工业品为主的工业品电商发展起来。毫无疑问，这是一个巨大的市场。工业品电商的出现，为企业供应链的改善打开了一条新路。但换个角度看，工业品电商的这种做法也意味着这些电商平台并没有进入真正的产业领域，实际上是在消费品和工业品的交界处徘徊，因而也难以成为产业互联网的主流。这就提出了一个重要问题：真正的产业互联网应当是什么样？如果说现实中的产业是链条状的，是供应商或供应链网络形成的体系，那它们在数字化和虚拟化的平台上应当是什么样？其平台模型应当是什么样？

在编制《规范》过程中，我们对上述问题进行了深入研究，基本的认识是，网上商城借用超市概念而来的“上架”和“下架”的概念仍然是可用的，但此“架”非彼“架”。

商品和服务上架本质上是交易标的物的符号化集聚。按照《交易平台经济学》的研究，标的物的符号化集聚通常有两种形式。一种叫类聚，即同类商品在一个数据空间的集聚。这种集聚体现在实践中，就是各种电商平台上消费性商品的集聚形式。另一种集聚叫合聚，即具有相关关系的商品和服务集聚在一个数据空间。这种集聚的实践形式就是我们在本书研究的企业网上商城。可以说，集聚在网上商城的所有商品和服务都是企业供应链的一部分，互相之间具有相应的比例关系和整合关系。这是企业网上商城与其他数据空间的根本不同。因此，对网上商城“上架”的技术平台也就有了特别的要求。

由于网上商城采购人的封闭性和确定性，网上商城对商品和服务需求的品类和数量实际上是可预测的。同时，由于准入供应商商品和服务的品类也是确定的，因而从原理上说，网上商城可以在供需之间计算出一种平衡关系，实现网上商城这种有限市场的均衡。由于网上商城的供需是符号化的而非实物化的，因而这种均衡是一种预先均衡，或称为计划均衡。很显然，这种预先均衡可以为采购人和供应商的生产经营提供指导。因此，就要求网上商城技术平台具有这种预测和均衡计算的能力。随着技术的发展，这种计算能力应当越来越精准，最终成为指导供应商和采购人的精准计划。这种计划的周期可以不断缩短，适应市场的变化。

对于网上商城存在的完整的供应链，上架商品和服务实际上是供应链的一部分。在这个完整的供应链中，必然存在着品类的结构问题，存在着供应时序问题和库存问题。这样的供应链体系要求网上商城技术平台提供供应链的匹配能力，即要在上架商品和服务中进行组合，并结合特定企业的技术和产能，计算出采购链的最优组合和配置，成为真正的资源配置平台。与消费品交易平台不考虑目标的均衡相比，基于供应链的网上商城的均衡更加精细有效。同时，网上商城的供应链匹配能力，可以作为网上商城技术平台的能力向其他企业输出，进而成为超越个别企业供应链的专业供应链服务中心，同时为多个企业提供服务，进一步提升网上商城的资源集聚能力。由此，我们可以看到一个良性循环机制正在形成。网上商城供应链专业服务→生成更多供应链→吸引更多商品和服务上架集聚→形成更多供应链→吸引更多商品和服务。在这种情况下，供应链就从生产中独立出来了，成为交易平台的独有能力，而生产则成为企业基于专业供应链的创新能力的增值环节。这正是当代互联网条件下所要引起的生产方式变革的路径。尽管在当前还没走到这一步，但企业网上商城的出现，就是迈向这种新的生产方式的第一步。

在这种新的生产方式下，企业竞争的含义就发生了根本性的变化。首先，对于生产企业来说，基于标准的供应链平台，一个专业领域的供应链很容易获得供给，在这种专业供应链存在的情况下，企业的不同就不再是供应链的不同，而在于基于这种供应链的技术和管理的创新，实际上使企业回归到了创新本质。创新产品最终要回归到对最终消费的创新。其次，对供应链上提供基本物品的企业来说，一个供应链必然要求供应的冗余。冗余的大小依靠供应链平台的均衡估计。数字化供应链平台竞争本质上是在冗余产能情况下的供应竞争。这时候，在一个网上商城平台上的竞争就是局部的均衡，或称之为“域均衡”。因此传统经济学基于完全竞争理论所假设的“市场完全出清”是不可能的。为了防止供应链的偶然中断，供应冗余是必需的。风险竞争就成为冗余竞争，必然有一部分产能闲置，这是为保持供应链稳定所必需的牺牲。

从以上分析我们看到，商品和服务上架，实际上是商品和服务在网上商城平台的集聚，这种集聚数量的多少，取决于网上商城技术平台是否能够形成供应链扩张。在初始情况下，网上商城必然是由一个企业发起的。《规范》设定，发起网上商城的是具有一定规模的集团型企业，这是网上商城的第一阶段。在此阶段，网上商城只能是服务于本集团的一个职能部门。这个阶段十分重要，对于形成网上商城成熟的业务模式并被其他企业所共享是十分有利的。当网上商城有能力吸引其他企业的采购链加入时，网上商城就成为一个独立的自我发展的实体，前述的供应链扩张才得以实施，供应链循环才得以形成。《规范》主要对网上商城发展的初期单一企业的网上商城交易集聚进行规范，特别是对相关的基础数据进行规范。

网上商城商品和服务准入清单基本内容（《规范》附录B）

准入商品或服务名称及代码。

准入商品或服务的供应商名称及代码。

准入商品或服务的技术属性：包括准入商品或服务的商标、规格、型号、技术参数、技术指标等。

准入商品或服务的商业属性：包括准入商品或服务的定价模式、账期、支付条件等。

供应商属性：包括供应商的住址、经济性质、供货能力、配送能力与范围、售后服务能力等。

其他属性：包括框架协议有效期、上架时间、下架时间等。

（3）关于统一商品和服务编码。

统一的商品和服务编码，实际上是为数据库中的商品和服务赋予一个唯一性标识。具体来说，就是对标志该商品和服务属性的一系列数据设定一个唯一标识，可以说一个编码对应着唯一的一组商品与属性。因此，编码数据对于在搜索中唯一确定一个商品很重要。

一般来说，对商品和服务编码有两种方法。一种是意义码，即对编码的不同位赋予不同的意义，每个位的赋码遵循确定的规则。这种编码可以采用计算机赋码。另一种是无意义码。无意义码的好处是节省数码资源，但需要一个赋码中心。这两种赋码方法相比较，在网上商城中，意义码对单一商城的商品和服务来说操作简单，容易实施，但如果要在不同商城之间通用，则采用意义码的困难较大。因此，对于应用范围较大的编码，则需要一个赋码中心，赋值无意义码。当前在全球通行的商品条码，本质上是无意义码。所有商品码需要国际物品编码组织赋码。在我国，药品也进行集中赋码，推行一品一码。对于工业品，我国曾经制定过全国产品编码标准，但没有实施。在网上商城进一步普及后，是否应当建立全国统一的工业品编码机制，有待深入研究。

《规范》推荐建立与商品条码一致的网上商城商品和服务代码编制规则。

网上商城商品和服务代码编制规则（《规范》附录C）

网上商城应赋予每种商品和服务一个唯一不变的代码。属于《商品条码管理办法》管理的商品应按国家规定申请条形码。

C.1 商品和服务界定

网上商城采购商品和服务指一个机构生产或提供的具有特定名称、规格、包装及其他技术属性的单种物品或单项服务。

C.1.1 代码结构

网上商城商品和服务代码由13位数字本体代码和1位数字校验码组成。

C.1.2 赋码

网上商城商品和服务代码采用系列顺序码或顺序码，由网上商城或网上商城共享数据中心负责统一赋码、维护和管理。

C.2 代码表示形式

网上商城商品和服务代码由本体代码和校验码依次连接而成，不留空格，其表示形式如图C.1所示。

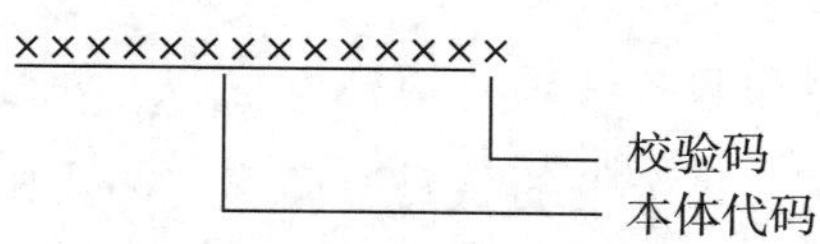

图C.1　代码的表示形式

C.3 校验方法

校验码用于校验本体代码的正确性，其计算方法如下：

第一步：按照由右至左的顺序，确定代码中包括校验码在内的各位代码的位置序号（校验码的代码位置序号为1，其他由右至左依次为2，

3，……，14）；

第二步：从代码位置序号为2的位置开始，求所有偶数位代码的和；

第三步：将第二步的和乘以3；

第四步：从代码序号为3的位置开始，求除了代码位置为1的其他所有奇数位代码的和；

第五步：将第三步与第四步的结果相加；

第六步：如果第五步所得的和的个位数为零，则校验码为零；如果第五步所得的和的个位数不为零，则用“10”减去第五步所得的和的个位数，所得差为校验码。

C.4 校验码计算实例

以计算本体代码为8358210987461的校验码为例，表C.1给出该例中的校验码、代码位置序号、偶数位和奇数位的关系。

表C.1　校验码计算示例

													校验码
代码位置序号	14	13	12	11	10	9	8	7	6	5	4	3	2	1
代码实例	8	3	5	8	2	1	0	9	8	7	4	6	1	X
偶数位	8		5		2		0		8		4		1	
奇数位		3		8		1		9		7		6		

该例中的校验码计算步骤如下：

（1）$1+4+8+0+2+5+8=28$

（2）$28\times3=84$

（3）$6+7+9+1+8+3=34$

（4）$84+34=118$

（5）$10-8=2$

因此，该例中的校验码为2，即表中的X值为2。

网上商城建设是一个持续过程。在建设的初期，由于企业内部部门的协调问题，或者企业领导的认识问题，许多企业难以把全部供应链和采购链放在网上，往往抱着试一试的心理，先行在网上商城开展一些直接采购业务。

最简便的方法就是直接在网上商城对接电商平台。在这种情况下，企业网上商城实际上完成了企业采购人进入社会化电商的一个流量入口，企业采购人仅仅是电商的一个采购客户，所有下单、物流和交付都在电商品平台上进行。企业网上商城并没有充分发掘出供应链的作用，更无法发展成独立的采购职能。然而，正是企业的这种初步尝试，极大地刺激了社会工业品电商的发展，为企业网上商城的深入发展打下了基础。《规范》从尊重历史的角度，并不排斥企业在网上商城发展初期的这种尝试。在某种程度上说，这种尝试是完全必要的。正是这种尝试，开启了企业供应链的电子化、数字化和智慧化进程。广大企业从这种尝试中获得了知识，获得了经验，为下一步网上商城的发展打下了坚实的基础。

二、业务模式的技术实现

网上商城应按《规范》第 5 章的要求构建技术平台的业务模式，按第 6 章、第 7 章的要求构建每种业务模式的操作流程，确保每种业务模式的完整性、操作流程的便捷性、功能的完备性和数据的准确性。

网上商城发展的基础就在于它根据采购业务的特点，利用互联网技术实现了模式化，在技术上搭建了不同业务模式的科学流程，把采购合规性和采购效率结合起来，统一在了流程中。

业务模式是对某一些具有共同采购特性的业务的标准流程的电子化实现。近年来，国家有关部门根据不同项目的采购特性，已经陆续颁布了一系列采购法律法规和技术规范，包括《招标投标法》《电子招标投标办法》《政府采购法》以及《国有企业采购操作规范》《国有企业采购管理规范》等。尽管这些法律法规和技术规范的适用对象不同，有些并不适用于国有企业和集团企业的采购，但所规定的采购流程和技术要求是有通用性的。网上商城在设计采购业务模式时可以参考，同时把企业的适用制度加入，形成适用于本企业的网上商城采购模式和流程。

1. 关于实时价采购业务模式的搭建

实时价模式的适用范围与《国有企业采购操作规范》中的直接采购方式

的适用范围相似，因此，实时价模式设计应参考直接采购的流程并根据电子化的特点适当进行归并。归并后的流程本身的合规性需经过专家评审，再作为标准模式投入使用。

实时价模式的基本要素有两条。一是管理部门与平台型供应商签订的协议确定准入品类和实时价折扣。二是采购人在实际采购时按电商平台的实时价折扣定价。这种模式的核心是如何确定电商平台实时价的合理性。实际中的处理方法是寻找一个实时价参考值作为标准。一种方法是参考该电商平台面向社会的销售价。另一种方法是双方确定选择几个第三方平台价格的平均值作为参考值。前者在技术处理上较为简单，但有可能存在价格虚高的漏洞。后者技术处理较为复杂，需要即时调整某些平台的价格信息并进行处理，但相对来说，价格漏洞较少，对于国有企业严监管条件下的采购来说，具有较高合规性。

当前，已经有相当一批国有企业的网上商城采用了实时价模式，在采购的便利性和效率方面都取得了很大进步。同时许多机构也在研究跨平台比价技术，可以为实时价模式提供支持。本章的案例提供了智能比价的一些做法，可供读者参考。

2. 关于固定价采购业务模式的搭建

固定价业务模式看似简单，实际上是非常复杂也是常用的采购业务模式。所谓的固定价从何而来？固定价是准入阶段谈判的结果。因此，就网上商城来说，我们可以把一切在上架前已经确定单价或总价，在网上商城履约的都看成固定价采购模式。这样，在固定价条件下，网上商城的作用实际上是商品和服务的分发、分包，资源配置以及执行保证。也可以说，固定价采购是框架采购模式，即在准入框架协议阶段确定价格和总额，在第二阶段确定具体供应商和具体交易合同。在网上商城实施框架协议有更重要的意义，即网上商城建立起了供应商和用户之间的直接联系，不仅可以大大节约采购成本，同时又克服了集中采购中普遍存在的供应与用户需求脱节、交付延迟等问题。此外，固定价模式很好地解决了集中采购和分散使用的矛盾，因而成为企业主供应链采购的主要方式，在主要材料、零件以及固定资产采购中占有重要地位。固定价业务模式设计应是网上商城（电子商务）技术平台的核心。

固定价模式设计考虑如下两种情况。一种情况是设计全过程固定价模式。即把供应商寻源与合同履约作为一个完整流程进行设计。如当采用电子招标的方式确定供应商时，实际上是把招标选择供应商和供应商履约作为一个全过程采购履约业务进行设计的。目前，电子招标投标系统正在强化其履约功能，就是在走向这个模式。另一种情况是把寻源采购与履约分开。这是网上商城设定的模式，即网上商城并不要求在确定框架协议时以电子化方式进行，只要求在履约时使用网上商城技术平台。这种情况，重点强调的是所有履约项目具有共性，可以在一个平台上完成计划、跟踪监测和交付过程。本规范主要考虑第二种情况下的模式设计。这样，固定价的模式设计就成为依据合同要求进行物资分发的交易流程设计和履约过程设计。

固定价模式设计的基础是框架协议。在框架协议的基础上，网上商城技术平台要考虑开发相应的优化算法，在分支机构中对供应商的资源进行分配，包括供应商资源在不同时间、不同分支机构之间的分配方法和优化方法。

更为重要的是，固定价模式构成了一个企业供应链的主干。在这个主要的供应链条中，不同供应环节的风险管理更为重要。在国有企业经营的影响因素中，供应链风险因素已经变得越来越重要。特别是近几年来，国际经济形势动荡不定，越来越多的企业供应链安全问题日益凸显。固定价模式及其风险防范功能对供应链的可持续性尤其重要。因此，在固定价模式设计中如何对风险提出预警，管理和控制风险，成为网上商城技术平台一项重要任务。

总之，网上商城固定价模式设计打破了原来对固定价的刻板认识，从供应链主体性和可持续性的保证上下功夫，为用户的供应链安全作出实质性贡献。

3. 关于定制化模式的搭建

随着数字经济的发展，无论是在消费环节还是在生产环节，对个性化产品和服务的需求日益旺盛。消费品需求的个性化，必然引起对生产过程中产品的定制化。近几年，定制化已经成为许多企业无法回避的新课题。外包往往成为企业解决个性化定制问题的有效手段。因此，定制化采购模式也就越来越重要。

定制化模式要求企业在准入阶段预先选定一批具有特定能力的供应商进

入网上商城，当企业各分支机构有了确定需求时再在网上商城供应商中二次确定合同供应商。因此，二次确定供应商的过程就可以在第一次准入结果的基础上简化。从程序上说，网上商城应当构建多种不同的定制化程序，以适应不同的项目需求。

在建构定制化程序时，应按照《国有企业采购操作规范》规定的采购程序以电子化方式进行流程化。这些程序包括简化的招标程序、竞价采购程序、合作谈判程序、竞争谈判程序、竞争磋商程序、询比采购程序、直接采购程序。

有些企业把上述除招标外的采购方式统称为非招标采购程序纳入网上商城技术平台，实际上就是顺应了当前定制化发展的潮流。

定制化业务模式本质上是服务业务模式。相对来说，由于定制化需求变化频繁，不确定性较大，网上商城开启定制化模式需要多种多样的供应商支撑。因此就形成了对接定制化供应商平台的需求。定制化供应商平台吸引了各类中小企业以及个体供应商的不同类别服务，可以满足企业定制化需求。因此，网上商城的定制化模式中除了在准入时确定一些常用服务的独立供应商外，还与一些定制化服务平台、外包服务平台对接，形成更加庞大的供应商规模，满足企业定制化需求。在工业设计、工程设计方面已经涌现出了许多出色的定制化服务平台。为网上商城进一步发展定制化业务模式奠定了基础。

就传统来说，企业的建筑工程向来是外包业务。一些特定服务的研制也是外包性的。在现代，信息技术服务也普遍采取外包形式。甚至对很多品牌企业来说，产品的生产和销售也采取外包方式。大型企业本质上成为创新中心。当这些企业创造了新的产品形成自己的品牌时，可以把大部分业务外包出去，企业的利润就体现为创新利润和品牌利润。这个时候，企业采购在总成本或总销售额中的比重就会越来越大，企业人均推动的产值也越来越大，进而使生产方式发生根本性的改变。一边出现了以创新为中心的企业，另一边是采购供应链的专门化。网上商城的定制化模式由此成为许多企业的核心竞争力。所谓“采购企业家”就应运而生了。我国许多国有企业的物资公司在拥有了网上商城后，就已经走在了这条路上。

4. 关于综合采购业务模式

综合采购模式就是把三种采购模式集成在同一个网上商城的模式。对于许多大型国有企业和民营企业集团来说，这种集成是十分必要的。主要原因如下：

其一，形成采购大数据资源。各种业务模式集成在一个统一的平台上，实际上就是把企业全部采购数据集成在了一个数据中心，有利于企业全面掌握采购链运行情况，有利于进行大数据资源的发掘，充分发挥数据要素的作用。

其二，支撑企业采购供应链战略。网上商城技术平台的主要能力就是采购供应链的数字化集成。只有把全部采购业务集成在一起，才能实现这一目标。在数字经济时代，大型企业的平台化已成为必然趋势。平台化的核心所体现的就是企业的供应链战略。就这个意义上，平台化就是供应链数字化。在全部供应链的三大环节，采购、运营、销售中，采购的比重越来越大。只有集中的采购数据才能支撑数字供应链的运行，支撑企业的科学决策。

其三，统筹供应商资源，协调供应商关系。数字经济时代生产方式的变革，其主要形式是一边形成规模巨大的平台，一边形成大量的小型多变的供应商群体。在基础设施普遍化的条件下，供应商柔性化、小型化、多变化是必然趋势。大型平台的个性化服务的背后要依靠大量小型多变的供应商的支持。供应商数据的集中运营，才能及时提供供应商变化信息，指导企业适应供应商能力变化，推出新产品和新服务。

就目前状况来说，网上商城仍然没有达到综合运营三种模式的程度，即使一种模式也存在更细分的网上商城服务。但总的来说，网上商城的综合化并没有太多的技术障碍。三种模式的不同点本质上是定价模式的不同，只要把定价模式规范做好了，在技术平台上形成不同的可选项，综合性的技术平台是可以做到的。根本问题在于企业集团要认清平台化的趋势，调整内部职能机构，适应平台化的要求。对企业来说，这种变革难度是较大的。然而，数字经济带来的变革，本质上就是生产关系的变革。未来十几年的企业竞争，实质上就是这种生产关系的竞争。那些不能随着数字经济和平台化生产方式变革的企业就面临着被淘汰的命运。

三、交易流程的技术构建

网上商城的交易由采购人发起，从采购人搜索商品和服务开始，到订单确认结束，然后进入履约阶段。交易流程包括如下关键点。

采购人需求发布及批准功能。网上商城应支持采购人需求信息和需求意向发布，并支持批准程序和相应记录查询功能。

采购人搜索功能。类目导航：网上商城应支持分类搜索，可以按照前台导航类目锁定某一类商品，并可按照供应商、品牌、规格等进一步进行穿透查询。精准搜索：网上商城应支持按照商品和服务代码、条形码等进行精准搜索。可支持基于自然语言的智能搜索，支持用户快速定位商品和服务。模糊搜索：网上商城应支持按照商品名称、供应商、品牌、规格等进行模糊搜索，并支持按照上架时间、价格等进行排序，支持用户快速筛选商品。

采购人业务模式匹配。网上商城应支持采购人自行选择业务模式。网上商城可根据请购单向采购人自动匹配适用业务模式。网上商城应支持在不同业务模式下设置单次采购限额、价格限制、数量限制等功能。

比价与比选功能。商城内比价：网上商城应支持通过商品和服务代码、条形码以及智能匹配等实现同一商品的精准比价，同时支持通过商品名称、规格型号等模糊搜索实现智能比价。商城外比价：网上商城可通过信息收集、数据共享或者其他技术获取外部商品信息，实现商城外辅助比价。线下比价比选和线上记录：网上商城应支持采购人线下比价比选，支持线下比价比选过程实时监控和比价比选记录上传。比价比选记录：网上商城应提供生成比价比选记录功能，并支持比价比选记录的接口传输以及导出和打印，支持采购人获取比价比选过程数据。

选购清单是比价比选的最终结果。招标方式的中标候选人清单等同于选购清单。

选购清单审批功能。网上商城应提供选购清单审批功能或审批接口，支持选购清单的逐级审批或驳回。

订单功能。订单编码：网上商城应按照行业规范制定订单编码规则，在系统中生成唯一订单编码。网上商城应支持拆单，并确保父子订单编码的有效关联。订单要素：网上商城应按照行业规范确定订单格式。订单要素至少应包括采购人、网上商城运营单位、供应商、下单时间、订单金额、送货地点以及订单明细等内容。生成订单：网上商城应根据不同业务模式确定生成订单方式，并按照不同供应商或者协议自动拆分订单，生成订单时应支持添加送货时间、送货地点、收货人联系方式等信息。取消订单：网上商城应按照行业标准制定取消订单规则，应支持在线取消订单功能。订单确认和拒单：网上商城应提供供应商线上确认订单和拒单功能，拒单时应可填写原因或上传附件。跟单催单：网上商城应为采购人、供应商提供跟单功能，及时掌握订单状态，采购人可线上催单。

说明如下：

1. 关于基于合规性要求的标准交易流程

以技术的方法建构完整的合规流程，并经管理部门批准，为采购人的采购合规性提供保证，是网上商城的基本功能。根据《规范》，在交易阶段，满足交易合规性需要五步流程，即搜索、模式匹配、比价比选、审批、下单。这个五步流程可适用于实时价、固定价和定制化三种采购模式。

2. 关于搜索

网上采购始于搜索。消费品的采购是这样，工业品的采购也是这样。网上商城的商品搜索首先应当是对采购人全面开放的，给采购人提供自由进入和退出的无障碍通道，最大限度地给采购人提供了解网上商城上架商品和服务的机会。

近几年，伴随着电子商务的发展，各种搜索技术发展很快。网上商城应当适应这种技术发展，为用户提供便捷、友好的搜索服务。在一般情况下，技术平台应具备精准搜索和模糊搜索的基本功能，但并不排除平台启用其他更加便利的新的搜索技术为用户提供更好的服务。

对于采购标的明确的用户来说，搜索是其尽快获得标的物市场供应情况的最佳方法。网上商城搜索服务的性能，对网上商城的形象和吸引力是十分重要的。在网上商城竞争日益激烈的情况下，搜索技术更是决定了网上商城用户的多寡，决定了网上商城的前途。

3. 关于采购人注册和采购模式匹配

采购人按照批准的请购单在网上商城搜索相应商品和服务。基本匹配之后，要求采购人注册。采购人注册信息要求可参照《规范》附录 A 的供应商准入信息。对于网上商城技术平台来说，由于定位于企业内部采购人服务，网上商城可以直接与企业采购审批系统相对接，直接获取采购人请购单审批信息和采购模式匹配。

在实际工作中，许多国有企业在审计采购人合规性时，在请购阶段发现的主要问题是请购单与采购计划不匹配，请购标的物与采购模式不匹配，或者请购批准程序不合规。实践证明，这些问题都可以通过在网上商城建立合理流程得以解决和避免。

从技术上来说，所谓采购模式匹配的问题，实际上是定价方式匹配问题。不同种类的商品和服务在网上商城匹配不同的定价方式。这种匹配可以在请购单批准时确定，也可以在网上商城实际采购时确定。前者往往由于不同定价方式的边界模糊而匹配不准确。在当今人工智能技术发展迅速的情况下，网上商城可以根据请购标的物性质自动匹配定价方式和采购模式。由此可以大大减少人工匹配不准确所带来的合规风险。但这要求网上商城技术做大量工作，同时承担更大责任。

4. 关于比价比选及其清单

对于不同的采购业务模式，比价比选的方法和内容都有不同。所谓比价比选，是在特定业务模式下确定标的物最终价格的方法。比价比选的范围很重要。技术平台应对不同的业务模式，在三个层次上进行比价比选。其一是在商城内的供应商或商品服务范围内进行；其二是在商城外一定范围比选；其三是考虑线下比选线上记录。从合规性的角度，《规范》要求网上商城技术平台要把比价和比选过程记录下来并形成比价比选记录，以供将来审计和监督部门参考。

对于网上商城技术平台来说，这部分的设计是最复杂的。因为需要考虑不同的业务模式和定价方式，而且要实现流程化。特别是在定制化模式下，比价过程设计十分复杂。在实践中，由于大部分网上商城仍处于发展初期，采用单一模式的网上商城较多，尤以采用对接电商平台进行实时直接采购的较多，比价设计较为简单，也有一部分网上商城以固定价模式为主，如部分国有企业的标后执行平台。在非招标业务的发展过程中，推出了一批定制化平台。以单一业务模式为主的网上商城电子商务平台，各自都形成了独有的比价方法，相互之间差别很大。对采购人来说，由于必须在不同商城、不同平台上按照不同模式进行采购，在实际工作中产生了诸多不便。对于企业来说，由于不同采购业务模式的数据不能整合，网上商城也不能发挥供应链整合作用，限制了网上商城和电子商务平台在企业降本增效中的作用。因此，从长远看，这些企业的网上商城都面临着业务模式统一整合、业务数据互联互通、操作规范协同一致的任务。

5. 关于选购清单审批

在比价比选之后，采购人形成了比价比选清单，同时产生了比价比选的结果——选购清单。

选购清单的审批过程可有两种方式。一是网上商城输出电子文件或纸质文件，由采购人在线下履行审批手续，然后再将审批结果输入网上商城；二是网上商城直接与审批系统对接，由相关部门进行电子化审批。采取哪种方式，取决于企业本身的电子化数字化程度，《规范》没有要求。但在网上商城必须设定控制点，防止未经审批的采购人下单。有些企业设置了可以不经审批直接下单的条件，网上商城应将这些条件纳入网上商城技术平台控制点，在下单时进行控制。

6. 关于订单及确认

经过审批后，采购人操作人员可在网上下单。《规范》规定网上商城技术平台应当制定订单编码规则，确保订单的唯一性。同时规定了订单要素，以及生成订单、取消订单、确认订单及拒单、跟单、追单等必备功能。

在订单功能上，网上商城技术已经非常成熟，也具有很高的用户友好性。这里需要特别强调的是，网上商城的所有不同业务模式，最终交易结果都以订单形式表现和管理。在定制化模式下，交易结果在传统上以合同的形式表现。在网上商城，为了确保数据的一致性，这种传统的非结构化的合同也需要以订单形式表现。这就给技术平台的设计带来了一定难度。设计者需要深入研究不同模式的特点，尽量将通用合同条款作为一般条件在商城制度中体现，而将合同具体执行条款列为订单要素。

订单确认是必须具备的功能。未经确认的订单，相当于合同未经签署，是无效订单。

《规范》提出的交易流程，是独立于技术平台具体技术的。主要是从交易合规性的角度提出的在技术平台设计中必须具备的交易关键点，并不构成完整的业务程序。技术平台的设计者需要根据不同的业务模式形成完整、便捷、流畅的业务流程。每一种业务模式的程序复杂度不同，但必须满足上述关键点的要求。

四、履约监测功能

国有企业网上商城最重要的功能是对从订单到交付完整的履约过程进行记录和监控。履约监测功能包括如下关键点：

履约计划。网上商城应具备按订单条款显示供应商履约计划的功能。

物流与工程项目进程监测。网上商城应通过对接外部物流平台或自建物流系统，实现物流监测。应为采购人、供应商提供独立物流追踪和项目进程监测页面，或者在订单相关页面关联查询。

交付监测。网上商城应提供到货登记、订单验收的追踪查询功能，采购人、供应商可方便查询订单到货（妥投）和验收情况。

退货换货。网上商城应建立退货换货沟通渠道及责任区分机制。

支付监测功能。网上商城应具备对账、在线付款等相关功能。提供收票、开票、收款等追踪功能，方便交易方及时掌握结算信息。

售后服务监测功能。网上商城应提供售后服务模块，支持用户评价、售后支持、技术指导和退货退款的在线监测。

咨询、投诉、建议功能。网上商城应支持在线客服咨询、投诉受理和在线建议等功能，应提供标准化的投诉处置流程，并将处置结果及时反馈。

对于所有的采购模式，交易达成的最终成果都是订单或反映全部合同内容的订单。订单确认后，网上商城要统一对订单信息进行管理，实现对订单履约的全过程跟踪。对履约监测功能的说明如下：

1. 关于订单交付计划的公开展示

履约过程的在线监测的前提是要在订单阶段完成对订单（合同）交付计划的完整公开展示，实际上是要把双方在订单中约定的履约责任数字化，对于单一商品的订单执行计划相对简单，对于更多复杂一些的订单计划展示就需要在技术上做更多的工作。每一个订单的履约计划都应当整体或部分地展示在网上商城相应的页面上，使交易双方明确各自的责任。这是网上商城履约监督的基础。

对履约进行监督，是网上商城的重要职责。现实中存在一些网上商城把自己定位于信息平台，不负责对订单的履约进行监督，造成的后果就是在网上商城达成交易后，采购人和供应商就都与网上商城没有关系了。当履约出现问题时，采购人无法依托网上商城解决问题，供应商也无法依托商城收到货款，久而久之，网上商城就失去了供应商和采购人双方的信任，业务难以为继。因此，网上商城对订单履行的监督能力关系到网上商城自身的生存和发展，必须引起足够的重视。网上商城要在履约监督技术上下大功夫。履约计划是履约监督的牛鼻子，是后续监督的抓手。履约计划本身是交易双方在交易阶段达成的，但订单的结构化、图形化展示，却是网上商城必须解决的技术问题。

2. 关于物流跟踪和工程监测网络建设

（1）物流跟踪。为了把供应商的交付过程纳入监督，网上商城必须了解货物交付的全过程，也就是从供应商到采购人的物流信息。就网上商城来说，有三种做法，第一种是利用供应商的自建物流，即将供应商物流信息系统接入网上商城；第二种是利用第三方物流，把第三方物流信息接入网上商城；第三种是建设网上商城物流体系。对于第三种来说，网上商城实际上是要建一个物流数据中心，对供应商交付过程进行全程监督。阿里巴巴的“菜鸟”（智能物流骨干网）连接了主要的物流公司、快递人员及仓库，本质上就是这样一个物流监督体系。对于工业物流来说，情况更为复杂一些。由于工业物品的特殊性，在产品包装、尺寸、形态上往往需要特定的运输工具和运输条件。因此在许多情况下，工业物流由供应商自行组织，或者供应商建立自己的物流体系。目前这部分物流的数字化还很不完善，网上商城需要将这些数量巨大的自主物流体系对接到技术平台上。客观上来说，这是一个十分艰巨的工作，但同时也是网上商城专业竞争力的源泉。

（2）工程监测与智慧工地。对于工程合同（订单）来说，为了掌握其进度，对采购人负责，网上商城需要建立工程监测体系。在多数情况下，工程项目与物资采购的不同之处，在于工程项目的实施地在采购人处，工程项目的实施往往由采购人聘请监理对工程进行监督。但是，对于在网上商城以定制化模式采购的中小型项目来说，聘请监理的成本很高。通过电子化网络化方法对工地进行监督，就成为采购人的一项迫切需求。因而在许多地方发展了以工程监督为主的“智慧工地”技术。智慧工地把一个工程实施过程纳入网上商城的监督视野，使得对工程和服务的监督也能像对物流跟踪一样，实现全过程的数字化。

物流跟踪和工程监测构成了网上商城对供应商和承包商的监督体系。一方面使得网上商城具有了关于标的物交付情况的完整信息，更重要的在于网上商城基于对交付信息的掌控，具有了获取支付保证的能力。网上商城正是凭借对物流跟踪信息的掌控，才可以向采购人保证标的物的交付，同时凭借这种交付保证，获取采购人的支付保证，由此确立网上商城的交易枢纽地位。网上商城供应商交付监测体系的关键点主要有 4 个节点，即履约计划、物流与工程监测、交付监测以及退货换货的处理。由此获得供应商交付情况的完整的动态数据。这些数据及时反映至采购人，为采购人收货安排、支付安排提供实时指引。这样，对供应商来说，实际上就把全部交付业务建立在了网上商城的网络平台上，网上商城成了其商品与服务的销售终端和收款保证平台。这种监督能力需要网上商城建立一套完整的保证体系，其中包括对采购人的支付评价，对采购人的财务预警以及采购人金融担保服务体系的建立。这种能力的建立和输出是网上商城作为交易平台对供应商和采购人的赋能行为（详见“五、平台赋能功能”）。

3. 关于支付监测

就支付监测能力建设本身来说，网上商城虽然可以有多种支付形式，但根据国有企业的支付制度和实际情况，其基本设定是验货后支付。这样就存在一个可能性，即当供应商完成交付后不能及时收到款项。因此，网上商城有责任监督采购人按订单合同要求付款。

把采购人定位于集团下的分支机构，意味着采购人的采购预算是确定的，因而从理论上不存在付款资金的缺口。但是，现实情况往往是更加复杂的，网上商城应当采取措施保证采购人的支付。实践中，有许多网上商城要求采购人在网上商城预存款。在验收完毕后由网上商城直接按订单支付。也有一些网上商城与集团财务达成协议，财务部门根据网上商城指令付款。

4. 关于售后服务监测功能

售后服务是交付之后的持续性服务。通过网上商城对此行为进行记录，对供应商来说是一种履约继续，为采购人解除后顾之忧。基于服务化理念，售后服务是供应商最重要的价值和信用来源。网上商城对售后服务的监测进一步完善了供应商的能力和信用信息，对正确选择供应商至关重要。

5. 关于咨询、投诉和建议功能

咨询、投诉和建议是网上商城提供给采购人的表达通道。通过这个通道，网上商城和供应商倾听采购人的声音。实际上，这个功能可以通过各种方法来实现，并不一定要通过正式的机制。在当前移动互联网发达的情况下，这些功能完全可以与各种社会媒体和个人化媒体相对接，成为采购人信息的可持续性的前端。

网上商城的履约平台实质上是一个开放的履约管理系统。传统方式下，履约数据的获取是比较困难的，主要依靠供应商对数据进行输入。而在输入过程中，不可避免地产生有意或无意的输入错误，导致很多数据失真、延迟，无法在生产经营中发挥作用。

二维码和各种传感器的使用，在很大程度上结束了这种局面。当一件物品从厂商发出后，就获得了一个唯一的二维码标识，从此，这个物品的行踪就处于系统的完全监测之中，直到用户验收收单。因此，供应商的履约过程就完全透明了。售后服务也可以采用同样的方法，把全部服务过程记录在案。其背后是物流模型在支撑着。

在工业领域，一种基于模型的过程技术正在兴起。它通过模型全面记录工程实施和加工过程，使得整个履约过程被全面监测。对于工业产品，特别是个性化产品生产，可以看成是一个履约过程。对于许多服务形态来说，也完全可以采取这样的方法监督服务过程。

在建筑工程领域，建筑信息模型（BIM）方兴未艾。BIM 的核心理念就在于通过模型，记录建筑工程从设计、施工到验收的全过程数据，最终承包商交付给业主的是一套包括完整建筑的数字模型在内的孪生产品。对于许多复杂产品，在其交付后的使用过程面临着复杂的维护和运营问题，BIM 的数字化交付的意义就更为重大。

总的来说，网上商城在充分发挥现代科技的作用，对履约过程的监测、监控和记录方面发挥着重要作用。履约监控是网上商城的核心价值。这项工作做好了，网上商城作为企业供应链的核心枢纽地位才得以巩固。

五、平台赋能功能

网上商城及其他各种电子商务平台与之前的各种信息系统和管理系统的最大不同，就在于它能为平台上的各种参与者赋能，即可利用平台数据对他们的决策、运营提供支持。网上商城平台赋能功能主要体现在如下几个方面：

报表输出功能。订单报表。网上商城应具备订单报表功能。按照不同业务模式，为供应商、采购人提供必要的订单报表，辅助供应商和采购人进行数据分析；此处还包括日报、周报、月报、季报、年报。网上商城应具备按照业务模式、组织机构、品类等不同维度生成日报、周报、月报、季报、年报等功能，支持供应商、采购人和合规准入机构获取数据，进行数据分析。

数据分析功能。网上商城应支持采购人在不同业务模式下利用大数据和人工智能技术进行数据分析，为供应商和采购人提供辅助采购决策和数据赋能。

交易保证技术支持。网上商城应提供担保机构、金融服务机构以及技术中介服务平台，构建交易保证平台，防止交易欺诈和其他交易风险。

通用数据接口。网上商城应建立准入数据审查、支付信息监测、物流信息跟踪等接口，即时获取准入审查、支付、物流等相关信息，实现采购全流程监测。

说明如下：

1. 关于统计报表输出

统计报表输出是网上商城基本输出功能。网上商城技术平台应当具有多维度输出各种报表的能力。对大多数供应商来说，报表仍然是其了解销售状况的基本工具，详细准确的报表是供应商了解用户习惯，制订产品生产计划和改进服务的有效工具，详细准确的报表可以为供应商决策提供有效支撑。对采购人来说，网上商城的报表是其了解采购情况，制订供应链战略以及生产安排计划必不可少的信息，同时也是采购人内部控制的基本数据来源。统计报表的能力建设对网上商城来说，既是基础建设，也是形象建设。许多采购人的高层决策者正是通过报表来评价网上商城的水平。

网上商城的报表输出主要包括两个方面：一方面是订单报表，主要反映一个项目、一个订单从请购到下单以至验收交付的全过程数据报表。主要用于采购人合规审查和订单分析。另一方面是定期报表，包括不同维度的日报、周报、月报、季报、年报等，用于供应商和采购人掌握交易总体情况。用户可以选择订阅，并由此形成网上商城共享数据服务。

2. 关于交易数据分析功能

对于网上商城来说，最重要的资源是交易形成的动态实时数据。与其他类型的平台数据相比，网上商城的数据具有如下特点：其一，网上商城数据是特定供应链体系的数据，具有相当强的专业特性，是其他交易平台所没有的。其二，这些数据出自同一个网上商城，数据具有很强的可定义性。其三，网上商城数据反映特定供应链网络的特定关系和特定模式，具有很强的可控制性。其四，由这些数据分析得出的结论具有高度的精确性和准确性，可以对网上商城的相关主体赋能，对其提供精准的支撑。这是专业的网上商城与其他社会性商城相比独有的数据优势。

随着大数据处理技术和人工智能技术的进一步发展，网上商城的数据分析有可能对以下主体提供数据赋能。如表 8－1 所示。

表 8－1　　网上商城数据赋能

主体	内容
供应商	基于采购意向和采购计划数据的需求预告 基于供应链优化的合作研发 基于供应商评价的生产、物流改进 基于采购订单的金融和技术服务
采购人	不同采购模式下的智能比价比选 供应商评价和供应商图谱 采购模式自动匹配及合规性警示 自动检测与及时检测验收
网上商城管理部门	完整的动态即时采购数据流 完整的供应商动态及评价 完整的采购人动态及评价 完整的供应链绩效评价 数据智能优化采购战略和策略

从长远看，一个企业的网上商城必定与该企业的网上销售结合起来，使企业变成平台化企业。用动态的采购和销售数据调节企业各部门和分支机构的生产和管理。就这个意义上来说，在数据方面，采购链和销售链实际上是同一个链。当大量企业的供应链汇集在一起时，我们就可以看到采购链和销售链的交叉循环。一批企业的销售链是另外一批企业的采购链。采购链与销售链的数据互相缠绕，构成数字经济时代的新景观，也使得数据成为新的生产要素，在平台上创造出新的价值。

3. 关于交易保证机制

网上商场采购本质上是符号化的交易平台采购。供应商在网上商城上架的商品和服务是符号化的，采购人在网上商城的采购实际上是预定化采购。网上商城与其他商城相比，打破了实体空间的限制，把采购交易集聚在网络数据空间的同时，也把交易者由实体人变成了符号人，实体场所交易中对标的物的即时确认机制不复存在。由此就产生了实体空间中的实体标的物与数据空间中的数字标的物的分离。首先，在网上商城中交易的标的物是数字标的物，如何保证其与实体标的物相一致？由此就产生了数字标的物的保证问题。其次，即使数字标的物得到保证，网上商城的交易也不可能像实体商城那样，即时完成交付和支付。网上商城只能是订购交易，由此必然产生延期交付问题，即交付保证问题。最后，由于网上商城是订购交易，必然产生出订购与交付之间的时间差，在此期间会产生交付风险，由此产生延期支付和分期支付问题。中国近几年在电子商务方面的成功，从本质上来说就在于电商很好地解决了上述问题。电子商务平台通过建立交易保证机制，为平台用户提供了标的物保证、交付保证和支付保证。消除了由于标的物数字化、预定交付和延期交付给交易双方带来的风险和不确定性，使供应商和采购人在电商平台上的交易没有了后顾之忧。可以说，交易保证机制是电子商务平台的立身之本。

对于国有企业网上商城技术平台来说，同样面临着交易平台的上述问题，也需要建立一套完善的交易保证机制，确保交易双方的交付和支付按合约进行。研究表明，国有企业网上商城交易保证机制可以从如下三个层面展开：

第一层面：交付和支付过程监测。即由网上商城通过建立技术支持体系，如对接供应商物流和采购人财务，对供应商交付过程和采购人支付过程进行全面监测和记录，形成供应商和采购人合同履约数据，建立信用记录和考核机制，通过信用约束，支持交易保证。

第二层面：建立担保机制。推动供应商交付担保和采购人支付担保，通过第三方担保介入，建立交易保证机制。

第三层面：建立金融服务机制。通过引入银行金融服务，特别是供应链金融服务，支持供应商按期交付。同时，为采购人提供贷款服务，调节采购人流动资金周转。

从以上三个层面的交易保证措施可以看出，担保和金融服务是交易平台建立自身保证机制的根本措施，对国有企业网上商城来说，尽管有国有企业的国有性背书，仍然会面临流动资金周转和供应商账期问题，引入担保和金融服务也是必然的。同时，我们也就理解了在消费品电子商务平台发展中，金融服务很早就介入并非偶然，而是交易平台发展的必然选择。因此，在国有企业发展电子商务和网上商城的过程中，如何处理好与担保和金融服务的关系，是国有企业电子商务和网上商城的重要任务，不可忽视。到目前为止，国有企业网上商城还没有找到与担保和金融结合的有效方法，也没有开发出类似“支付宝”那样的起交易保证作用的金融工具，建立网上商城交易保证机制任重道远。这里仅仅提出了一些原则，具体的保证机制仍需网上商城在实践中探索。

4. 关于数据接口

网上商城通过接口与供应商、采购人、管理部门和某些相关机构相连接，构成共生共享的协同网络，通过这个网络，企业供应链中的全部采购行为完成数据化。这些数据最终集聚在网上商城数据平台，形成数据空间，产生数据智能，进而进一步优化企业供应链，形成良性循环。按照在协同网络中的角色不同，分为如下接口：

与供应商有关的接口：平台供应商接口、独立供应商接口、供应商物流接口、第三方物流接口、工程监测接口、质量检测检验接口。

与采购人有关的接口：采购需求发布接口、采购计划与审批接口、线下比价比选数据传输接口、履约信息接口、付款信息接口、与生产过程相关的自动下单接口等。

与管理部门有关的接口：准入信息接口、网上商城业务监督接口。

与第三方服务有关的接口：第三方软件服务接口、第三方平台服务接口、担保服务接口、金融服务接口。

平台赋能是互联网条件下的创新机制。平台并非简单地把各种因素聚集在一起，而是创造了一种新的机制，使平台的各种参与者的能力在平台上进行组合优化，从而获得新的提升。在这方面。涉及产业的互联网仍在探索之中，并没有形成完善的理论和方法。《规范》所提出的原则，实际上仅仅是指出一个探索的方向。

六、用户评价与持续改进

从前几章的研究中，我们很容易得出一个结论，即网上商城本质上是提供一种基于平台的采购服务。即为准入企业的采购提供一种合规机制和分发通道。在这个意义上，网上商城并不是独立的。但是，随着数字经济和网络技术的进步，我们对网上商城的这种认识也在发生着变化。这种认识起源于采购人，采购人作为企业内部的需求方，自然可以认为网上商城是为他们服务的机构。但是，客观上，网上商城也在为供应商提供服务，即网上商城是供应商的一个销售通道。特别是对于企业的战略供应商和重要供应商来说，企业采购可能在供应商的销售额中占的比例很大，网上商城的这种销售通道作用就更大。在这种情况下，网上商城就自然演化成供需之间的桥梁，成为一种典型的交易平台。作为交易平台，网上商城必然追求完全交易，即要对订单从产生到履约的全过程跟踪，建立客户的全过程信用机制。这正是网上商城对消费互联网机制的学习和继承。通过这种交易全过程机制的建立，在企业采购中，网上商城就有能力把集中采购、框架采购的履约监测和履约实施功能承接下来，成为专业领域履约平台。这正是许多国有企业网上商城正在行使的功能。网上商城专业履约能力的建构，使得网上商城变成了一个专业供应链的核心和枢纽，成为“专业供应链服务”提供商。它通过集成供应商、采购商、中介机构、金融服务机构构造了一个专业领域的数字化网络化供应链。所有的参与者，包括供应商、采购人都变成了这个数字供应链的用户。这实际上就是国有企业各大物资公司的前途和未来。随着专业供应链服务的演进，网上商城的扩张本能必然要求它服务更多用户，这种冲动必然要求这种专业供应链服务通用化，成为供应链集聚平台，即把许多相似的供应链集合在一个交易平台上，为同一行业的不同企业服务。这时候，产业互联网就形成了。

1. 用户化与用户评价

在现阶段，网上商城正处于向专业供应链服务发展的初期。在网上商城中，供应商、采购人以及其他参与方都已经用户化。对网上商城来说，用户化意味着所有交易的参与者在网上商城拥有平等的地位，他们对网上商城服务的满意度对网上商城的发展至关重要，同时，他们之间的互相满意度，映射着网上商城的服务水平和服务能力。用户评价对网上商城的服务优化起着至关重要的作用。因此，我们设计了一套指标，促进用户互相评价和对网上商城服务进行评价。这套评价体系主要包括如下三个方面：①基于网上商城交易数据的用户评价，网上商城应建立基于网上商城采购全过程数据记录的用户数据评价机制，并定期生成评价结果；②采购人对供应商评价，网上商城应建立采购人对供应商的评价通道，允许采购人从商品与服务质量、订单执行、售后服务等方面进行即时评价；③供应商对采购人评价，网上商城应建立供应商对采购人的评价通道，允许供应商对采购人支付履约等方面进行即时评价。

（1）基于用户数据的评价机制。

与传统的用户评价机制相比，网上商城具有数据优势。网上商城记录了全部用户行为，可以根据这些行为数据，对网上商城用户进行客观评价。

网上商城用户评价是独立于准入、交易、履约、赋能主体和功能的外在评价体系。分别根据数据和用户即时评价在四个方向建立对供应商、采购人以及网上商城本身的评价体系。

基于数据的评价主要是以交易数据为基础，以评价指标体系为依据，定量计算评价指标。用户即时评价的主观评价，源于用户接受服务后的直观评价。各交易主体应基于评价信息调整行为，追求优质服务。

为了提高评价的一致性，我们提出了基于网上商城数据的用户评价指标体系。该指标体系包括三部分，即对供应商的评价、对采购人的评价和对网上商城的评价。

对供应商的评价包括 4 类指标，如表 8 - 2 所示。

表 8 - 2　　对供应商评价的指标

指标	说明
商品与服务质量评价	用户验收合格率评价。根据同一供应商在网上商城的订单产品总数与退换数量的比率计算
专业化服务水平	用平均服务响应时间评价。包括供应商对咨询、投诉以及售后服务的响应时间
订单执行效率	用订单按期交付率来计算。以订单或合同所约定的交付时间与实际交付时间做比较
商务条件	用平均账期评价

以上四项，不同的商城可以按照不同权重进行对供应商的综合评价。

对采购人的评价包括3类指标，如表8－3所示。

表8－3　对采购人评价的指标

指标	说明
订单计划性	用紧急订单占总订单的比率评价，可以评价采购人采购的计划性和稳定性
验收及时性	用从到货到验收单出具的时间（天数）评价
支付及时性	用延期支付率（即延期支付额与总订单额的比率）评价

对网上商城的评价包括4类指标，如表8－4所示。

表8－4　对网上商城评价的指标

指标	说明
合规保证能力	全部订单审计合格率
交易保证能力	全部供应商验收合格率 全部供应商按期交付率 全部采购人延期支付率
服务响应能力	服务响应速度 投诉和问题处理速度
赋能能力	报表赋能 数据赋能 金融赋能 其他支持能力

（2）关于采购人和供应商互相评价。

网上商城应建立互相评价通道。显然这种评价是主观的、即时的评价，表现形式是非结构化的。然而，在大数据和人工智能的技术条件下，这些非结构化的动态信息的意义是很重要的，在一定程度上可以反映采购人和供应商之间的真实关系，不可忽略。

以上两种评价，可以构成供应商与采购人在网上商城意见的真实场景，成为网上商城改进供应链关系的重要信息。此信息反馈到管理部门，可以进一步优化供应链关系，根据评价结果，优化供应链结构，促进采购行为规范。

2. 基于评价结果的改进

基于供应商评价的改进。网上商城应及时将对供应商的数据评价和即时评价信息反馈给相关供应商，促进供应商建立相应的商品和服务改进机制。

基于供应商评价的准入优化。网上商城应及时将对供应商的数据评价和即时评价信息反馈给合规准入机构，促进合规准入机构优化供应商结构和准入品类。

基于采购人评价的改进。网上商城应及时将对采购人的数据评价和即时评价信息反馈给采购人和合规准入机构，促进合规准入机构优化采购管理制度，提升采购人信用管理。

网上商城从单纯的采购平台转变成履约平台，就必然要求供应商和采购人的对等。因此，在互相评价的基础上，对评价的反馈也应当是对等的，这样才有利于网上商城建立起良性的交易生态。

（1）基于供应商评价的下架机制。

对于采购人评价中达到一定差评程度的产品和服务，网上商城应当进行惩罚性下架处理。具体处理方法和措施，不同行业和不同网上商城可以不同，应当在准入协议中规定。从原理上来说，网上商城不是准入机构的，只能在网上商城交易规则和准入协议中规定的范围内采取惩罚性措施。

（2）基于供应商评价的准入再审查。

对供应商准入再审查，实际上是对供应商关系的调整。相对来说，对普通供应商和竞争性强的供应商调整较为容易，对战略供应商的调整难度较大。这也是供应商管理的一个难题。实际上，战略供应商一方面是采购人企业竞争优势的来源，另一方面又是采购人企业风险的来源。近年来，我国许多企业已经深刻体会到了战略供应商突然断供的“卡脖子”问题。然而，这并不是一个容易处理的问题。

工业化的发展过程实际上是一个不断处理“卡脖子”问题的过程。正是为了解除供应链上的“卡脖子”的短板，大部分企业才积极推行“纵向一体化”战略，即把可能“卡脖子”的供应商收购进来，把“卡脖子”供应商转化成内部机构，由市场交易关系变成行业隶属关系。这种不断对“卡脖子”环节收购的过程，使企业不断变大、不断膨胀，表现为关键供应的内部化，由此形成了工业社会的巨型企业。

从供应链的角度看，一方面，供应链的平台化，为社会提供了通用的供应链服务，有利于企业基于这种通用的平台快速形成产业。另一方面，非通用的企业独有的供应要逐渐脱离平台，进入采购人企业内部，成为企业独有的能力。这样，我们就看到了一个通用供应链的优化过程，一方面是供应链优化过程，另一方面是企业创新和独有能力的构造过程。对供应商的准入审查只能基于竞争性供应商的审查，而不适合于战略供应商。战略供应商是采购人需要特别维护的资源，应由采购人企业特别处理。

(3) 采购人信用。

网上商城必须对采购人有所约束。在后付款的情况下，采购人延期验收、拖延付款的问题对供应商伤害很大。网上商城应当根据评价结果，对采购人履约情况进行提醒。由此形成供应商和采购人的良性互动机制。

3. 网上商城的自我评价和持续改进

网上商城作为一个交易平台，除了建构良好的供应商与采购人的互动互信机制外，更重要的是要建立网上商城和用户的互动互信机制，通过用户评价，提升自己的服务水平和服务能力。

网上商城应当建立供应商、采购人对网上商城服务的评价通道，允许网上商城各类用户对网上商城服务进行评价。网上商城应根据评价信息，对业务模式、操作流程和服务质量进行持续改进。

网上商城所提供的是一个服务体系。这个体系的服务对象是供应商和采购人。它通过在供应商和采购人之间建立业务模式，形成了一整套服务流程。供应商和采购人在此流程中达成交易，各取所需实现共赢。因此，从评价的角度看，供应商和采购人对这套服务机制的评价对服务的优化和改进十分重要。

对网上商城服务体系的评价主要表现在两个方面，一方面是根据交易数据产生的客观评价，另一方面是供应商和采购人通过语言表述的主观评价。客观评价在本章前述的评价指标体系中已经列示，可由技术平台自动进行。主要根据网上商城所承诺的交易合规、交易保证、赋能以及服务响应进行评价。而主观评价则体现在采购人和供应商的日常业务体验中。主观评价和客观评价构成了对网上商城的完整评价。网上商城要根据评价结果，不断改进自己的工作。

就网上商城评价的总体来说，《规范》希望网上商城以评价为中心，进入一个业务模式良性循环。即通过评价，对业务模式进行持续改进，改进后的业务模式投入运营，运营过程中进行测试、再评价，如此循环，使业务模式不断改进，服务水平不断提升。

在现代网络环境下，网上商城的服务改进可以是不断持续的。供应商和采购人以及管理部门和商城技术平台可以建立“评价→改进→再评价→再改进”的循环提升机制，使网上商城演化出业务方满意的结果。

七、本章小结

就网上商城技术平台本身的建设来说，本规范实际上提出了一个网上商城业务架构。这个架构包含如下六个层次：

第一个层次是各参与主体操作界面，包括供应商操作界面、采购人操作界面和准入管理部门操作界面。在这个层面，各个主体按确定的流程操作。

第二个层次是业务模式层面。这个层面是业务标准化层面，是网上商城的核心内容。规范把采购业务按其定价方式分成三类，即实时价模式、固定价模式和定制化模式，网上商城分别对三种模式制定标准化业务流程，确保其合规性和高效率。每种模式都包括准入、交易、履约三个阶段。三类业务模式可集成在同一个网上商城的技术平台上，也可在不同网上商城独立运行。

第三个层次是交易保证与业务赋能层次。包括通过接入担保机构、金融服务机构、质量保证机构等，为供应商和采购人赋能，支持供应商和采购人完成交付和支付，确保交易合约的完成。

第四个层次是数据赋能，即通过数据分析和人工智能，为以上三个层次提供支持。

第五个层次是用户评价层。在这个层次建立网上商城自动优化机制。

第六个层次是技术保障层，包括技术架构的搭建、软件硬件设施以及各种接口的建构。

上述六个层次的网上商城业务架构如表 8 – 5 所示。

表 8 – 5 网上商城业务架构

层次	功能	主题及内涵
1	操作界面	供应商，采购人，准入机构操作界面
2	业务模式	三种业务模式流程化
3	交易保证与业务赋能	担保，金融等中介机构服务引入
4	数据赋能	数据服务，人工智能
5	用户评价	自动评价，迭代升级
6	技术保障	软件，硬件及接口支持

网上商城业务架构是业务模式的实现形式。网上商城所有的交易主体、管理主体、监督主体都是这个业务架构之上的操作者。各个主体的数据全部集聚在这个业务架构上进行加工处理。因此，这个架构是理解网上商城业务的基础，也是《规范》着重处理的内容。

八、案例：云时代集团的网上商城技术平台

主编按语：山西云时代技术有限公司（以下简称“云时代”）成立于 2017 年 8 月，公司注册资本 18.19 亿元，资产规模 182.31 亿元，职工人数 1.6 万余人。公司总部设综合办公室、党委工作部、战略规划部、技术创新部等 13 个职能部门，现有中条山有色金属集团有限公司、山西大众电子信息产业集团有限公司、山西云时代政务云技术有限公司等 11 个全资子公司以及 11 个地市子公司，是一个典型的地方国有企业。云时代的网上商城按照《国有企业网上商城采购交易操作规范》建设和运营，具有示范意义。

云时代承担着建设山西数字政府和引领全省数字信息产业发展的重要使命，以数字信息产业以及军工信创和铜基高端制造为主业，聚焦数字政府、智慧城市、智能制造、信创技术和数据经营等领域发展。

为规范总公司及分子公司采购流程、提高采购效率、降低采购成本、实现采购过程阳光透明，云时代对公司采购流程进行了整体梳理，制定了公司

内部《采购管理办法》《供应商管理办法》《评审专家管理办法》等多个采购业务相关的管理办法，并委托山西金蝉电子商务有限公司建设了覆盖云时代总公司及各分子公司采购业务的一体化电子采购交易平台，形成了采购标准统一、采购流程规范、采购数据完整的闭环体系，从而实现了“采购过程可监督、采购结果可追溯、采购计划可预测”，最终实现了企业的阳光采购、精准决策及降本提效的目标。

一、业务模式分析

云时代的采购方式按照内部《采购管理办法》规定，分为公开招标、邀请招标、询比采购、谈判采购、竞价采购、直接采购、框架协议采购、网上商城采购，每种采购方式都明确说明了适用的项目范围。云时代电子采购交易平台支持上述所有采购方式，支撑云时代总部及20余个分子公司的全部采购业务，网上商城的应用更是集聚了云时代所有的采购交易。下面对网上商城采购做具体介绍。

1. 业务模式

云时代网上商城同时支持平台型供应商和独立型供应商入驻。平台型供应商通过API接入云时代网上商城，并按照对外市场价折扣价（即实时价模式）向云时代提供商品或服务。独立型供应商通过非招标采购等方式入围云时代网上商城入驻名单，并与云时代签订框架协议，按照固定价模式向云时代提供商品和服务。

2. 采购流程

(1) 采购需求审批：需求部门提出采购需求申请，采购需求以公司为单位汇总后提交审批，逐级审批通过后形成可执行的采购计划，采购计划明确采购方式（网上商城采购），采购商品分类、数量，预算，采购执行单位等关键要素。

(2) 生成采购清单：采购执行人登录网上商城选择商品，进行商品比选比价，合适的商品加入购物车。商品挑选完毕后，生成采购清单，关联采购计划，提交审批。采购清单经逐级审批通过后，流转至采购执行人，采购执行人下单，确定采购。

(3) 订单拆分：对于不同供应商的商品或服务，网上商城自动进行拆单分发，供应商各自确认订单。

(4) 订单状态跟踪：采购执行人在线跟踪订单及物流状态。

(5) 订单验收：采购相关部门及人员对商品或服务进行验收，对不满意商品会拒收或做退货处理。

(6) 订单支付：云时代目前支持账期结算和在线结算两种方式。账期结算是指以固定账期的方式与供应商线下对账结算；在线结算是指以网上商城提供的支付方式，确认收货后线上结算。

(7) 双方互评：采供双方在线上进行互评，采购人对供应商的评价列入供应商考核。

上述主流程完毕后，采购人及相关领导会定期在线对历史采购数据进行分析，并对下一季度或年度采购计划进行预测。

二、网上商城技术平台

云时代网上商城采购的顺利进行离不开其对业务模式的深刻理解及准确定位，更离不开网上商城技术平台的支撑。云时代网上商城技术平台涵盖了供应商管理、商品分类管理、商品管理、商品搜索、商品比对、购物车管理、采购清单审批、订单拆分、订单跟踪、订单处理、支付管理、发票管理、售后管理、报表管理、大数据分析等功能，并与采购计划系统、采购交易系统（除网上商城采购之外的招标、非招标交易系统）、审批系统、监督系统、金融服务系统、采购服务系统等进行一体化建设，贯穿了采购业务的全流程，完美实现了业务闭环和数据闭环。平台功能如下：

1. 供应商管理

(1) 对接/入驻：支持平台型供应商对接和独立型供应商入驻。

(2) 供应商分类：云时代可根据内部的《供应商管理办法》对供应商进行分类。

(3) 供应商分级：供应商分级分为初始分级及动态分级，初始分级与供应商初次对接或入驻时综合实力相关，由云时代相关管理人员根据内部管理办法自行设置。动态分级与供应商考核结果相关，网上商城技术平台根据考核结果自动生成调整清单，相关人员审核通过后技术平台自动调整分级。

(4) 供应商考核：云时代相关人员可自行设置考核指标，并生成考核表格，按照考核周期对供应商进行考核。

（5）供应商图谱：技术平台通过对接第三方软件生成供应商图谱，采购人可通过此功能对供应商进行全面、动态的了解。

2. 商品分类管理

技术平台提供了一套完整的商品分类管理体系，其中包括商品分类编码规则、商品分类命名规范。商品分类编码作为商品分类的唯一识别码，贯穿整个采购业务。

3. 商品管理

商品管理包括商品的编码管理、新增、删除、修改、搜索、上架、下架、审核、价格调整等。商品编码由技术平台按照一定规则自动生成，是商品的唯一识别码；商品上下架及关键信息的变更必须经过商城管理人员审核，技术平台设置审核机制，可由云时代相关管理人员自行设定审核流程及节点。

4. 商品搜索

商品搜索支持关键字模糊查询、商品编码精准查询等方式，支持不同场景，增强用户体验。

5. 商品比对

云时代网上商城商品比对支持商城内比对、线下比对两种方式。商城内比对即与网上商城内部的同类或同款商品进行线上比对，此种方式技术平台可自动生成比价记录单，并支持比价单留存、打印、导出；线下比对即相关采购人员通过线下比对的方式生成比对单，并上传至技术平台，保留比价记录。

此功能的设置为规范云时代采购行为、方便事后监督及审计提供了有力的技术保障，有效规避了采购风险。

6. 购物车管理

支持加入购物车、移出购物车、全选、单选、一键生成采购清单等功能。

7. 采购清单审批

将通过比对流程的商品加入采购清单，采购清单与采购计划系统和审批系统无缝衔接，每一个采购清单都需关联采购计划，逐级审批通过后方可下单，此功能的设置保证了“无预算不采购，超预算不采购”。

8. 订单拆分

根据商品所属供应商的不同，技术平台对订单自动拆分并流转至对应供应商。

9. 订单跟踪

订单跟踪主要包括订单状态跟踪和物流跟踪。物流跟踪通过对接平台型供应商物流信息及第三方物流接口实现。

10. 订单处理

订单处理包括采购人端订单处理及供应商端订单处理。采购人端包括确认收货、取消订单、申请售后（退货、换货）、催促发货、订单跟踪等功能，供应商端包括订单确认、订单拒单、退换货处理、订单发货等功能。

11. 支付管理

支付管理包括账期支付管理及线上支付管理。为保障供应商的利益，技术平台提供了支付提醒功能。以账期支付的订单，技术平台根据设置的账期天数，在账期到期前 3 天自动提醒采购人进行线下支付，线下支付凭证可上传至平台，平台以此作为支付依据；以线上支付的订单，在采购人线上确认收货后，平台自动提醒采购人进行线上支付，超过一定期限未支付订单，平台自动生成催缴信息发至网上商城设定的监管人员。

支付管理目前在保障供应商利益方面还有待完善，这也是云时代与技术平台下一步深度探讨的功能。

12. 发票管理

包括发票申请、开具、上传、下载、发票状态管理、开具状态管理等功能。

13. 售后管理

售后管理包括咨询、投诉、建议、用户评价四个模块。咨询为线上和电话咨询；投诉、建议为采供双方同时提供了入口；用户评价支持双方互评。

14. 报表管理

技术平台根据云时代的实际业务需求提供了形式多样的报表，从多维度、多口径对订单、商品、供应商等进行数据分析，并根据管理级别不同设置了不同的数据权限。

15. 大数据分析

技术平台的定位不仅是为企业提供一种采购的工具，更是为企业采购业务进行赋能，云时代网上商城完美地做到了两者结合。技术平台结合商城内外数据进行深度分析，为云时代各管理层级、各管理部门相关人员提供了商品价格走势分析、历史采购数据、供应商图谱、采购预测、采购成本分析、风险预警等多种分析数据，真正为规范国有企业采购流程、实现降本增效、规避采购风险、实现阳光采购起到了保障作用。

云时代网上商城的应用与采前、采后环节丝丝相扣，深度结合，是对企业采购流程深度理解和梳理后的勇敢探索，在国有企业网上商城采购应用领域已经走在了全国前列。当然，每一点成就都必然伴随着过程的艰辛与迷茫，未来的路也必定有着各种各样的困难，但是相信云时代会勇往直前，在企业网上商城采购领域蹚出一条新路。

（作者：山西金蝉电子商务有限公司　樊旭琦、韩智勇、刘福娟）

第九章　网上商城发展与自律

前几章讨论的网上商城主要是以一个企业或企业集团为主导的，以企业内部采购人为主要采购人的网上商城。实际上这样发展起来的网上商城面临两个重要问题：一是受限于企业自身的交易量，交易的集聚度不够，不足以发挥交易平台的集聚效应，很难产生涌现价值；二是受限于企业自身的业务范围，无法在网上商城数据空间建立起完整的供应链，难以发挥数字供应链的产业引领作用。在网上商城发展到一定程度时，必然要求突破企业限制，与其他企业的网上商城进行数据共享和商城共享，以谋取互联网企业独有的涌现价值和涌现知识。就网上商城自身发展来说，随着互联网业务的扩大，平台化企业所特有的场景特性也越来越明显，很容易在一定范围形成一个数据化社群，使得网上商城越来越具有独立性，进而表现为对现有体制的超越和对现有规则的突破，因而网上商城的自律性越来越受到社会重视。在发展中自律，是网上商城发展的铁律。

一、数据共享与网上商城发展

网上商城集聚了企业采购的所有数据。因此，网上商城就是一个企业采购数据中心。按照《国有企业网上商城采购交易操作规范》，网上商城至少包括如下三类数据：供应商及商品和服务数据；交易及交易行为数据；评价数据。

随着网上商城的发展，必然要求从网上商城内部、网上商城之间以及网上商城共享三个层面进行数据共享，实现以数据为基础的扩展。

1. 网上商城内部不同主体间的数据共享

网上商城内的供应商和采购人，可共享网上商城交易数据，用于优化各自的供应链。实际上，网上商城的供应商和采购人，都是各自供应链的一个环节。在实体空间的交易中，供应链上的每一个环节都是独立的。当一个终端需求产生之后，拉动上一环节的采购行为，这个环节的采购行为再拉动更上一级的采购行为，由此启动整个供应链运转起来，满足该终端需求。在这种情况下，每一个环节都会产生一个时滞，不同环节的时滞总和构成了最终产品的交货期。在大工业生产时代，为了克服这种时滞造成的交货长周期，生产者就只能采用大规模生产方式，大量生产商品并建立大型仓库，以满足终端客户的即时需求。由此我们看到，大规模生产和库存实际上是共生的，是对长周期供应链的消解，是为缩短供应周期而必须采用的解决方案。因而在工业化时代要满足用户的小规模个性化需求是很困难的。仓储成本是大规模生产条件下满足客户即时性需求的必要代价，这种代价与交货期呈负相关关系。

随着人们生活水平的不断提高，大批量标准化的商品供给越来越不能满足人们的需求。为了适应新时代的个性化需求，产业界开发了许多方法，推动企业供应链建立快速反应机制，但效果甚微。其根本原因在于，在实体空间中，每一个交易单元很难推动供应链上其他环节同步反应。正是这个原因，促使企业对供应链上的关键环节进行内部化，即通过纵向一体化的方式把重要交易关系变成内部管理关系。由此带来的问题是现代企业的规模越来越大，官僚化越来越严重。纵向一体化所带来的内部效率被官僚化的体制抵消掉了，纵向一体化并没有解决对市场个性化的适应问题。

网上商城数据空间的出现，为解决上述问题开辟了新的可能性。在实体空间的刚性供应链映射到数据空间后发生了折叠，即供应链的不同环节可以同时集聚在同一个数据空间，使得全供应链信息展现在数据空间，由此改变了供应链的信息传导状态，由此形成的数字供应链具有了快速反应能力。

实体空间的供应链关系：供应商的供应商→供应商→企业→客户→客户的客户。

当客户的客户有一个需求发出时，需按顺序经过四个交易环节，才能将信息传导至供应商的供应商。

当网上商城把供应链上的所有供应商和客户集聚起来的时候，实体空间的刚性供应链映射到数据空间后就发生了折叠，四个交易环节由原来的串行关系变成了并行关系：

供应商的供应商→供应商

供应商→企业

企业→客户

客户→客户的客户

这时候，当客户的客户发出一个需求信息时，数字供应链上所有的供应商和客户就能同时响应，并在网上商城的协同之下，迅速形成供货能力。在这种情况下，网上商城中的供应商和客户就不再是独立交易的双方，而成了互相之间的信息共享者和利益共享者。由此，网上商城中的供应商和采购人的角色也就不再固定，原来的供应商可以成为采购人，反之采购人也可转化为供应商。只要提出需求，需求者都可以在网上商城数据空间迅速组织自己独特的供应链，建立自己的快速反应供应链体系。

在快速反应供应链体系完成之后，需求者还可以充分利用网上商城技术平台的赋能特性，进一步获得数据分析和金融支撑。

很显然，这种基于数据共享的快速反应供应链的形成依赖于网上商城拥有完整的供应链厂商集聚和网上商城智能化配合能力。目前很少有网上商城实现这项服务，但它的确展现了网上商城的未来发展前景。国际上，以丰田为主导的精益管理，提供了基于数字化供应链建立快速反应能力的案例。

2. 网上商城之间的数据共享

网上商城之间可共享供应商基本数据库，用于信息核实和信用评价。网上商城之间的数据共享，是一个十分复杂的问题，涉及数据的权属问题、数据安全问题。但数据共享又能给网上商城及采购和供应链带来很大效益，促进网上商城业务优化。因此，网上商城之间的数据共享又是不可回避的问题。

关于数据权属与数据安全，在《规范》的编制过程中形成了如下认识：

数据与网上商城技术平台不可分离。任何数据在脱离其独特的存在环境时就失去了意义。因此，数据与技术平台是一体化的。基于此，所谓数据权属问题就变得简单化了。交易数据（包括交易主体的基础数据和产品服务数据）在进入技术平台之后，这些数据就成为技术平台不可分割的一部分，只要数据不出平台，就只存在数据成本问题而不涉及数据产权问题。同样，当数据不出技术平台时，数据安全问题也就变得简单了。平台的数据安全仅仅涉及技术平台本身的安全而不涉及数据交易和数据交换中的安全，只能由技术平台对数据安全负责。在交易过程中产生的各种行为数据，也可以按照以上原则处理。只要这些数据不出技术平台，就不存在复杂的数据权属和数据安全问题。

数据共享表现为技术平台数据服务。在数据与平台一体化的设定之下，数据共享就表现为不同数据平台之间根据请求提供数据服务，表现为平台之间的合作关系。因而数据共享首先是技术服务问题，然后才是技术问题和接口问题。在不同的网上商城之间共享数据就需要建立相应的数据服务接口。本规范并没有对网上商城数据服务接口做出规定，仅仅明确了数据共享的四个方面，以促进网上商城采购模式的服务提升。根据《网络安全法》和《电子商务法》，这些数据的应用也应获得用户授权。网上商城可事先征求用户同意，在数据不出平台的条件下使用数据。

（1）供应商数据共享。

供应商数据以本规范附录 A 的数据为基础。基于此，网上商城可以应其他网上商城的请求，为其提供信息核实和信用评价服务。信息核实涉及网上商城用户诚信问题，是保证网上商城用户诚信，防止欺诈的有效手段，对维护网上公众利益十分重要。网上商城的用户信用评价是网上商城的公开信息、信用信息的共享，有助于建立良好的网上交易秩序，推动诚信交易，也是一项涉及公众利益的服务。因此，供应商数据共享应当成为网上商城之间数据共享的基本内容。

（2）商品和服务代码共享。

不同网上商城可共享本规范的商品和服务代码规则，也可共享商品和服务代码，鼓励基于规则共享和代码共享的跨商城比价。

商品和服务代码是网上商城商品和服务的唯一标识，在商品和服务从生产到运输以及比选、采购、检测、库存等全流程中起着重要作用。国际物品编码协会对进入超市的商品赋予唯一条形码标识，商品从生产出厂就在其包装上印刷该标识，大大促进了商品的流通管理。然而对于工业品来说，目前仍没有国际统一编码。

目前，在网上商城实践中，大多由网上商城或平台型供应商自行编码。这样，各个商城的编码体系很难一致，也就给跨商城的商品比价比选，以及物流、验收、结算等带来了诸多不便，降低了网上商城的效率。随着网上商城的进一步发展，迫切需要一套为网上商城采购交易服务的统一的商品和服务编码系统，为网上商城共享。

《规范》在附录C提出了推荐的网上商城商品和服务代码编制规则。该规则明确了以本体代码和校验码组成的代码结构。需要一个赋码机构——网上商城共享数据中心负责统一赋码和维护管理。在此体制下，网上商城的商品和服务在其产生时就可以被赋予一个唯一代码标识并伴随商品和服务的终生。这样就彻底解决了不同网上商城之间的商品比价比选问题，同时也为后续的商品物流及履约提供了数字化条件。

在这种情况下，商品和服务本身与其代码的关系与传统物品编码有本质的不同。传统物品编码仅仅是商品和服务的代号，而网上商城的商品编码则包含着商品的数字化形态。这个数字化形态包括商品的数字形态和虚拟化形象与结构，可以与其他产品进行数字化装配，产生最终数字化产品。因此，这个商品代码还是连接商品实物形态与数字形态的桥梁。由此，我们实际上开辟了一个新的数字化领域。这个数字形态与实物形态的产品孪生体，在工业互联网时代具有特别重要的意义。它使采购彻底建立在数字化基础之上，使采购成为引领产品和服务创新的真正动力。

（3）交易数据共享。

网上商城之间可共享交易数据，鼓励通过交易数据分析以提高商城服务能力。

交易数据就是在网上商城中交易双方的交易标识、交易行为的数据。这些数据日积月累，形成网上商城交易大数据。就网上商城技术平台自身的能力来说，充分利用技术平台积累的数据，为用户交易提供支撑，是技术平台的赋能功能，已在第八章进行了阐述。在网上商城之间共享交易数据的必要性，除了网上商城数据分析的需要之外，主要体现在客户构建快速反应供应链的需求上。通过交易信息共享，一个网上商城的用户可以在更大范围选择供应商。特别是网上商城往往是局限于某一特定专业的供应链形成的数据空间，当用户有了跨专业的需求时，单一网上商城的供应商资源往往无法满足构造供应链的要求。通过跨平台交易数据共享，实现交易数据的互联，可以使用户能够在更大范围选择供应链上的商品和服务，获得更加优化的供应链价值。

（4）用户评价信息共享。

不同的网上商城可建立供应商信息传递机制，共享用户评价信息。

本书第八章提出了一套用户评价体系。主要包括基于交易数据的客观评价和基于用户体验的主观评价，但仅限于单一网上商城。在网上商城之间共享用户评价信息的意义在于，通过用户评价信息在网上商城间传递为用户增信，有利于建立网上商城统一的评价体系，基于网上商城共享数据，为用户的供应链赋能。

（5）网上商城数据共享中心。

对网上商城间数据共享的研究揭示，网上商城数据共享，对于建立网上商城的交易诚信，提升网上商城服务水平，特别是通过网上商城数据空间为用户提供快速反应供应链服务具有重要意义。但是，就单一网上商城来说，尽管拥有专业化的交易数据，也是有共享数据的需求，但要推动数据共享的实施还是有很大难度的。就采购供应链本质来说，一条完整的供应链本质上就是跨专业、跨平台的。网上商城数据空间通过数据共享可以构造模拟的供应链，但要跨平台仍需要一个公正独立的协同机构。因此，由多家网上商城发起数据共享中心势在必行。数据共享中心初期可以做如下几件事情。一是建立统一的工业品和服务赋码机制，为网上商城商品和服务比价提供统一代码，促进比价比选效率的提升。二是建立统一的供应商和采购人信用评价体系，共享信用。三是研究网上商城数字化采购与供应链机制，优化产业供应链。四是研究网上商城赋能机制，促进网上商城采购模式进一步完善。

3. 网上商城共享

网上商城共享指的是不同国有企业在采购规则、业务模式和操作流程相近的情况下，承认同一个网上商城采购制度、业务模式和操作流程，共同享有一个网上商城。对同一个行业的国有企业来说，共享网上商城是企业数字化的一条重要途径，值得深入研究和探索。

在我国社会主义经济制度下，国有企业采购的基本制度和管理规则是相同的。即国有企业采购具有共同场景。在这个场景下，形成了本书所阐述的国有企业网上商城采购模式。这种共同场景决定了网上商城采购模式具有广泛的适用性。若要说有所不同的话，主要表现在行业特性决定的采购行为的差异。因此，在同一行业共享一个网上商城是有重大意义的。一方面，同一行业共享一个网上商城，有利于用数字化方法整合行业资源，优化供应链，使一个行业在数字化赋能下做大做强。另一方面，同一行业共享一个网上商城，也有利于网上商城做大做强。网上商城是未来企业数字化平台化转型的重要方式，而数字化平台化的基础就在于要实现大规模数字化交易集聚。同一行业共享一个网上商城，使得该网上商城有条件最大化地整合行业资源，为行业发展赋能，推动行业的产业数字化。

我国的国有企业，特别是中央企业，大多数本来就是行业龙头。国有企业网上商城以数字化平台化的方式整合行业资源，可以充分发掘国有企业的天然优势，发掘网上商城技术平台的企业和公共二重性优势，是我国在数字经济条件下，通过平台化获取新的生产方式的最佳方式，应该成为国有企业网上商城的发展方向。在这种架构之下，由国有行业性龙头企业整合的网上商城供应链不仅为国有企业发展创造了条件，而且为大量民营企业通过供应链进入由国有企业控制的传统领域创造了条件，成为国企与民企混合经营的最佳通道。

从当前来看，大多数国有企业网上商城仍然为单一企业所拥有，是单一企业的网上采购平台。随着这种单一企业采购平台业务发展，网上商城必然会要求跳出企业自身的业务范围，寻找更广阔的市场空间和发展空间。这个时候，网上商城合并共享必将会提到议事日程上，这才是国有企业网上商城真正竞争的开端。我们相信，在这种竞争中，必将会产生一批规模巨大，服务优良的行业网上商城，成为产业互联网的龙头，成为产业链的“链长”，主导行业产业供应链的优化，显示出国有企业的竞争力、创新力、控制力、影响力和抗风险能力。

二、网上商城自律与审计

交易平台越做越大，交易平台的自律就变得越来越重要。在业务规模发展的同时，加强网上商城的自律性，保证网上商城自身的合规性，是网上商城发展中必须正视的问题。

审计是保证网上商城合规性的最后一道屏障，是保证网上商城采购模式可持续性的重要条件。对于网上商城这样的网络平台来说，不可能依靠纸质文件进行审计，只能进行电子审计。进入21世纪以来，随着电子商务、电子政务的发展，大量的业务在电子系统中进行，国家审计部门以及相关的专业审计机构，已经形成了一套相对完善的电子审计制度、方法及流程，电子审计的条件已经成熟。把网上商城业务与电子审计体系结合起来，确保网上商城采购的合规性，对于网上商城本身以及供应商、采购人都有重要意义。

网上商城审计涉及三个方面。一是对网上商城本身作为一个独立的电子商务经营者的全面审计。二是关于网上商城业务模式和业务规则的合规性审计。三是网上商城对供应商及采购人的审计支持。

电子审计。网上商城应聘请审计机构进行网上商城采购电子审计，确保采购业务合规性。

业务模式和业务规则审计。网上商城应定期进行业务模式和业务规则审计，确保在网上商城中固化的采购业务模式和流程符合国有企业采购相关要求。审计发现的问题要及时在网上商城的系统程序中改正。

采购活动合规报告。网上商城应基于采购数据定期向采购人出具《采购活动合规报告》，以备采购人及相关机构核查。

网上商城可依法应采购人或审计部门要求提供数据，支持单项订单或合同审计、确定机构确定期限的全部订单或合同审计。

1. 对网上商城的电子审计

网上商城作为一个独立经济实体，应当是独立法人，满足《电子商务法》规定的平台经营者的条件。对网上商城的电子审计，实质上是对网上商城本身经营合法性的审计。主要包括两个方面。首先是网上商城业务合规性审计。按照《电子商务法》的要求和《网络交易监督管理办法》对网上商城业务的范围、信息管理、交易规则管理等进行审查。其次是网络安全审计，依据《网络安全法》对网上商城技术平台的安全性进行审查。

（1）网上商城业务合规性审计。

具体关注如下几项：

①平台型供应商和独立供应商的行政许可。网上商城是否销售法律、行政法规禁止交易的商品和服务，是否依法履行信息提供义务。

②网上商城作为平台经营者，不得采取集中交易方式进行交易，也不得进行标准化合约交易。

③网上商城作为平台经营者，应要求供应商在显著位置公示营业执照信息、行政许可信息；在首页显著位置持续公示终止电子商务的有关信息；明示用户信息查询、更正、删除以及用户联络方式、程序。

④搜索的合规合法性。

⑤押金方式、程序的合规性。

⑥平台经营者核验、登记义务以及信息报告义务。平台经营者商品和服务信息、交易信息保存义务。

⑦平台经营者对交易规则、服务协议的公示义务。

⑧平台经营者的资质审核义务。

在国家对平台经济进行严格管理的情况下，网上商城应特别重视经营者合规性的内审，确保经营的合法合规。

（2）关于网上商城的网络安全审计。

网上商城网络安全审计，主要是对网上商城技术平台的安全性进行审计，是保证网上商城业务顺利进行的基础，主要包括网上商城基础设施安全审计、系统安全审计以及信息安全审计。网上商城作为网络运营者，需遵守《电子商务法》和《网络安全法》关于网络安全和信息安全的相关规定。按照《网络安全法》要求，定期对技术平台进行安全性审查，排除安全隐患，保证自身运营安全和业务安全。

2. 网上商城业务模式和业务规则审计

网上商城依靠确定的业务模式为用户提供服务。网上商城在技术平台上的业务模式中按企业采购规定构建程序化的交易流程，用户只要按流程操作，就可获得合法合规的采购结果。供应商参与网上商城的业务流程就获得了业务的合规性保证和交易的合同履约保证，这种保证推动更多的用户参与到网上商城交易中来，使网上商城业务持续扩大。因此，网上商城业务模式是网上商城的生命线，其合规性审计也就变得更加重要，必不可少。

网上商城业务模式和业务规则审计包括三个方面，即采购交易场景模型合规性审计、业务模式合规性审计和操作流程合规性审计。

（1）采购交易场景模型合规性审计。

采购交易场景模型指的是《规范》第四章规定的网上商城采购交易通用场景模型。此模型规定了网上商城各参与方的角色职责，以及相互之间的关系。只有在各个角色各司其职、协同工作时，才能够达成国有企业采购交易的良好实践。采购业务模式是建立在场景模型基础之上的。场景模型中如果角色错位、缺位、越位，业务模式的基础就消失了。因此，首先要把好场景模型合规这一关。

（2）业务模式合规性审计。

业务模式审计的内容，应当根据《规范》第四章的要求，对各角色的职责分工、信息流平衡和物流资金流对称关系的完备性进行审计。

《规范》规定了实时价业务模式、固定价业务模式和定制化业务模式。这三种业务模式基本上涵盖了国有企业的全部采购活动。每一种业务模式所遵循的业务规则来自国有企业相关的采购制度。这些采购制度需要固化在每个业务模式的业务流程中。因此，需要对这些业务流程是否充分体现了采购制度的要求进行审查。

到目前为止，国有企业的采购制度主要有三类。一是国家和地方政府层面的相关法律法规，如《政府采购法》《招标投标法》《电子招标投标办法》等。二是行业协会的标准和规范，包括中国物流与采购联合会制定的《国有企业采购操作规范》《国有企业采购管理规范》以及《国有企业网上商城采购交易操作规范》。三是国有企业根据自身情况制定的企业采购管理办法等企业采购制度。业务模式要把这三个层次的制度融合到一个连续的平台化业务流程中，设置相应的控制点，同时还要保证业务流程具有较大的适用性。由于采购制度经常变化，使得业务模式设计更增加了不确定性。因此，通过实际工作和持续审计，对保持业务模式的持续正确合规是非常必要的。就目前的状况来说，实时价模式的实践经验更多一些，也更成熟一些。其他两种模式仍需经受较长时间的考验。

（3）操作流程合规性审计。

操作流程是在特定业务模式下不同角色的操作规则。操作流程除了与业务模式有关，还与供应商和采购人的业务设定有关。这些设定是网上商城应供应商或采购人要求，按照供应商或采购人的制度要求设置的。这些设定固化在操作流程中，或者通过接口调用成为操作流程的一部分，构成了对操作的限制条件。这些固化或者调用的流程限制是否符合国有企业采购规范，直接影响到国有企业采购的公平、公正、公开和采购效率，因而也必须纳入审计范围。

采购人操作流程合规是合规性审计的主要目的。通过操作流程合规性审计的网上商城才能向采购人保证其流程的合规性，消除采购人违规风险。

3. 采购活动合规报告与审计支持

网上商城应基于采购数据定期向采购人出具《采购活动合规报告》。

《采购活动合规报告》是网上商城给采购人提供的采购活动合规的证明。同时，作为采购活动全程记录的数据平台，网上商城也应采购人及相关审计机构的要求，为采购人的业务审计提供支持。

（1）关于采购活动合规报告。

本规范要求网上商城基于采购数据定期向采购人出具《采购活动合规报告》，既是对网上商城强化合规性自律的一种约束，同时也是网上商城对采购人采购活动合规性的见证和证明。在采购实践中，特别是在招标投标中，许多交易中心一直在履行这一职能。

《采购活动合规报告》的示例如下。

《采购活动合规报告》示例

订单基本情况

订单名称及订单编号。

订单内容：订单的品类细目、数量、单价、总价等。

供应商情况：供应商名称、联系人、联系方式等。

交货条件：交货方式、交货期、验收标准、支付方式等。

采购人：采购人名称、负责人、联系方式等。

采购过程合规情况

采购需求：来自采购计划和预算、临时或紧急采购。

采购模式：实时价模式、固定价模式、定制化模式。

比价过程：比价比选记录、选购清单。

订单批准手续：批准人、批准时间、批准记录。

订单执行情况

订单实际交付数量：交货单、验收单、交付数量。

交付期：计划交付时间、实际交付时间。

订单退货情况：交付合格率、退换货率。

支付：支付计划、实际支付。

售后服务：售后服务计划、售后服务记录、售后服务支出。

审计结论：采购需求与计划合规性、采购模式合规性、采购与履约过程合规性、售后服务与支付合规性。

《采购活动合规报告》主要是针对订单的。可以对每一份订单出具报告，也可以对一批订单出具报告。报告定期提供给采购人，作为采购人内部或外部对采购业务审查时的证明。

在现代数字化智能化技术条件下，网上商城的采购活动合规性审查可以通过机器智能进行。《采购活动合规报告》也可以通过机器自动出具。

（2）关于采购人审计支持。

在网上商城出具《采购活动合规报告》的前提下，如果采购人或其审计机构、检查机构需进一步延伸审计，网上商城应予支持。在实践中有两种可能的情况应作为常备项目。一是与《采购活动合规报告》一致的单项订单或合同的审计。二是对确定期限的批量订单或合同的审计。与《采购活动合规报告》仅给出结论性意见不同的是，当采购人需要延伸审计时，网上商城应提供相关采购人的详细数据，由采购人审计自行判断。

网上商城从建构业务模式，到业务模式的运行，再到对运行状况的评估和审计，最后在评估和审计的基础上进一步优化，形成了一个封闭优化循环。

业务模式建构 → 业务模式运行

↑ ↓

业务模式优化 ← 业务模式评估和审计

这个封闭循环，使得网上商城本身具备了自我完善自我发展的能力。这个封闭循环建立在互联网上，建立在网上商城的技术平台上，可以通过数据的积累和智能化算法进行自我提升。这是网上商城的独特之处，也是《国有企业网上商城采购交易操作规范》的生命力所在。

三、从网上商城到数字供应链

交易平台经济学的一个重要结论是，数字化的本质是平台化，企业的数字化转型本质上是向平台化生产方式的转型。在此逻辑下，社会经济生产方式正在发生根本性变化，社会经济正在从以生产为中心转向以交易为中心，交易平台定义生产、流通、消费。最近，上海提出要在“十四五”期间建设一批千亿级和万亿级的交易平台，正是这一逻辑的必然结果。相信将会有更多的城市转向推动交易平台建设。在未来，交易平台的拥有量决定城市竞争力。

在此逻辑下的另一个结果是，企业的竞争将是企业交易平台的竞争。一个企业，要么是交易平台，要么是交易平台的客户。对于国有企业，特别是中央企业来说，由于兼具行业管理功能，天然具有成为行业交易平台的优势。但一个行业往往容纳不了太多的交易平台，国有企业之间必然面临争夺行业交易平台的竞争。客观上说，国有企业网上商城的竞争就是这种竞争的表现形式。谁占据了网上商城，谁才能成为产业链的“链长”。

企业网上商城与消费品领域的电子商城不同。狭义的网上商城是企业为满足下属企业或关联企业在电子商城采购的合规性而建立的链接电子商城和内部采购人的交易平台。通过在网上商城固化合规性要求，结合交易场景，形成标准化的业务模式和操作流程，规范了供应商和采购人的行为，解决了长期存在的合规与效率的矛盾、计划性与灵活性的矛盾、集中采购与分散使用的矛盾，降低了企业成本，提高了企业效益。这是国有企业在数字时代的重要采购模式创新。

这个创新的采购模式主要包括基于数字化建立企业采购的四个阶段。即寻源准入、商城交易、履约监测和平台赋能。寻源准入是指选择供应商并签订准入协议，供应商包括平台型供应商和独立于平台型供应商的独立供应商，准入阶段主要确定合格产品与合规供应商。商城交易是指合规供应商与采购人具体交易都要在网上商城进行，留下完整交易记录。履约监测是指网上商城对交易达成后的交付过程，包括物流跟踪和工程监测进行记录，确保交付过程可视化。平台赋能指的是网上商城技术平台通过集成技术和金融资源对采购人支付及供应商交付提供支持，确保交易双方完整履约。

这四个阶段的数据集中在网上商城，就形成了企业采购的数据空间，进而与实体空间的采购活动形成互动，促进实体采购活动的优化和降本增效。

根据标的物性质和定价方式的不同，在上述四阶段采购模式下演化出三种交易模式。一是实时价模式，适用于小额商品与服务的采购，通常用于与电商的交易。二是固定价模式，适用于长期合同和框架协议确定的产品和服务的采购，用于企业主供应链的履约管理。三是定制化模式，适用于一次性、创新性、探索性定制的产品和服务。每种交易模式都包括寻源准入、商城交易、履约监测和平台赋能四阶段，在网上商城完整呈现，既可以单独运行，也可以同时运行。

《国有企业网上商城采购交易操作规范》是在国有企业实践的基础上，对国有企业网上商城采购业务模式的理论概括和规范化、标准化，将有力促进企业采购数字化发展。

网上商城业务模式的推广对于企业建设数字供应链具有重要意义。在此模式下，网上商城数据空间与生产、销售数据空间的并集就是企业供应链数据空间。这个数据空间与企业的供应、生产、销售建立起映射关系，构成平台化生产方式的基础，进而实现企业生产方式的数字化转型，智慧化升级。

在供应链数据空间，通过吸引供应商的供应商、销售商的销售商进入，在数据空间实现同一产业链上不同阶段的交易集聚，就有可能把整个产业链的数据集中在一个数据空间，使产业链数据可视化、可计算化，进而实现产业链的优化，建立产业链的快速反应机制和稳定机制。这就是产业链“链长”产生的数据条件和基础。基于此，我们可以看到，网上商城的发展实际上是通向产业链“链长”的通道。

国有企业要当产业链“链长”，必先搞好数字供应链。

要搞好数字供应链，必先搞好网上商城。

四、补充材料：网上商城经营模式探索

主编按语：网上商城经营模式对网上商城的发展非常重要。由于本书主要是对《国有企业网上商城采购交易操作规范》的释义，偏重于对各个主体操作层面的研究，没有深入研究网上商城的经营问题。作为本书的结束篇，主编认为应当向读者指出网上商城经营的基本问题，以期引起重视。

网上商城存在两种经营模式。一种是基于平台能力的平台服务模式，即网上商城本身不经营具体的商品和服务，仅提供交易撮合和交易促进。具体来说网上商城的交易发生在供应商和采购人之间，供应商直接对采购人开具发票，供应商对商品品质、交付、售后服务以及相应的财务关系的合法性负责。网上商城为供应商和采购人提供平台服务，收取相应的服务费。另一种是中间商模式，即网上商城与供应商的关系是经销或代理关系，网上商城是供应商和采购人之间的中间商，网上商城的利益来源于供应商供货价与采购人采买价之间的差额。在这种关系中，网上商城对商品品质、交付、售后以及相应的财务关系的合法性负责。尽管两种经营模式都是基于网上商城技术平台的业务模式而展开的，但其经营的性质是不同的。一般来说，前者被认

为是典型的平台经营模式，而后者则被认为是传统零售业的电子化。所以我们看到，在“《财富》世界500强”中，阿里巴巴被列入平台企业，而京东被列入零售企业。对国有企业网上商城来说，经营模式不同带来经营效果的不同，要根据实际情况进行合理选择。

（一）网上商城经营的平台服务模式

网上商城平台服务模式符合《电子商务法》定义的电子商务活动。根据《电子商务法》，网上商城供应商是平台内经营者，网上商城是平台经营者。电子商务平台经营者是指在电子商务中为交易双方或者多方提供网络经营场所、交易撮合、信息发布等服务，供交易双方或者多方独立开展交易活动的法人或者非法人组织；平台内经营者是指通过电子商务平台销售商品或者提供服务的电子商务经营者。网上商城作为平台经营者，在合规性上须把握如下10条红线：

（1）信守与平台内经营者的服务合同关系。

（2）不得采取集中交易方式进行交易，也不得进行标准化合约交易。

（3）对平台内经营者的信息进行管理，包括在首页显著位置公示平台内经营者营业执照信息、行政许可信息；在首页显著位置持续公示终止电子商务的有关信息；明示用户信息查询、更正、删除以及用户注销的方式、程序；对违反规定的平台内经营者采取必要措施，由市场监督管理部门责令限期改正。

（4）执行《中华人民共和国网络安全法》。

（5）按规定履行核验、登记义务；向市场监督管理部门、税务部门报送有关信息；对违法情形采取必要的处置措施，并向有关主管部门报告；按规定履行商品和服务信息、交易信息保存义务。

（6）在首页显著位置持续公示平台服务协议、交易规则信息或者上述信息的链接标识；修改交易规则要在首页显著位置公开征求意见，并按照规定的时间提前公示修改内容，不得阻止平台内经营者退出；以显著方式区分标记自营业务和平台内经营者开展的业务；为消费者提供对平台内销售的商品或者提供的服务进行评价的途径，不得擅自删除消费者的评价。对竞价排名的商品或者服务显著标明“广告”。

（7）不得对平台内经营者在平台内的交易、交易价格或者与其他经营者的交易等进行不合理限制或者附加不合理条件，不得向平台内经营者收取不合理费用。

（8）对平台内经营者侵害消费者合法权益行为要采取必要措施，对平台内经营者应尽到资质资格审核义务，对消费者应尽到安全保障义务。

（9）应对平台内经营者实施侵犯知识产权的行为依法采取必要措施。

（10）平台上销售的商品或者提供的服务应符合保障人身、财产安全的要求，不得进行虚假或者引起误解的商业宣传等，不得滥用市场支配地位，或者实施侵犯知识产权、侵害消费者权益等行为。

电子商务法对平台经营者划出的红线是对平台经营者的约束，同时也赋予了平台经营者对平台内经营者的管理权。在合规的前提下，平台经营者可以为平台内经营者提供一系列交易促进服务，为交易赋能。与此同时，大量交易数据沉淀在交易平台上，成为动态的数据资源。这些数据资源中所提炼出的交易知识是交易平台促进交易、为平台内经营者赋能的基础。在这个意义上，可以认为平台经营者和平台内经营者之间存在一种等价的交换关系，即平台内经营者用交易数据的所有权换取了平台的交易促进服务，由此构成了交易平台服务免费的基础。平台经营者的独特利益来源于交易平台的集聚效应，即只有在交易大量集聚在一起时才会产生的价值涌现。所以我们看到，每个成功的交易平台必然存在一段交易集聚的过程，只有在交易集聚量超过“阈值”时，交易平台的盈利点和价值才会显现出来，交易平台步入正常经营阶段。

国有企业网上商城是一种特殊的交易平台，同样需要为网上商城内经营者提供交易促进服务和创造集聚价值。但很显然，网上商城的交易促进服务需要更多的专业性，交易数据与交易促进的等价性可能不存在，因而网上商城的服务价值就凸显出来。这是许多国有企业网上商城向供应商收取交易服务费的主要原因。随着互联网与产业的进一步融合，这个问题会越来越突出。专业性服务溢价将成为网上商城和交易平台集聚知识产生价值的重要动力，会成为产业互联网重要研究课题。

（二）网上商城经营的中间商模式

由于历史的原因，许多国有企业的网上商城脱胎于物资公司或者由物资公司创办，为物资公司服务。在这种情况下网上商城就自然会继承物资公司的经营模式。大部分物资公司承担集团大宗物资的集中采购和分发职能，其经营模式为集中采购，加价后在集团内分发销售。也有部分物资公司不仅为集团内企业服务，也为集团外企业服务，这样物资公司就成了标准的中间商。

国有企业网上商城采取中间商模式经营，不再符合《电子商务法》设定的电子商务场景。

1. 不存在平台经营者和平台内经营者的区分。电子商务法主要规范的平台经营者和平台内经营者的关系也就不复存在。

2. 这样的网上商城实际上是一个销售平台。在一定程度上是供应商的经销商，追求经销利益。

作为经销商的平台和作为交易促进平台的不同，在于经销商必须对商品和服务承担更大的责任。包括商品质量、安全交付、售后服务等。由此，要求网上商城具备与平台服务商完全不同的资源和能力。

3. 在一定条件下，这种性质的国有企业网上商城会产生与采购人或集团整体利益的冲突，进而会由于被认为与企业集团利益矛盾而被集团所排斥。为避免被排斥，往往采取平进平出的策略，转向以服务费的形式向供应商收取实际差价。由此形成了网上商城在表面上是平台服务商而实际上是中间商的模糊经营模式。

无论是纯粹的经销商模式还是模糊的经销商模式，都在一定程度上偏离了国有企业网上商城建立的初衷。后者由于服务费收入与经销收入的税务处理操作存在很大差别，还可能产生财务风险，应当引起特别注意。

（三）数字供应链经营模式

自从现代工业企业产生以来，就存在供应链。随着生产的全球化，供应链对企业的经营越发重要。在一定程度上，企业效率的不同主要由于其供应链效率的不同，供应链决定企业效率。认识到这一点，近年来，许多国有企业的物资管理部门和物资公司逐渐转型为供应链管理部门和供应链服务公司。

物资管理部门和物资公司的这种转型，本质上是数字化转型。由传统采购管理转型为供应链管理，首先面临着全供应链的高效联动快速反应问题，并非单一企业可为。只有在数字化条件下，供应链全链条的供应商及其产品和服务都集聚在同一个数据空间，才能实现供应链的优化和快速响应。因此，国有企业的供应链转型必须在完成采购交易数字化的条件下才能取得成功。

国有企业网上商城的三种采购业务模式，实际上是企业采购数字化的路径。实时价模式实现了企业小额采购的数字化，固定价模式实现了生产过程主供应链采购的数字化，定制化模式则实现了定制化采购的数字化。这三种业务模式共同完成了企业采购的数字化。这三种采购业务模式产生的交易数据集聚在同一数据空间，进行实时分析，实时调度，就可能实现数字供应链所要求的全链条即时联动快速反应，由此带来生产效率的极大提升。这是国有企业供应链转型的最终目的。在此意义上，网上商城承担着企业数字化的历史使命。

就经营模式来说，数字供应链的经营实际上是对企业生产和交易过程中所产生的数据的经营。在数字供应链经营中，同样具有平台经营者和平台内经营者的区分。所不同的是，在数字供应链平台上的经营者是具有互相采购和交易关系、具有业务关联的独立经营者。供应商和采购人的角色是可以互相转换的。数字供应链平台是独立于供应商和采购人的第三方平台服务提供者。数字供应链平台主要为平台内的经营者提供下列服务。

（1）把一个或多个产业的供应商和采购人集聚在一个平台上。

（2）根据平台内经营者的要求，在数据空间迅速构造一条或几条可能的供应链供采购人选择。

（3）基于采购人选择的供应链在供应商之间建立实体关系。

（4）对已经建立的供应链进行监测、评估、优化。

在这个意义上，数字供应链平台经营者是供应链服务的提供者，就是产业链供应链的“链长”。

（作者：中国融通集团有限公司运营部处长　肖政）

附录一　国有企业网上商城采购交易操作规范

国有企业网上商城采购交易操作规范

1　范围

本文件规定了国有企业网上商城采购交易的交易场景、业务模式和操作流程。

本文件适用于国有企业通过网上商城进行的采购交易活动。非公有制企业可参照执行。

2　规范性引用文件

下列文件中的内容通过文中的规范性引用而构成本文件必不可少的条款。其中，注日期的引用文件，仅该日期对应的版本适用于本文件；不注日期的引用文件，其最新版本（包括所有的修改单）适用于本文件。

T/CFLP 0016—2019　国有企业采购操作规范

T/CFLP 0027—2020　国有企业采购管理规范

3　术语和定义

下列术语和定义适用于本文件。

3.1

网上商城　E - market

国有企业建立的提供给内部采购人使用的交易平台。网上商城通过一整套标准化业务模式、操作流程和技术措施将国家采购相关的法律法规和国有企业采购制度及合规要求固化在交易平台上，保证内部采购人实施采购业务的合规性、交易的可靠性和商品和服务的分发效率。

3.2

平台型供应商　platform supplier

具有独立法人地位、可为网上商城提供商品和服务的平台型电子商务企业。

注：包括各种消费品电商平台、工业品交易平台以及各类生产性、公共性和金融服务平台。

3.3

独立型供应商　independent supplier

独立于平台型供应商与网上商城直接对接的生产厂商和服务机构。

注：包括各类商品生产企业、工程承包企业和服务提供机构以及各类战略供应商、专业供应商和特色供应商。

3.4

内部采购人　internal procurement person/purchaser

国有企业内部下属机构、分支机构的采购部门和经授权的采购人员。

3.5

电子合同　electronic contract

满足《中华人民共和国电子签名法》要求，用电子签名或电子签章签署的数据电文形式的合同。

3.6

实时价模式　live pricing model

网上商城管理部门与供应商签订准入协议，确定准入品类和实时价折扣，采购人在实际采购时按电商平台商品和服务的实时价折扣定价的采购模式。

3.7

固定价模式　fixed price model

网上商城管理部门与供应商签订准入协议，确定供应商准入商品和服务的名称、技术标准和价格，采购人在实际采购时直接选择数量和交期的采购模式。

3.8

定制化模式　customized model

网上商城管理部门与供应商签订准入协议，只与供应商确定商品和服务的品类，采购人在实际采购时，通过与供应商进行二次或多次竞争或谈判后，再与供应商确定商品和服务价格和数量的采购模式。

3.9

准入协议　access agreement

网上商城管理部门与供应商签订的许可特定供应商入驻网上商城的协议或合同。准入协议规定供应商入驻网上商城的业务模式、商品和服务品类、定价方式、供应商责任和需遵守的交易规则。

注：按业务模式不同。可分为实时价准入协议、固定价准入协议和定制化准入协议。

3.10

平台赋能　platform empowerment

网上商城技术平台通过数据分析和资源集成为供应商和采购人完成交易提供支持和帮助。

4　网上商城

4.1　网上商城采购交易通用场景模型

国有企业网上商城采购交易通用场景模型见图1。

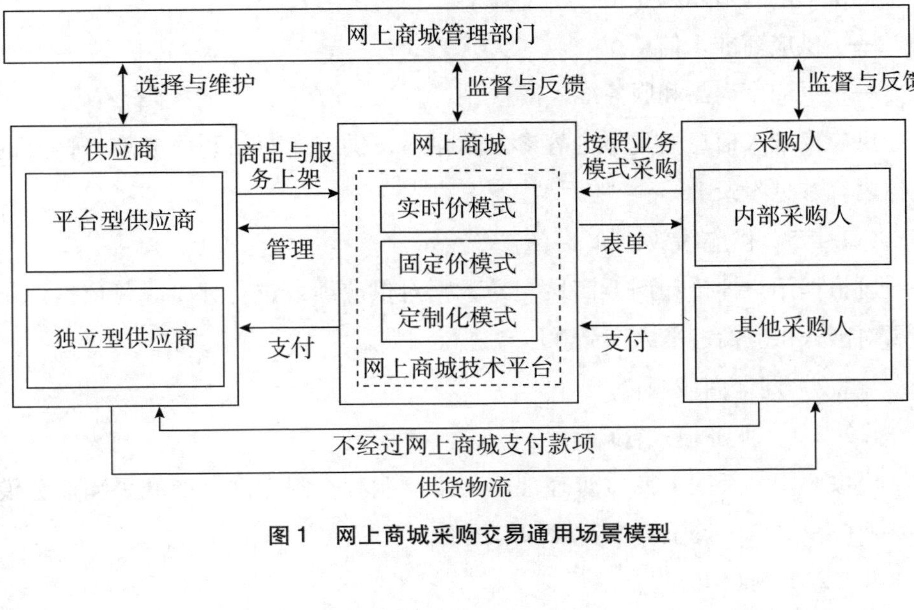

图1　网上商城采购交易通用场景模型

4.2 场景角色职责

4.2.1 网上商城管理部门职责

4.2.1.1 监督管理

应按 T/CFLP 0027—2020 规定的采购实体的职责，制定网上商城采购交易管理制度，监督网上商城合规运营，回应供应商、网上商城和采购人合理要求。

4.2.1.2 审批网上商城业务模式

应按 T/CFLP 0027—2020 的相关规定对网上商城业务模式和交易规则的合规性进行审查，并出具批准文件。

4.2.1.3 寻源与准入

应按 T/CFLP 0016—2019 的规定负责供应商寻源，遴选合规供应商，签订供应商准入协议。在完成供应商寻源之后将采购交易和履约纳入网上商城业务模式，向网上商城提供准入供应商名单及其准入的商品和服务清单。

4.2.1.4 提供准入信息

提供的准入信息应包括：

——供应商准入信息；

——供应商商品和服务准入信息。

供应商准入信息的具体内容参见附录 A，供应商商品和服务准入信息的具体内容参见附录 B。

4.2.1.5 供应绩效评价

可根据用户评价和网上商城交易数据对供应绩效进行评价。可依据评价结果对准入供应商、准入商品和服务进行调整。

4.2.2 网上商城职责

4.2.2.1 业务模式合规

应按照国家及网上商城管理部门的采购制度，制定网上商城采购业务模式。业务模式应经网上商城管理部门批准。

4.2.2.2 操作流程合规

应基于网上商城技术平台建立规范的操作流程，确保供应商和采购人按操作流程进行操作即是合规的。

4.2.2.3　交易保证体系

应与技术中介、担保机构和金融机构合作，建立交易保证体系，防止欺诈，确保交易双方执行合同、完成交易。

4.2.2.4　履约实施和平台赋能

应对每种业务模式的交易过程、履约过程进行全程跟踪、全面监测，并依托交易数据和履约数据对供应商和采购人进行评价和赋能。

4.2.3　供应商职责

4.2.3.1　平台型供应商、独立型供应商均应获得网上商城管理部门出具的准入许可文件，方可接入网上商城。

4.2.3.2　供应商应遵守网上商城相关规定，并按照订单约定对其供应的商品和服务的品类、质量、物流配送、交付承担责任。

4.2.4　采购人职责

内部采购人应按照网上商城规定的业务模式和操作流程进行采购交易活动。其他采购人应与网上商城签约，并纳入网上商城管理后方可在网上商城按相应业务模式和操作流程进行采购交易活动。

4.3　场景角色关系

4.3.1　信息流关系

各角色通过网上商城建立关系。网上商城应在各角色之间建立完备的信息流关系，包括：

——网上商城与网上商城管理部门及供应商之间的信息流关系；

——网上商城与网上商城管理部门及采购人之间的信息流关系；

——网上商城与网上商城管理部门、供应商、采购人之间的信息流关系。

网上商城应及时记录交易过程，形成完整信息流记录，并按网上商城管理部门规定期限保存。

4.3.2　物流和资金流关系

网上商城应全面、及时记录供应商和采购人之间的物流和资金流，并建立相应的机制保证物流和资金流的对称性。

4.4　网上商城技术平台

4.4.1　业务模式和操作流程构建

应按第5章、第6章、第7章的要求，构建完整的业务模式和操作流程。

4.4.2　商品和服务目录

应将全部准入商品和服务编制成统一目录。统一目录应与网上商城管理部门的许可文件内容一致。

4.4.3　商品和服务统一编码

4.4.3.1　应对准入商品和服务进行统一编码，确保每种商品和服务有唯一不变代码。

4.4.3.2　商品和服务代码编制规则可参考附录C。

4.4.4　供应商准入功能

应支持供应商接入与退出、商品和服务上架与下架、供应商分级分类，并建立供应商及其商品和服务数据库，支持相应的供应商选择、商品准入审批程序。

4.4.5　交易功能

应支持不同业务模式的交易全流程及各个交易环节的审批功能。

注：交易全流程包括采购人搜索、业务模式匹配、比价比选程序及记录、选购清单审批、订单管理等。

4.4.6　履约监测功能

应支持各业务模式的履约监测并记录相关数据。

注：履约监测和记录包括按订单显示履约计划和进程，全程监测和记录物流和项目进程、交付及验收、支付、售后服务过程及数据。

4.4.7　平台赋能功能

应建立交易数据分析和共享机制，引入金融和技术综合服务，为供应商和采购人提高交易效率和采购效益赋能，并通过用户评价和技术迭代持续提升技术平台服务能力。

5　网上商城业务模式

5.1　业务模式

网上商城业务模式分为实时价模式、固定价模式和定制化模式。网上商城应至少能够运行一种业务模式。

5.2　实时价模式

5.2.1　准入品类

实时价模式的准入商品和服务品类由实时价准入协议确定，具体表现为准入清单。供应商在准入清单中增加或减少品类应经网上商城管理部门同意。

5.2.2　定价方式

5.2.2.1　价格

实时价模式的商品和服务价格由接入网上商城的平台型供应商确定，并与平台型供应商面向社会市场的交易平台上的价格相同。接入网上商城的平台型供应商的同类商品和服务的价格应满足其准入时承诺的折扣率，实际成交价格不超过其在准入协议中承诺的价格。

5.2.2.2　折扣

实时价模式的价格折扣由准入协议确定。折扣调整需经网上商城管理部门同意。

5.2.3　履约程序

应按5.5的要求。

5.2.4　模式适用

实时价模式主要适用于在平台型供应商采购且竞争充分、市场价格透明的通用性商品和服务的采购交易。

5.3　固定价模式

5.3.1　准入品类

5.3.1.1　固定价模式的准入商品和服务品类应由固定价准入协议确定，具体表现为准入清单。固定价准入清单应按准入协议明确有效期并定期通过新的准入协议进行更新。

5.3.1.2　固定价商品和服务品类的规格、型号、技术参数等技术标准应由准入时签订的准入协议确定，并应在网上商城的固定价模式栏目中明确显示。

5.3.2　定价方式

固定价商品和服务价格由准入时签订的准入协议确定。

5.3.3 履约程序

应按5.5的要求。

5.3.4 模式适用

固定价模式主要适用于向独立型供应商采购且技术要求明确、价格稳定的商品和服务的采购交易。

合同全部要素已确定的战略采购项目、工程招标项目以及其他价格要素已经确定的采购项目可采用固定价模式在网上商城完成后续交易和履约程序。

5.4 定制化模式

5.4.1 准入品类

采用定制化模式的商品和服务类别清单由定制化准入协议确定。具体表现为准入供应商清单。准入供应商清单应标明其可提供的定制商品类别和服务能力类别。

5.4.2 定价方式

5.4.2.1 需求确定

采购人按照定制化模式要求，按采购品类特点确定采购方式，在定制化准入清单的范围内向合规供应商发出邀请书和采购文件，详细描述需求，进入网上商城比选程序。

5.4.2.2 比选

比选操作应先根据定制化品类确定采购方式，按照T/CFLP 0016—2019中相应采购方式的条款要求制定比选流程。采购人按流程进行比选。

经比选程序确定的价格、数量及其技术指标构成采购订单或采购合同的主要内容。

5.4.3 履约程序

应按5.5的要求。

5.4.4 模式适用

定制化模式适用于临时性、一次性和创新性商品和服务的采购交易。

5.5 履约流程

应在网上商城技术平台向订单相对方显示下列履约流程：

——履约计划；

——发货通知；

——物流跟踪进程或工程进度；

——到货时间或工程完成时间；

——验收安排；

——支付安排；

——售后服务；

——平台赋能条件。

5.6　交易保证机制

网上商城可引入第三方信用评价、工程担保、保险及供应链金融服务，建立交易保证机制，支持供应商和采购人履约。

5.7　合同形式与订单

5.7.1　网上商城的采购人与供应商达成交易应以订单为准，无须单独就每次采购签订合同。供应商和采购人均接受准入协议确定的相关权利和义务条款，并认可网上商城的相关规定。

5.7.2　确需签订合同的项目应签订电子合同，并将合同内容与订单要素建立对应关系后纳入订单管理。

6　供应商操作流程

6.1　供应商对接

6.1.1　平台型供应商

平台型供应商经与网上商城管理部门签订准入协议后，应与网上商城就推送数据内容、接口方式、交易规则、数据安全等事项协商达成一致，商品和服务方可接入网上商城。

6.1.2　独立型供应商

独立型供应商经与网上商城管理部门签订准入协议后，应按协议清单将上架商品信息提交至网上商城运营机构，由网上商城运营机构统一进行审核、上架等工作。

注：上架商品信息包括商品描述、规格参数、交货期、最低供货量等。

6.1.3　测试

供应商商品和服务接入商城后应进行全面测试。数据应完整准确，下单采购、物流跟踪、结算支付等各流程状态正确，执行畅通。

6.2　商品与服务上架下架操作

6.2.1　商品与服务上架

商品和服务应按照网上商城的业务模式分类上架：

——按实时价模式上架：平台型供应商应与网上商城进行数据对接，按照协议中的商品准入清单对商品和服务进行上架操作。上架信息中的价格应与平台型供应商面向社会销售的电商平台的同一商品建立唯一对应关系，保持同步变化，并按协议折扣。

——按固定价模式上架：独立型供应商应向网上商城提出上架固定价模式申请。上架信息应包括准入清单的全部内容。商品价格应标明固定价格和有效期限。

——按定制化模式上架：获得定制化业务模式准入的供应商应向网上商城提出上架申请。上架信息应包括其准入协议确定的商品和服务类别信息以及供应商在准入协议第一阶段的评价结果，并应按附录 A 的要求提供供应商准入信息。

供应商应配合网上商城按照准入协议所确定的准入清单进行上架审核。应对商品和服务的销售范围、销售价格、结算方式等进行确认。

6.2.2　商品与服务下架

商品与服务下架分为：

——因准入协议中止；

——到期下架；

——因违反协议约定而执行的单品下架；

——临时下架。

商品与服务下架前，应在网上商城发布公告，同时履行相关审批流程。如有未完成订单，应对未完成订单进行处理。

6.3　参与比价比选

供应商应支持和参与不同业务模式的比价或比选。

6.4　订单确认

供应商在收到采购人通过网上商城发来的电子订单后，应在协议约定和网上商城确定的时限内确认订单。

6.5　质量保证

供应商应对其所供商品和服务提供质量保证，应符合准入协议和订单中规定的质量要求。

6.6　物流信息与验收交付

供应商应确保网上商城跟踪物流全过程。供应商自有物流的，供应商平台应将订单的物流状态等信息通过数据接口推送至网上商城。供应商使用第三方物流的，应将第三方物流信息接入至网上商城。

供应商应协助采购人完成验收。

6.7　售后服务

6.7.1　退货与换货

供应商应对商品提供退货和换货服务，应对采购人在网上商城提出的退货、换货申请及时予以处理，并将处理结果记录在网上商城相应栏目。

6.7.2　定期维护

供应商如在订单和合同中承诺定期维护服务，应把服务履约情况反馈至网上商城相应栏目。

6.8　电子发票

结算宜使用电子发票。发票信息应反馈至网上商城技术平台。

6.9　投诉应答

供应商应在管理要求中规定的时间内，对采购人在网上商城的投诉在线答复。

6.10　咨询

供应商应在商品页面显著位置标注售前、售后服务联系方式，并保持7×24小时联系畅通，及时处理咨询问题。

7　采购人操作流程

7.1　采购人注册

采购人应按网上商城要求进行注册。

7.2　采购人需求

7.2.1　采购计划和采购意向

采购人应定期向网上商城管理部门或网上商城通报采购计划和采购意向。

7.2.2 采购规范

采购人应制定采购规范并在网上商城公开。

注：采购规范是采购人根据需求制定的待采商品和服务需满足的技术条件。

7.2.3 请购单

采购人应按照本单位采购管理要求，制作请购单，完成采购申请，确定采购品类、限额和与其匹配的采购模式，获得批准后进入网上商城按相应业务模式进行采购。

7.3 比价与比选

7.3.1 实时价模式中的比价

按实时价模式采购的品类，采购人应在网上商城根据采购标准，按商品和服务名称、品牌、型号、产地、物流、售后等要素进行同类比价，选择适宜的商品和服务。

7.3.2 固定价模式中的比选

按固定价模式采购的品类，如网上商城存在相同产品不同供应商，采购人应根据采购标准对不同厂商的除价格以外的条件进行比选，选择适宜的商品和服务，确定最优采购频次。

7.3.3 定制化模式中的比选

7.3.3.1 按定制化模式采购的品类，采购人应在网上商城相应业务模式发布采购清单，邀请相关品类的准入供应商进行报价，按照请购单确定的比选程序完成比价或竞价。

7.3.3.2 部分品类的采购需在线下完成谈判或磋商的，采购人应将谈判与磋商过程信息上传至网上商城定制化模式的系统中。

7.3.4 自动比价和比选

采购人使用网上商城提供的利用大数据、人工智能等技术进行的自动比价和比选服务，应要求系统提供比价比选规则和比价比选过程信息。采购人自主判断比价比选程序是否符合采购人要求，自主确定是否采信自动比价比选结果。

7.4 选购清单

采购人应按网上商城采购模式要求的选购清单格式，完整填写清单内容。

7.5　审批选购清单

采购人通过审批接口或其他方式，按本单位采购管理审批权限进行选购清单审批，并将审批结果导入网上商城相应系统。

7.6　下单和订单确认

7.6.1　下单

经批准的选购清单成为订单。采购人据此在网上商城下单采购。

7.6.2　订单确认

7.6.2.1　网上商城订单可以系统自动确认，也可以由供应商手工确认。

7.6.2.2　网上商城订单确认后对采购人、网上商城和供应商三方具有约束力。未经订单相对方同意，不应单方面取消或变更订单。

7.7　商品物流跟踪与定制化项目进程监测

采购人应通过网上商城跟踪订单，了解物流状态和定制化项目进程。当发现异常情况时，可进行催单。

7.8　验收

采购人收到商城订单货物后，应及时验收，并在网上商城填写验收单。

7.9　支付

采购人验收订单和货物一致后，按照订单确定的支付方式和网上商城不同业务模式的支付流程完成支付。

7.10　供应商服务评价

采购结束后，采购人应在网上商城的供应商评价栏目完成对供应商服务的评价。

附录 A
（资料性）
供应商准入信息

基本信息：供应商唯一代码、供应商名称、联系人、手机号、邮箱等。

企业信息：供应商类别、法人代表、注册资本、统一社会信用代码等。

银行账户信息：开户行、开户名、账号、银行联行号、账户属性等。

业绩信息：业绩名称、类型、合同名称、编号、签订日期、金额、业主单位、证明人及联系方式等。

资质信息：资质名称、等级、资质证书名称、编号、有效期、发证机构等。

认证信息：认证名称、认证标准、认证范围、证书有效期、认证机构等。

开票信息：发票抬头、发票类型、纳税人识别号、开户银行、账号等。

通信信息：通信地址、电话、联系人、手机号等。

附录B
（资料性）
网上商城商品和服务准入清单基本内容

准入商品或服务名称及代码。

准入商品或服务的供应商名称及代码。

准入商品或服务的技术属性：包括准入商品或服务的商标、规格、型号、技术参数、技术指标等。

准入商品或服务的商业属性：包括准入商品或服务的定价模式、账期、支付条件等。

供应商属性：包括供应商的住址、经济性质、供货能力、配送能力与范围、售后服务能力等。

其他属性：包括框架协议有效期、上架时间、下架时间等。

附录 C
（资料性）
网上商城商品和服务代码编制规则

网上商城应赋予每种商品和服务一个唯一不变的代码。属于《商品条码管理办法》管理的商品应按国家规定申请条形码。

C.1　商品和服务界定

网上商城采购商品和服务指一个机构生产或提供的具有特定名称、规格、包装及其他技术属性的单种物品或单项服务。

C.1.1　代码结构

网上商城商品和服务代码由 13 位数字本体代码和 1 位数字校验码组成。

C.1.2　赋码

网上商城商品和服务代码采用系列顺序码或顺序码，由网上商城或网上商城共享数据中心负责统一赋码、维护和管理。

C.2　代码表示形式

网上商城商品和服务代码由本体代码和校验码依次连接而成，不留空格，其表示形式如图 C.1 所示。

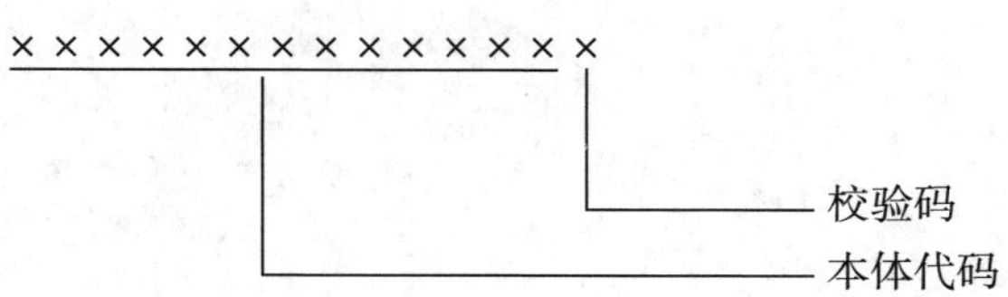

图 C.1　代码的表示形式

C.3　校验方法

校验码用于校验本体代码的正确性，其计算方法如下：

第一步：按照由右至左的顺序，确定代码中包括校验码在内的各位代码的位置序号（校验码的代码位置序号为1，其他由右至左依次为2，3，……，14）；

第二步：从代码位置序号为2的位置开始，求所有偶数位代码的和；

第三步：将第二步的和乘以3；

第四步：从代码序号为3的位置开始，求除了代码位置为1的其他所有奇数位代码的和；

第五步：将第三步与第四步的结果相加；

第六步：如果第五步所得的和的个位数为零，则校验码为零；如果第五步所得的和的个位数不为零，则用“10”减去第五步所得的和的个位数，所得差为校验码。

C.4　校验码计算实例

以计算本体代码为8358210987461的校验码为例，表C.1给出该例中的校验码、代码位置序号、偶数位和奇数位的关系。

表C.1　校验码计算示例

														校验码
代码位置序号	14	13	12	11	10	9	8	7	6	5	4	3	2	1
代码实例	8	3	5	8	2	1	0	9	8	7	4	6	1	X
偶数位	8		5		2		0		8		4		1	
奇数位		3		8		1		9		7		6		

该例中的校验码计算步骤如下：

（1）$1+4+8+0+2+5+8=28$

（2）$28\times 3=84$

（3）$6+7+9+1+8+3=34$

（4）$84+34=118$

（5）$10-8=2$

因此，该例中的校验码为2，即表中的X值为2。

附录二　中华人民共和国电子商务法

中华人民共和国电子商务法

（2018 年 8 月 31 日第十三届全国人民代表大会常务委员会第五次会议通过）

第一章　总　则

第一条　为了保障电子商务各方主体的合法权益，规范电子商务行为，维护市场秩序，促进电子商务持续健康发展，制定本法。

第二条　中华人民共和国境内的电子商务活动，适用本法。

本法所称电子商务，是指通过互联网等信息网络销售商品或者提供服务的经营活动。

法律、行政法规对销售商品或者提供服务有规定的，适用其规定。金融类产品和服务，利用信息网络提供新闻信息、音视频节目、出版以及文化产品等内容方面的服务，不适用本法。

第三条　国家鼓励发展电子商务新业态，创新商业模式，促进电子商务技术研发和推广应用，推进电子商务诚信体系建设，营造有利于电子商务创新发展的市场环境，充分发挥电子商务在推动高质量发展、满足人民日益增长的美好生活需要、构建开放型经济方面的重要作用。

第四条　国家平等对待线上线下商务活动，促进线上线下融合发展，各级人民政府和有关部门不得采取歧视性的政策措施，不得滥用行政权力排除、限制市场竞争。

第五条　电子商务经营者从事经营活动，应当遵循自愿、平等、公平、诚信的原则，遵守法律和商业道德，公平参与市场竞争，履行消费者权益保护、环境保护、知识产权保护、网络安全与个人信息保护等方面的义务，承担产品和服务质量责任，接受政府和社会的监督。

第六条　国务院有关部门按照职责分工负责电子商务发展促进、监督管理等工作。县级以上地方各级人民政府可以根据本行政区域的实际情况，确定本行政区域内电子商务的部门职责划分。

第七条　国家建立符合电子商务特点的协同管理体系，推动形成有关部门、电子商务行业组织、电子商务经营者、消费者等共同参与的电子商务市场治理体系。

第八条　电子商务行业组织按照本组织章程开展行业自律，建立健全行业规范，推动行业诚信建设，监督、引导本行业经营者公平参与市场竞争。

第二章　电子商务经营者

第一节　一般规定

第九条　本法所称电子商务经营者，是指通过互联网等信息网络从事销售商品或者提供服务的经营活动的自然人、法人和非法人组织，包括电子商务平台经营者、平台内经营者以及通过自建网站、其他网络服务销售商品或者提供服务的电子商务经营者。

本法所称电子商务平台经营者，是指在电子商务中为交易双方或者多方提供网络经营场所、交易撮合、信息发布等服务，供交易双方或者多方独立开展交易活动的法人或者非法人组织。

本法所称平台内经营者，是指通过电子商务平台销售商品或者提供服务的电子商务经营者。

第十条　电子商务经营者应当依法办理市场主体登记。但是，个人销售自产农副产品、家庭手工业产品，个人利用自己的技能从事依法无须取得许可的便民劳务活动和零星小额交易活动，以及依照法律、行政法规不需要进行登记的除外。

第十一条　电子商务经营者应当依法履行纳税义务，并依法享受税收优惠。

依照前条规定不需要办理市场主体登记的电子商务经营者在首次纳税义

务发生后，应当依照税收征收管理法律、行政法规的规定申请办理税务登记，并如实申报纳税。

第十二条　电子商务经营者从事经营活动，依法需要取得相关行政许可的，应当依法取得行政许可。

第十三条　电子商务经营者销售的商品或者提供的服务应当符合保障人身、财产安全的要求和环境保护要求，不得销售或者提供法律、行政法规禁止交易的商品或者服务。

第十四条　电子商务经营者销售商品或者提供服务应当依法出具纸质发票或者电子发票等购货凭证或者服务单据。电子发票与纸质发票具有同等法律效力。

第十五条　电子商务经营者应当在其首页显著位置，持续公示营业执照信息、与其经营业务有关的行政许可信息、属于依照本法第十条规定的不需要办理市场主体登记情形等信息，或者上述信息的链接标识。

前款规定的信息发生变更的，电子商务经营者应当及时更新公示信息。

第十六条　电子商务经营者自行终止从事电子商务的，应当提前三十日在首页显著位置持续公示有关信息。

第十七条　电子商务经营者应当全面、真实、准确、及时地披露商品或者服务信息，保障消费者的知情权和选择权。电子商务经营者不得以虚构交易、编造用户评价等方式进行虚假或者引人误解的商业宣传，欺骗、误导消费者。

第十八条　电子商务经营者根据消费者的兴趣爱好、消费习惯等特征向其提供商品或者服务的搜索结果的，应当同时向该消费者提供不针对其个人特征的选项，尊重和平等保护消费者合法权益。

电子商务经营者向消费者发送广告的，应当遵守《中华人民共和国广告法》的有关规定。

第十九条　电子商务经营者搭售商品或者服务，应当以显著方式提请消费者注意，不得将搭售商品或者服务作为默认同意的选项。

第二十条　电子商务经营者应当按照承诺或者与消费者约定的方式、时限向消费者交付商品或者服务，并承担商品运输中的风险和责任。但是，消费者另行选择快递物流服务提供者的除外。

第二十一条　电子商务经营者按照约定向消费者收取押金的，应当明示押金退还的方式、程序，不得对押金退还设置不合理条件。消费者申请退还押金，符合押金退还条件的，电子商务经营者应当及时退还。

第二十二条　电子商务经营者因其技术优势、用户数量、对相关行业的控制能力以及其他经营者对该电子商务经营者在交易上的依赖程度等因素而具有市场支配地位的，不得滥用市场支配地位，排除、限制竞争。

第二十三条　电子商务经营者收集、使用其用户的个人信息，应当遵守法律、行政法规有关个人信息保护的规定。

第二十四条　电子商务经营者应当明示用户信息查询、更正、删除以及用户注销的方式、程序，不得对用户信息查询、更正、删除以及用户注销设置不合理条件。

电子商务经营者收到用户信息查询或者更正、删除的申请的，应当在核实身份后及时提供查询或者更正、删除用户信息。用户注销的，电子商务经营者应当立即删除该用户的信息；依照法律、行政法规的规定或者双方约定保存的，依照其规定。

第二十五条　有关主管部门依照法律、行政法规的规定要求电子商务经营者提供有关电子商务数据信息的，电子商务经营者应当提供。有关主管部门应当采取必要措施保护电子商务经营者提供的数据信息的安全，并对其中的个人信息、隐私和商业秘密严格保密，不得泄露、出售或者非法向他人提供。

第二十六条　电子商务经营者从事跨境电子商务，应当遵守进出口监督管理的法律、行政法规和国家有关规定。

第二节　电子商务平台经营者

第二十七条　电子商务平台经营者应当要求申请进入平台销售商品或者提供服务的经营者提交其身份、地址、联系方式、行政许可等真实信息，进行核验、登记，建立登记档案，并定期核验更新。

电子商务平台经营者为进入平台销售商品或者提供服务的非经营用户提供服务，应当遵守本节有关规定。

第二十八条　电子商务平台经营者应当按照规定向市场监督管理部门报送平台内经营者的身份信息，提示未办理市场主体登记的经营者依法办理登记，并配合市场监督管理部门，针对电子商务的特点，为应当办理市场主体登记的经营者办理登记提供便利。

电子商务平台经营者应当依照税收征收管理法律、行政法规的规定，向税务部门报送平台内经营者的身份信息和与纳税有关的信息，并应当提示依照本法第十条规定不需要办理市场主体登记的电子商务经营者依照本法第十一条第二款的规定办理税务登记。

第二十九条　电子商务平台经营者发现平台内的商品或者服务信息存在违反本法第十二条、第十三条规定情形的，应当依法采取必要的处置措施，并向有关主管部门报告。

第三十条　电子商务平台经营者应当采取技术措施和其他必要措施保证其网络安全、稳定运行，防范网络违法犯罪活动，有效应对网络安全事件，保障电子商务交易安全。

电子商务平台经营者应当制定网络安全事件应急预案，发生网络安全事件时，应当立即启动应急预案，采取相应的补救措施，并向有关主管部门报告。

第三十一条　电子商务平台经营者应当记录、保存平台上发布的商品和服务信息、交易信息，并确保信息的完整性、保密性、可用性。商品和服务信息、交易信息保存时间自交易完成之日起不少于三年；法律、行政法规另有规定的，依照其规定。

第三十二条　电子商务平台经营者应当遵循公开、公平、公正的原则，制定平台服务协议和交易规则，明确进入和退出平台、商品和服务质量保障、消费者权益保护、个人信息保护等方面的权利和义务。

第三十三条　电子商务平台经营者应当在其首页显著位置持续公示平台服务协议和交易规则信息或者上述信息的链接标识，并保证经营者和消费者能够便利、完整地阅览和下载。

第三十四条　电子商务平台经营者修改平台服务协议和交易规则，应当在其首页显著位置公开征求意见，采取合理措施确保有关各方能够及时充分表达意见。修改内容应当至少在实施前七日予以公示。

平台内经营者不接受修改内容，要求退出平台的，电子商务平台经营者不得阻止，并按照修改前的服务协议和交易规则承担相关责任。

第三十五条　电子商务平台经营者不得利用服务协议、交易规则以及技术等手段，对平台内经营者在平台内的交易、交易价格以及与其他经营者的交易等进行不合理限制或者附加不合理条件，或者向平台内经营者收取不合理费用。

第三十六条　电子商务平台经营者依据平台服务协议和交易规则对平台内经营者违反法律、法规的行为实施警示、暂停或者终止服务等措施的，应当及时公示。

第三十七条　电子商务平台经营者在其平台上开展自营业务的，应当以显著方式区分标记自营业务和平台内经营者开展的业务，不得误导消费者。

电子商务平台经营者对其标记为自营的业务依法承担商品销售者或者服务提供者的民事责任。

第三十八条　电子商务平台经营者知道或者应当知道平台内经营者销售的商品或者提供的服务不符合保障人身、财产安全的要求，或者有其他侵害消费者合法权益行为，未采取必要措施的，依法与该平台内经营者承担连带责任。

对关系消费者生命健康的商品或者服务，电子商务平台经营者对平台内经营者的资质资格未尽到审核义务，或者对消费者未尽到安全保障义务，造成消费者损害的，依法承担相应的责任。

第三十九条　电子商务平台经营者应当建立健全信用评价制度，公示信用评价规则，为消费者提供对平台内销售的商品或者提供的服务进行评价的途径。

电子商务平台经营者不得删除消费者对其平台内销售的商品或者提供的服务的评价。

第四十条　电子商务平台经营者应当根据商品或者服务的价格、销量、信用等以多种方式向消费者显示商品或者服务的搜索结果；对于竞价排名的商品或者服务，应当显著标明“广告”。

第四十一条　电子商务平台经营者应当建立知识产权保护规则，与知识产权权利人加强合作，依法保护知识产权。

第四十二条　知识产权权利人认为其知识产权受到侵害的，有权通知电子商务平台经营者采取删除、屏蔽、断开链接、终止交易和服务等必要措施。通知应当包括构成侵权的初步证据。

电子商务平台经营者接到通知后，应当及时采取必要措施，并将该通知转送平台内经营者；未及时采取必要措施的，对损害的扩大部分与平台内经营者承担连带责任。

因通知错误造成平台内经营者损害的，依法承担民事责任。恶意发出错误通知，造成平台内经营者损失的，加倍承担赔偿责任。

第四十三条　平台内经营者接到转送的通知后，可以向电子商务平台经营者提交不存在侵权行为的声明。声明应当包括不存在侵权行为的初步证据。

电子商务平台经营者接到声明后，应当将该声明转送发出通知的知识产权权利人，并告知其可以向有关主管部门投诉或者向人民法院起诉。电子商务平台经营者在转送声明到达知识产权权利人后十五日内，未收到权利人已经投诉或者起诉通知的，应当及时终止所采取的措施。

第四十四条　电子商务平台经营者应当及时公示收到的本法第四十二条、第四十三条规定的通知、声明及处理结果。

第四十五条　电子商务平台经营者知道或者应当知道平台内经营者侵犯知识产权的，应当采取删除、屏蔽、断开链接、终止交易和服务等必要措施；未采取必要措施的，与侵权人承担连带责任。

第四十六条　除本法第九条第二款规定的服务外，电子商务平台经营者可以按照平台服务协议和交易规则，为经营者之间的电子商务提供仓储、物流、支付结算、交收等服务。电子商务平台经营者为经营者之间的电子商务提供服务，应当遵守法律、行政法规和国家有关规定，不得采取集中竞价、做市商等集中交易方式进行交易，不得进行标准化合约交易。

第三章　电子商务合同的订立与履行

第四十七条　电子商务当事人订立和履行合同，适用本章和《中华人民共和国民法总则》《中华人民共和国合同法》《中华人民共和国电子签名法》等法律的规定。

第四十八条　电子商务当事人使用自动信息系统订立或者履行合同的行为对使用该系统的当事人具有法律效力。

在电子商务中推定当事人具有相应的民事行为能力。但是，有相反证据足以推翻的除外。

第四十九条　电子商务经营者发布的商品或者服务信息符合要约条件的，用户选择该商品或者服务并提交订单成功，合同成立。当事人另有约定的，从其约定。

电子商务经营者不得以格式条款等方式约定消费者支付价款后合同不成立；格式条款等含有该内容的，其内容无效。

第五十条　电子商务经营者应当清晰、全面、明确地告知用户订立合同的步骤、注意事项、下载方法等事项，并保证用户能够便利、完整地阅览和下载。

电子商务经营者应当保证用户在提交订单前可以更正输入错误。

第五十一条　合同标的为交付商品并采用快递物流方式交付的，收货人签收时间为交付时间。合同标的为提供服务的，生成的电子凭证或者实物凭证中载明的时间为交付时间；前述凭证没有载明时间或者载明时间与实际提供服务时间不一致的，实际提供服务的时间为交付时间。

合同标的为采用在线传输方式交付的，合同标的进入对方当事人指定的特定系统并且能够检索识别的时间为交付时间。

合同当事人对交付方式、交付时间另有约定的，从其约定。

第五十二条　电子商务当事人可以约定采用快递物流方式交付商品。

快递物流服务提供者为电子商务提供快递物流服务，应当遵守法律、行政法规，并应当符合承诺的服务规范和时限。快递物流服务提供者在交付商品时，应当提示收货人当面查验；交由他人代收的，应当经收货人同意。

快递物流服务提供者应当按照规定使用环保包装材料，实现包装材料的减量化和再利用。

快递物流服务提供者在提供快递物流服务的同时，可以接受电子商务经营者的委托提供代收货款服务。

第五十三条　电子商务当事人可以约定采用电子支付方式支付价款。

电子支付服务提供者为电子商务提供电子支付服务，应当遵守国家规定，告知用户电子支付服务的功能、使用方法、注意事项、相关风险和收费标准等事项，不得附加不合理交易条件。电子支付服务提供者应当确保电子支付指令的完整性、一致性、可跟踪稽核和不可篡改。

电子支付服务提供者应当向用户免费提供对账服务以及最近三年的交易记录。

第五十四条　电子支付服务提供者提供电子支付服务不符合国家有关支付安全管理要求，造成用户损失的，应当承担赔偿责任。

第五十五条　用户在发出支付指令前，应当核对支付指令所包含的金额、收款人等完整信息。

支付指令发生错误的，电子支付服务提供者应当及时查找原因，并采取相关措施予以纠正。造成用户损失的，电子支付服务提供者应当承担赔偿责任，但能够证明支付错误非自身原因造成的除外。

第五十六条　电子支付服务提供者完成电子支付后，应当及时准确地向用户提供符合约定方式的确认支付的信息。

第五十七条　用户应当妥善保管交易密码、电子签名数据等安全工具。用户发现安全工具遗失、被盗用或者未经授权的支付的，应当及时通知电子支付服务提供者。

未经授权的支付造成的损失，由电子支付服务提供者承担；电子支付服务提供者能够证明未经授权的支付是因用户的过错造成的，不承担责任。

电子支付服务提供者发现支付指令未经授权，或者收到用户支付指令未经授权的通知时，应当立即采取措施防止损失扩大。电子支付服务提供者未及时采取措施导致损失扩大的，对损失扩大部分承担责任。

第四章　电子商务争议解决

第五十八条　国家鼓励电子商务平台经营者建立有利于电子商务发展和消费者权益保护的商品、服务质量担保机制。

电子商务平台经营者与平台内经营者协议设立消费者权益保证金的，双方应当就消费者权益保证金的提取数额、管理、使用和退还办法等作出明确约定。

消费者要求电子商务平台经营者承担先行赔偿责任以及电子商务平台经营者赔偿后向平台内经营者的追偿，适用《中华人民共和国消费者权益保护法》的有关规定。

第五十九条　电子商务经营者应当建立便捷、有效的投诉、举报机制，公开投诉、举报方式等信息，及时受理并处理投诉、举报。

第六十条　电子商务争议可以通过协商和解，请求消费者组织、行业协会或者其他依法成立的调解组织调解，向有关部门投诉，提请仲裁，或者提起诉讼等方式解决。

第六十一条　消费者在电子商务平台购买商品或者接受服务，与平台内经营者发生争议时，电子商务平台经营者应当积极协助消费者维护合法权益。

第六十二条　在电子商务争议处理中，电子商务经营者应当提供原始合同和交易记录。因电子商务经营者丢失、伪造、篡改、销毁、隐匿或者拒绝提供前述资料，致使人民法院、仲裁机构或者有关机关无法查明事实的，电子商务经营者应当承担相应的法律责任。

第六十三条　电子商务平台经营者可以建立争议在线解决机制，制定并公示争议解决规则，根据自愿原则，公平、公正地解决当事人的争议。

第五章　电子商务促进

第六十四条　国务院和省、自治区、直辖市人民政府应当将电子商务发展纳入国民经济和社会发展规划，制定科学合理的产业政策，促进电子商务创新发展。

第六十五条　国务院和县级以上地方人民政府及其有关部门应当采取措

施，支持、推动绿色包装、仓储、运输，促进电子商务绿色发展。

第六十六条　国家推动电子商务基础设施和物流网络建设，完善电子商务统计制度，加强电子商务标准体系建设。

第六十七条　国家推动电子商务在国民经济各个领域的应用，支持电子商务与各产业融合发展。

第六十八条　国家促进农业生产、加工、流通等环节的互联网技术应用，鼓励各类社会资源加强合作，促进农村电子商务发展，发挥电子商务在精准扶贫中的作用。

第六十九条　国家维护电子商务交易安全，保护电子商务用户信息，鼓励电子商务数据开发应用，保障电子商务数据依法有序自由流动。

国家采取措施推动建立公共数据共享机制，促进电子商务经营者依法利用公共数据。

第七十条　国家支持依法设立的信用评价机构开展电子商务信用评价，向社会提供电子商务信用评价服务。

第七十一条　国家促进跨境电子商务发展，建立健全适应跨境电子商务特点的海关、税收、进出境检验检疫、支付结算等管理制度，提高跨境电子商务各环节便利化水平，支持跨境电子商务平台经营者等为跨境电子商务提供仓储物流、报关、报检等服务。

国家支持小型微型企业从事跨境电子商务。

第七十二条　国家进出口管理部门应当推进跨境电子商务海关申报、纳税、检验检疫等环节的综合服务和监管体系建设，优化监管流程，推动实现信息共享、监管互认、执法互助，提高跨境电子商务服务和监管效率。跨境电子商务经营者可以凭电子单证向国家进出口管理部门办理有关手续。

第七十三条　国家推动建立与不同国家、地区之间跨境电子商务的交流合作，参与电子商务国际规则的制定，促进电子签名、电子身份等国际互认。

国家推动建立与不同国家、地区之间的跨境电子商务争议解决机制。

第六章　法律责任

第七十四条　电子商务经营者销售商品或者提供服务，不履行合同义务或者履行合同义务不符合约定，或者造成他人损害的，依法承担民事责任。

第七十五条 电子商务经营者违反本法第十二条、第十三条规定，未取得相关行政许可从事经营活动，或者销售、提供法律、行政法规禁止交易的商品、服务，或者不履行本法第二十五条规定的信息提供义务，电子商务平台经营者违反本法第四十六条规定，采取集中交易方式进行交易，或者进行标准化合约交易的，依照有关法律、行政法规的规定处罚。

第七十六条 电子商务经营者违反本法规定，有下列行为之一的，由市场监督管理部门责令限期改正，可以处一万元以下的罚款，对其中的电子商务平台经营者，依照本法第八十一条第一款的规定处罚：

（一）未在首页显著位置公示营业执照信息、行政许可信息、属于不需要办理市场主体登记情形等信息，或者上述信息的链接标识的；

（二）未在首页显著位置持续公示终止电子商务的有关信息的；

（三）未明示用户信息查询、更正、删除以及用户注销的方式、程序，或者对用户信息查询、更正、删除以及用户注销设置不合理条件的。

电子商务平台经营者对违反前款规定的平台内经营者未采取必要措施的，由市场监督管理部门责令限期改正，可以处二万元以上十万元以下的罚款。

第七十七条 电子商务经营者违反本法第十八条第一款规定提供搜索结果，或者违反本法第十九条规定搭售商品、服务的，由市场监督管理部门责令限期改正，没收违法所得，可以并处五万元以上二十万元以下的罚款；情节严重的，并处二十万元以上五十万元以下的罚款。

第七十八条 电子商务经营者违反本法第二十一条规定，未向消费者明示押金退还的方式、程序，对押金退还设置不合理条件，或者不及时退还押金的，由有关主管部门责令限期改正，可以处五万元以上二十万元以下的罚款；情节严重的，处二十万元以上五十万元以下的罚款。

第七十九条 电子商务经营者违反法律、行政法规有关个人信息保护的规定，或者不履行本法第三十条和有关法律、行政法规规定的网络安全保障义务的，依照《中华人民共和国网络安全法》等法律、行政法规的规定处罚。

第八十条 电子商务平台经营者有下列行为之一的，由有关主管部门责令限期改正；逾期不改正的，处二万元以上十万元以下的罚款；情节严重的，责令停业整顿，并处十万元以上五十万元以下的罚款：

（一）不履行本法第二十七条规定的核验、登记义务的；

（二）不按照本法第二十八条规定向市场监督管理部门、税务部门报送有关信息的；

（三）不按照本法第二十九条规定对违法情形采取必要的处置措施，或者未向有关主管部门报告的；

（四）不履行本法第三十一条规定的商品和服务信息、交易信息保存义务的。

法律、行政法规对前款规定的违法行为的处罚另有规定的，依照其规定。

第八十一条　电子商务平台经营者违反本法规定，有下列行为之一的，由市场监督管理部门责令限期改正，可以处二万元以上十万元以下的罚款；情节严重的，处十万元以上五十万元以下的罚款：

（一）未在首页显著位置持续公示平台服务协议、交易规则信息或者上述信息的链接标识的；

（二）修改交易规则未在首页显著位置公开征求意见，未按照规定的时间提前公示修改内容，或者阻止平台内经营者退出的；

（三）未以显著方式区分标记自营业务和平台内经营者开展的业务的；

（四）未为消费者提供对平台内销售的商品或者提供的服务进行评价的途径，或者擅自删除消费者的评价的。

电子商务平台经营者违反本法第四十条规定，对竞价排名的商品或者服务未显著标明“广告”的，依照《中华人民共和国广告法》的规定处罚。

第八十二条　电子商务平台经营者违反本法第三十五条规定，对平台内经营者在平台内的交易、交易价格或者与其他经营者的交易等进行不合理限制或者附加不合理条件，或者向平台内经营者收取不合理费用的，由市场监督管理部门责令限期改正，可以处五万元以上五十万元以下的罚款；情节严重的，处五十万元以上二百万元以下的罚款。

第八十三条　电子商务平台经营者违反本法第三十八条规定，对平台内经营者侵害消费者合法权益行为未采取必要措施，或者对平台内经营者未尽到资质资格审核义务，或者对消费者未尽到安全保障义务的，由市场监督管理部门理部门责令限期改正，可以处五万元以上五十万元以下的罚款；情节严重的，责令停业整顿，并处五十万元以上二百万元以下的罚款。

第八十四条　电子商务平台经营者违反本法第四十二条、第四十五条规定，对平台内经营者实施侵犯知识产权行为未依法采取必要措施的，由有关知识产权行政部门责令限期改正；逾期不改正的，处五万元以上五十万元以下的罚款；情节严重的，处五十万元以上二百万元以下的罚款。

第八十五条　电子商务经营者违反本法规定，销售的商品或者提供的服务不符合保障人身、财产安全的要求，实施虚假或者引人误解的商业宣传等不正当竞争行为，滥用市场支配地位，或者实施侵犯知识产权、侵害消费者权益等行为的，依照有关法律的规定处罚。

第八十六条　电子商务经营者有本法规定的违法行为的，依照有关法律、行政法规的规定记入信用档案，并予以公示。

第八十七条　依法负有电子商务监督管理职责的部门的工作人员，玩忽职守、滥用职权、徇私舞弊，或者泄露、出售或者非法向他人提供在履行职责中所知悉的个人信息、隐私和商业秘密的，依法追究法律责任。

第八十八条　违反本法规定，构成违反治安管理行为的，依法给予治安管理处罚；构成犯罪的，依法追究刑事责任。

第七章　附　则

第八十九条　本法自 2019 年 1 月 1 日起施行。

附录三　网络交易监督管理办法

网络交易监督管理办法

（2021 年 3 月 15 日国家市场监督管理总局令第 37 号公布）

第一章　总　则

第一条　为了规范网络交易活动，维护网络交易秩序，保障网络交易各方主体合法权益，促进数字经济持续健康发展，根据有关法律、行政法规，制定本办法。

第二条　在中华人民共和国境内，通过互联网等信息网络（以下简称通过网络）销售商品或者提供服务的经营活动以及市场监督管理部门对其进行监督管理，适用本办法。

在网络社交、网络直播等信息网络活动中销售商品或者提供服务的经营活动，适用本办法。

第三条　网络交易经营者从事经营活动，应当遵循自愿、平等、公平、诚信原则，遵守法律、法规、规章和商业道德、公序良俗，公平参与市场竞争，认真履行法定义务，积极承担主体责任，接受社会各界监督。

第四条　网络交易监督管理坚持鼓励创新、包容审慎、严守底线、线上线下一体化监管的原则。

第五条　国家市场监督管理总局负责组织指导全国网络交易监督管理工作。

县级以上地方市场监督管理部门负责本行政区域内的网络交易监督管理工作。

第六条　市场监督管理部门引导网络交易经营者、网络交易行业组织、消费者组织、消费者共同参与网络交易市场治理，推动完善多元参与、有效协同、规范有序的网络交易市场治理体系。

第二章　网络交易经营者

第一节　一般规定

第七条　本办法所称网络交易经营者，是指组织、开展网络交易活动的自然人、法人和非法人组织，包括网络交易平台经营者、平台内经营者、自建网站经营者以及通过其他网络服务开展网络交易活动的网络交易经营者。

本办法所称网络交易平台经营者，是指在网络交易活动中为交易双方或者多方提供网络经营场所、交易撮合、信息发布等服务，供交易双方或者多方独立开展网络交易活动的法人或者非法人组织。

本办法所称平台内经营者，是指通过网络交易平台开展网络交易活动的网络交易经营者。

网络社交、网络直播等网络服务提供者为经营者提供网络经营场所、商品浏览、订单生成、在线支付等网络交易平台服务的，应当依法履行网络交易平台经营者的义务。通过上述网络交易平台服务开展网络交易活动的经营者，应当依法履行平台内经营者的义务。

第八条　网络交易经营者不得违反法律、法规、国务院决定的规定，从事无证无照经营。除《中华人民共和国电子商务法》第十条规定的不需要进行登记的情形外，网络交易经营者应当依法办理市场主体登记。

个人通过网络从事保洁、洗涤、缝纫、理发、搬家、配制钥匙、管道疏通、家电家具修理修配等依法无须取得许可的便民劳务活动，依照《中华人民共和国电子商务法》第十条的规定不需要进行登记。

个人从事网络交易活动，年交易额累计不超过 10 万元的，依照《中华人民共和国电子商务法》第十条的规定不需要进行登记。同一经营者在同一平台或者不同平台开设多家网店的，各网店交易额合并计算。个人从事的零星小额交易须依法取得行政许可的，应当依法办理市场主体登记。

第九条　仅通过网络开展经营活动的平台内经营者申请登记为个体工商户的，可以将网络经营场所登记为经营场所，将经常居住地登记为住所，其住所所在地的县、自治县、不设区的市、市辖区市场监督管理部门为其登记机关。同一经营者有两个以上网络经营场所的，应当一并登记。

第十条　平台内经营者申请将网络经营场所登记为经营场所的，由其入驻的网络交易平台为其出具符合登记机关要求的网络经营场所相关材料。

第十一条　网络交易经营者销售的商品或者提供的服务应当符合保障人身、财产安全的要求和环境保护要求，不得销售或者提供法律、行政法规禁止交易，损害国家利益和社会公共利益，违背公序良俗的商品或者服务。

第十二条　网络交易经营者应当在其网站首页或者从事经营活动的主页面显著位置，持续公示经营者主体信息或者该信息的链接标识。鼓励网络交易经营者链接到国家市场监督管理总局电子营业执照亮照系统，公示其营业执照信息。

已经办理市场主体登记的网络交易经营者应当如实公示下列营业执照信息以及与其经营业务有关的行政许可等信息，或者该信息的链接标识：

（一）企业应当公示其营业执照登载的统一社会信用代码、名称、企业类型、法定代表人（负责人）、住所、注册资本（出资额）等信息；

（二）个体工商户应当公示其营业执照登载的统一社会信用代码、名称、经营者姓名、经营场所、组成形式等信息；

（三）农民专业合作社、农民专业合作社联合社应当公示其营业执照登载的统一社会信用代码、名称、法定代表人、住所、成员出资总额等信息。

依照《中华人民共和国电子商务法》第十条规定不需要进行登记的经营者应当根据自身实际经营活动类型，如实公示以下自我声明以及实际经营地址、联系方式等信息，或者该信息的链接标识：

（一）“个人销售自产农副产品，依法不需要办理市场主体登记”；

（二）“个人销售家庭手工业产品，依法不需要办理市场主体登记”；

（三）“个人利用自己的技能从事依法无须取得许可的便民劳务活动，依法不需要办理市场主体登记”；

（四）“个人从事零星小额交易活动，依法不需要办理市场主体登记”。

网络交易经营者公示的信息发生变更的，应当在十个工作日内完成更新公示。

第十三条　网络交易经营者收集、使用消费者个人信息，应当遵循合法、正当、必要的原则，明示收集、使用信息的目的、方式和范围，并经消费者同意。网络交易经营者收集、使用消费者个人信息，应当公开其收集、使用规则，不得违反法律、法规的规定和双方的约定收集、使用信息。

网络交易经营者不得采用一次概括授权、默认授权、与其他授权捆绑、停止安装使用等方式，强迫或者变相强迫消费者同意收集、使用与经营活动无直接关系的信息。收集、使用个人生物特征、医疗健康、金融账户、个人行踪等敏感信息的，应当逐项取得消费者同意。

网络交易经营者及其工作人员应当对收集的个人信息严格保密，除依法配合监管执法活动外，未经被收集者授权同意，不得向包括关联方在内的任何第三方提供。

第十四条　网络交易经营者不得违反《中华人民共和国反不正当竞争法》等规定，实施扰乱市场竞争秩序，损害其他经营者或者消费者合法权益的不正当竞争行为。

网络交易经营者不得以下列方式，作虚假或者引人误解的商业宣传，欺骗、误导消费者：

（一）虚构交易、编造用户评价；

（二）采用误导性展示等方式，将好评前置、差评后置，或者不显著区分不同商品或者服务的评价等；

（三）采用谎称现货、虚构预订、虚假抢购等方式进行虚假营销；

（四）虚构点击量、关注度等流量数据，以及虚构点赞、打赏等交易互动数据。

网络交易经营者不得实施混淆行为，引人误认为是他人商品、服务或者与他人存在特定联系。

网络交易经营者不得编造、传播虚假信息或者误导性信息，损害竞争对手的商业信誉、商品声誉。

第十五条　消费者评价中包含法律、行政法规、规章禁止发布或者传输的信息的，网络交易经营者可以依法予以技术处理。

第十六条　网络交易经营者未经消费者同意或者请求，不得向其发送商业性信息。

网络交易经营者发送商业性信息时，应当明示其真实身份和联系方式，并向消费者提供显著、简便、免费的拒绝继续接收的方式。消费者明确表示拒绝的，应当立即停止发送，不得更换名义后再次发送。

第十七条　网络交易经营者以直接捆绑或者提供多种可选项方式向消费者搭售商品或者服务的，应当以显著方式提醒消费者注意。提供多种可选项方式的，不得将搭售商品或者服务的任何选项设定为消费者默认同意，不得将消费者以往交易中选择的选项在后续独立交易中设定为消费者默认选择。

第十八条　网络交易经营者采取自动展期、自动续费等方式提供服务的，应当在消费者接受服务前和自动展期、自动续费等日期前五日，以显著方式提请消费者注意，由消费者自主选择；在服务期间内，应当为消费者提供显著、简便的随时取消或者变更的选项，并不得收取不合理费用。

第十九条　网络交易经营者应当全面、真实、准确、及时地披露商品或者服务信息，保障消费者的知情权和选择权。

第二十条　通过网络社交、网络直播等网络服务开展网络交易活动的网络交易经营者，应当以显著方式展示商品或者服务及其实际经营主体、售后服务等信息，或者上述信息的链接标识。

网络直播服务提供者对网络交易活动的直播视频保存时间自直播结束之日起不少于三年。

第二十一条　网络交易经营者向消费者提供商品或者服务使用格式条款、通知、声明等的，应当以显著方式提请消费者注意与消费者有重大利害关系的内容，并按照消费者的要求予以说明，不得作出含有下列内容的规定：

（一）免除或者部分免除网络交易经营者对其所提供的商品或者服务应当承担的修理、重作、更换、退货、补足商品数量、退还货款和服务费用、赔偿损失等责任；

（二）排除或者限制消费者提出修理、更换、退货、赔偿损失以及获得违约金和其他合理赔偿的权利；

（三）排除或者限制消费者依法投诉、举报、请求调解、申请仲裁、提起诉讼的权利；

（四）排除或者限制消费者依法变更或者解除合同的权利；

（五）规定网络交易经营者单方享有解释权或者最终解释权；

（六）其他对消费者不公平、不合理的规定。

第二十二条　网络交易经营者应当按照国家市场监督管理总局及其授权的省级市场监督管理部门的要求，提供特定时段、特定品类、特定区域的商品或者服务的价格、销量、销售额等数据信息。

第二十三条　网络交易经营者自行终止从事网络交易活动的，应当提前三十日在其网站首页或者从事经营活动的主页面显著位置，持续公示终止网络交易活动公告等有关信息，并采取合理、必要、及时的措施保障消费者和相关经营者的合法权益。

第二节　网络交易平台经营者

第二十四条　网络交易平台经营者应当要求申请进入平台销售商品或者提供服务的经营者提交其身份、地址、联系方式、行政许可等真实信息，进行核验、登记，建立登记档案，并至少每六个月核验更新一次。

网络交易平台经营者应当对未办理市场主体登记的平台内经营者进行动态监测，对超过本办法第八条第三款规定额度的，及时提醒其依法办理市场主体登记。

第二十五条　网络交易平台经营者应当依照法律、行政法规的规定，向市场监督管理部门报送有关信息。

网络交易平台经营者应当分别于每年 1 月和 7 月向住所地省级市场监督管理部门报送平台内经营者的下列身份信息：

（一）已办理市场主体登记的平台内经营者的名称（姓名）、统一社会信用代码、实际经营地址、联系方式、网店名称以及网址链接等信息；

（二）未办理市场主体登记的平台内经营者的姓名、身份证件号码、实际经营地址、联系方式、网店名称以及网址链接、属于依法不需要办理市场主体登记的具体情形的自我声明等信息；其中，对超过本办法第八条第三款规定额度的平台内经营者进行特别标示。

鼓励网络交易平台经营者与市场监督管理部门建立开放数据接口等形式的自动化信息报送机制。

第二十六条　网络交易平台经营者应当为平台内经营者依法履行信息公示义务提供技术支持。平台内经营者公示的信息发生变更的，应当在三个工作日内将变更情况报送平台，平台应当在七个工作日内进行核验，完成更新公示。

第二十七条　网络交易平台经营者应当以显著方式区分标记已办理市场主体登记的经营者和未办理市场主体登记的经营者，确保消费者能够清晰辨认。

第二十八条　网络交易平台经营者修改平台服务协议和交易规则的，应当完整保存修改后的版本生效之日前三年的全部历史版本，并保证经营者和消费者能够便利、完整地阅览和下载。

第二十九条　网络交易平台经营者应当对平台内经营者及其发布的商品或者服务信息建立检查监控制度。网络交易平台经营者发现平台内的商品或者服务信息有违反市场监督管理法律、法规、规章，损害国家利益和社会公共利益，违背公序良俗的，应当依法采取必要的处置措施，保存有关记录，并向平台住所地县级以上市场监督管理部门报告。

第三十条　网络交易平台经营者依据法律、法规、规章的规定或者平台服务协议和交易规则对平台内经营者违法行为采取警示、暂停或者终止服务等处理措施的，应当自决定作出处理措施之日起一个工作日内予以公示，载明平台内经营者的网店名称、违法行为、处理措施等信息。警示、暂停服务等短期处理措施的相关信息应当持续公示至处理措施实施期满之日止。

第三十一条　网络交易平台经营者对平台内经营者身份信息的保存时间自其退出平台之日起不少于三年；对商品或者服务信息，支付记录、物流快递、退换货以及售后等交易信息的保存时间自交易完成之日起不少于三年。法律、行政法规另有规定的，依照其规定。

第三十二条　网络交易平台经营者不得违反《中华人民共和国电子商务法》第三十五条的规定，对平台内经营者在平台内的交易、交易价格以及与其他经营者的交易等进行不合理限制或者附加不合理条件，干涉平台内经营者的自主经营。具体包括：

（一）通过搜索降权、下架商品、限制经营、屏蔽店铺、提高服务收费等方式，禁止或者限制平台内经营者自主选择在多个平台开展经营活动，或者利用不正当手段限制其仅在特定平台开展经营活动；

（二）禁止或者限制平台内经营者自主选择快递物流等交易辅助服务提供者；

（三）其他干涉平台内经营者自主经营的行为。

第三章　监督管理

第三十三条　县级以上地方市场监督管理部门应当在日常管理和执法活动中加强协同配合。

网络交易平台经营者住所地省级市场监督管理部门应当根据工作需要，及时将掌握的平台内经营者身份信息与其实际经营地的省级市场监督管理部门共享。

第三十四条　市场监督管理部门在依法开展监督检查、案件调查、事故处置、缺陷消费品召回、消费争议处理等监管执法活动时，可以要求网络交易平台经营者提供有关的平台内经营者身份信息，商品或者服务信息，支付记录、物流快递、退换货以及售后等交易信息。网络交易平台经营者应当提供，并在技术方面积极配合市场监督管理部门开展网络交易违法行为监测工作。

为网络交易经营者提供宣传推广、支付结算、物流快递、网络接入、服务器托管、虚拟主机、云服务、网站网页设计制作等服务的经营者（以下简称其他服务提供者），应当及时协助市场监督管理部门依法查处网络交易违法行为，提供其掌握的有关数据信息。法律、行政法规另有规定的，依照其规定。

市场监督管理部门发现网络交易经营者有违法行为，依法要求网络交易平台经营者、其他服务提供者采取措施制止的，网络交易平台经营者、其他服务提供者应当予以配合。

第三十五条　市场监督管理部门对涉嫌违法的网络交易行为进行查处时，

可以依法采取下列措施：

（一）对与涉嫌违法的网络交易行为有关的场所进行现场检查；

（二）查阅、复制与涉嫌违法的网络交易行为有关的合同、票据、账簿等有关资料；

（三）收集、调取、复制与涉嫌违法的网络交易行为有关的电子数据；

（四）询问涉嫌从事违法的网络交易行为的当事人；

（五）向与涉嫌违法的网络交易行为有关的自然人、法人和非法人组织调查了解有关情况；

（六）法律、法规规定可以采取的其他措施。

采取前款规定的措施，依法需要报经批准的，应当办理批准手续。

市场监督管理部门对网络交易违法行为的技术监测记录资料，可以作为实施行政处罚或者采取行政措施的电子数据证据。

第三十六条　市场监督管理部门应当采取必要措施保护网络交易经营者提供的数据信息的安全，并对其中的个人信息、隐私和商业秘密严格保密。

第三十七条　市场监督管理部门依法对网络交易经营者实施信用监管，将网络交易经营者的注册登记、备案、行政许可、抽查检查结果、行政处罚、列入经营异常名录和严重违法失信企业名单等信息，通过国家企业信用信息公示系统统一归集并公示。对存在严重违法失信行为的，依法实施联合惩戒。

前款规定的信息还可以通过市场监督管理部门官方网站、网络搜索引擎、经营者从事经营活动的主页面显著位置等途径公示。

第三十八条　网络交易经营者未依法履行法定责任和义务，扰乱或者可能扰乱网络交易秩序，影响消费者合法权益的，市场监督管理部门可以依职责对其法定代表人或者主要负责人进行约谈，要求其采取措施进行整改。

第四章　法律责任

第三十九条　法律、行政法规对网络交易违法行为的处罚已有规定的，依照其规定。

第四十条　网络交易平台经营者违反本办法第十条，拒不为入驻的平台内经营者出具网络经营场所相关材料的，由市场监督管理部门责令限期改正；

逾期不改正的，处一万元以上三万元以下罚款。

第四十一条　网络交易经营者违反本办法第十一条、第十三条、第十六条、第十八条，法律、行政法规有规定的，依照其规定；法律、行政法规没有规定的，由市场监督管理部门依职责责令限期改正，可以处五千元以上三万元以下罚款。

第四十二条　网络交易经营者违反本办法第十二条、第二十三条，未履行法定信息公示义务的，依照《中华人民共和国电子商务法》第七十六条的规定进行处罚。对其中的网络交易平台经营者，依照《中华人民共和国电子商务法》第八十一条第一款的规定进行处罚。

第四十三条　网络交易经营者违反本办法第十四条的，依照《中华人民共和国反不正当竞争法》的相关规定进行处罚。

第四十四条　网络交易经营者违反本办法第十七条的，依照《中华人民共和国电子商务法》第七十七条的规定进行处罚。

第四十五条　网络交易经营者违反本办法第二十条，法律、行政法规有规定的，依照其规定；法律、行政法规没有规定的，由市场监督管理部门责令限期改正；逾期不改正的，处一万元以下罚款。

第四十六条　网络交易经营者违反本办法第二十二条的，由市场监督管理部门责令限期改正；逾期不改正的，处五千元以上三万元以下罚款。

第四十七条　网络交易平台经营者违反本办法第二十四条第一款、第二十五条第二款、第三十一条，不履行法定核验、登记义务，有关信息报送义务，商品和服务信息、交易信息保存义务的，依照《中华人民共和国电子商务法》第八十条的规定进行处罚。

第四十八条　网络交易平台经营者违反本办法第二十七条、第二十八条、第三十条的，由市场监督管理部门责令限期改正；逾期不改正的，处一万元以上三万元以下罚款。

第四十九条　网络交易平台经营者违反本办法第二十九条，法律、行政法规有规定的，依照其规定；法律、行政法规没有规定的，由市场监督管理部门依职责责令限期改正，可以处一万元以上三万元以下罚款。

第五十条　网络交易平台经营者违反本办法第三十二条的，依照《中华人民共和国电子商务法》第八十二条的规定进行处罚。

第五十一条　网络交易经营者销售商品或者提供服务，不履行合同义务或者履行合同义务不符合约定，或者造成他人损害的，依法承担民事责任。

第五十二条　网络交易平台经营者知道或者应当知道平台内经营者销售的商品或者提供的服务不符合保障人身、财产安全的要求，或者有其他侵害消费者合法权益行为，未采取必要措施的，依法与该平台内经营者承担连带责任。

对关系消费者生命健康的商品或者服务，网络交易平台经营者对平台内经营者的资质资格未尽到审核义务，或者对消费者未尽到安全保障义务，造成消费者损害的，依法承担相应的责任。

第五十三条　对市场监督管理部门依法开展的监管执法活动，拒绝依照本办法规定提供有关材料、信息，或者提供虚假材料、信息，或者隐匿、销毁、转移证据，或者有其他拒绝、阻碍监管执法行为，法律、行政法规、其他市场监督管理部门规章有规定的，依照其规定；法律、行政法规、其他市场监督管理部门规章没有规定的，由市场监督管理部门责令改正，可以处五千元以上三万元以下罚款。

第五十四条　市场监督管理部门的工作人员，玩忽职守、滥用职权、徇私舞弊，或者泄露、出售或者非法向他人提供在履行职责中所知悉的个人信息、隐私和商业秘密的，依法追究法律责任。

第五十五条　违反本办法规定，构成犯罪的，依法追究刑事责任。

第五章　附　则

第五十六条　本办法自 2021 年 5 月 1 日起施行。2014 年 1 月 26 日原国家工商行政管理总局令第 60 号公布的《网络交易管理办法》同时废止。

附录四　政府采购框架协议采购方式管理暂行办法

第一章　总　则

第一条　为了规范多频次、小额度采购活动，提高政府采购项目绩效，根据《中华人民共和国政府采购法》、《中华人民共和国政府采购法实施条例》等法律法规规定，制定本办法。

第二条　本办法所称框架协议采购，是指集中采购机构或者主管预算单位对技术、服务等标准明确、统一，需要多次重复采购的货物和服务，通过公开征集程序，确定第一阶段入围供应商并订立框架协议，采购人或者服务对象按照框架协议约定规则，在入围供应商范围内确定第二阶段成交供应商并订立采购合同的采购方式。

前款所称主管预算单位是指负有编制部门预算职责，向本级财政部门申报预算的国家机关、事业单位和团体组织。

第三条　符合下列情形之一的，可以采用框架协议采购方式采购：

（一）集中采购目录以内品目，以及与之配套的必要耗材、配件等，属于小额零星采购的；

（二）集中采购目录以外，采购限额标准以上，本部门、本系统行政管理所需的法律、评估、会计、审计等鉴证咨询服务，属于小额零星采购的；

（三）集中采购目录以外，采购限额标准以上，为本部门、本系统以外的服务对象提供服务的政府购买服务项目，需要确定 2 家以上供应商由服务对象自主选择的；

（四）国务院财政部门规定的其他情形。

前款所称采购限额标准以上，是指同一品目或者同一类别的货物、服务年度采购预算达到采购限额标准以上。

属于本条第一款第二项情形，主管预算单位能够归集需求形成单一项目进行采购，通过签订时间、地点、数量不确定的采购合同满足需求的，不得采用框架协议采购方式。

第四条　框架协议采购包括封闭式框架协议采购和开放式框架协议采购。

封闭式框架协议采购是框架协议采购的主要形式。除法律、行政法规或者本办法另有规定外，框架协议采购应当采用封闭式框架协议采购。

第五条　集中采购目录以内品目以及与之配套的必要耗材、配件等，采用框架协议采购的，由集中采购机构负责征集程序和订立框架协议。

集中采购目录以外品目采用框架协议采购的，由主管预算单位负责征集程序和订立框架协议。其他预算单位确有需要的，经其主管预算单位批准，可以采用框架协议采购方式采购。其他预算单位采用框架协议采购方式采购的，应当遵守本办法关于主管预算单位的规定。

主管预算单位可以委托采购代理机构代理框架协议采购，采购代理机构应当在委托的范围内依法开展采购活动。

集中采购机构、主管预算单位及其委托的采购代理机构，本办法统称征集人。

第六条　框架协议采购遵循竞争择优、讲求绩效的原则，应当有明确的采购标的和定价机制，不得采用供应商符合资格条件即入围的方法。

第七条　框架协议采购应当实行电子化采购。

第八条　集中采购机构采用框架协议采购的，应当拟定采购方案，报本级财政部门审核后实施。主管预算单位采用框架协议采购的，应当在采购活动开始前将采购方案报本级财政部门备案。

第二章　一般规定

第九条　封闭式框架协议采购是指符合本办法第三条规定情形，通过公开竞争订立框架协议后，除经过框架协议约定的补充征集程序外，不得增加协议供应商的框架协议采购。

封闭式框架协议的公开征集程序，按照政府采购公开招标的规定执行，本办法另有规定的，从其规定。

第十条　开放式框架协议采购是指符合本条第二款规定情形，明确采购需求和付费标准等框架协议条件，愿意接受协议条件的供应商可以随时申请加入的框架协议采购。开放式框架协议的公开征集程序，按照本办法规定执行。

符合下列情形之一的，可以采用开放式框架协议采购：

（一）本办法第三条第一款第一项规定的情形，因执行政府采购政策不宜淘汰供应商的，或者受基础设施、行政许可、知识产权等限制，供应商数量在 3 家以下且不宜淘汰供应商的；

（二）本办法第三条第一款第三项规定的情形，能够确定统一付费标准，因地域等服务便利性要求，需要接纳所有愿意接受协议条件的供应商加入框架协议，以供服务对象自主选择的。

第十一条　集中采购机构或者主管预算单位应当确定框架协议采购需求。框架协议采购需求在框架协议有效期内不得变动。

确定框架协议采购需求应当开展需求调查，听取采购人、供应商和专家等意见。面向采购人和供应商开展需求调查时，应当选择具有代表性的调查对象，调查对象一般各不少于 3 个。

第十二条　框架协议采购需求应当符合以下规定：

（一）满足采购人和服务对象实际需要，符合市场供应状况和市场公允标准，在确保功能、性能和必要采购要求的情况下促进竞争；

（二）符合预算标准、资产配置标准等有关规定，厉行节约，不得超标准采购；

（三）按照《政府采购品目分类目录》，将采购标的细化到底级品目，并细分不同等次、规格或者标准的采购需求，合理设置采购包；

（四）货物项目应当明确货物的技术和商务要求，包括功能、性能、材料、结构、外观、安全、包装、交货期限、交货的地域范围、售后服务等；

（五）服务项目应当明确服务内容、服务标准、技术保障、服务人员组成、服务交付或者实施的地域范围，以及所涉及的货物的质量标准、服务工作量的计量方式等。

第十三条　集中采购机构或者主管预算单位应当在征集公告和征集文件中确定框架协议采购的最高限制单价。征集文件中可以明确量价关系折扣，即达到一定采购数量，价格应当按照征集文件中明确的折扣降低。在开放式框架协议中，付费标准即为最高限制单价。

最高限制单价是供应商第一阶段响应报价的最高限价。入围供应商第一阶段响应报价（有量价关系折扣的，包括量价关系折扣，以下统称协议价格）是采购人或者服务对象确定第二阶段成交供应商的最高限价。

确定最高限制单价时，有政府定价的，执行政府定价；没有政府定价的，应当通过需求调查，并根据需求标准科学确定，属于本办法第十条第二款第一项规定情形的采购项目，需要订立开放式框架协议的，与供应商协商确定。

货物项目单价按照台（套）等计量单位确定，其中包含售后服务等相关服务费用。服务项目单价按照单位采购标的价格或者人工单价等确定。服务项目所涉及的货物的费用，能够折算入服务项目单价的应当折入，需要按实结算的应当明确结算规则。

第十四条　框架协议应当包括以下内容：

（一）集中采购机构或者主管预算单位以及入围供应商的名称、地址和联系方式；

（二）采购项目名称、编号；

（三）采购需求以及最高限制单价；

（四）封闭式框架协议第一阶段的入围产品详细技术规格或者服务内容、服务标准，协议价格；

（五）入围产品升级换代规则；

（六）确定第二阶段成交供应商的方式；

（七）适用框架协议的采购人或者服务对象范围，以及履行合同的地域范围；

（八）资金支付方式、时间和条件；

（九）采购合同文本，包括根据需要约定适用的简式合同或者具有合同性质的凭单、订单；

（十）框架协议期限；

（十一）入围供应商清退和补充规则；

（十二）协议方的权利和义务；

（十三）需要约定的其他事项。

第十五条　集中采购机构或者主管预算单位应当根据工作需要和采购标的市场供应及价格变化情况，科学合理确定框架协议期限。货物项目框架协议有效期一般不超过 1 年，服务项目框架协议有效期一般不超过 2 年。

第十六条　集中采购机构或者主管预算单位应当根据框架协议约定，组织落实框架协议的履行，并履行下列职责：

（一）为第二阶段合同授予提供工作便利；

（二）对第二阶段最高限价和需求标准执行情况进行管理；

（三）对第二阶段确定成交供应商情况进行管理；

（四）根据框架协议约定，在质量不降低、价格不提高的前提下，对入围供应商因产品升级换代、用新产品替代原入围产品的情形进行审核；

（五）建立用户反馈和评价机制，接受采购人和服务对象对入围供应商履行框架协议和采购合同情况的反馈与评价，并将用户反馈和评价情况向采购人和服务对象公开，作为第二阶段直接选定成交供应商的参考；

（六）公开封闭式框架协议的第二阶段成交结果；

（七）办理入围供应商清退和补充相关事宜。

第十七条　采购人或者服务对象采购框架协议约定的货物、服务，应当将第二阶段的采购合同授予入围供应商，但是本办法第三十七条另有规定的除外。

同一框架协议采购应当使用统一的采购合同文本，采购人、服务对象和供应商不得擅自改变框架协议约定的合同实质性条款。

第十八条　货物项目框架协议的入围供应商应当为入围产品生产厂家或者生产厂家唯一授权供应商。入围供应商可以委托一家或者多家代理商，按照框架协议约定接受采购人合同授予，并履行采购合同。入围供应商应当在框架协议中提供委托协议和委托的代理商名单。

第十九条　入围供应商有下列情形之一，尚未签订框架协议的，取消其入围资格；已经签订框架协议的，解除与其签订的框架协议：

（一）恶意串通谋取入围或者合同成交的；

（二）提供虚假材料谋取入围或者合同成交的；

（三）无正当理由拒不接受合同授予的；

（四）不履行合同义务或者履行合同义务不符合约定，经采购人请求履行后仍不履行或者仍未按约定履行的；

（五）框架协议有效期内，因违法行为被禁止或限制参加政府采购活动的；

（六）框架协议约定的其他情形。

被取消入围资格或者被解除框架协议的供应商不得参加同一封闭式框架协议补充征集，或者重新申请加入同一开放式框架协议。

第二十条　封闭式框架协议入围供应商无正当理由，不得主动放弃入围资格或者退出框架协议。

开放式框架协议入围供应商可以随时申请退出框架协议。集中采购机构或者主管预算单位应当在收到退出申请 2 个工作日内，发布入围供应商退出公告。

第二十一条　征集人应当建立真实完整的框架协议采购档案，妥善保存每项采购活动的采购文件资料。除征集人和采购人另有约定外，合同授予的采购文件资料由采购人负责保存。

采购档案可以采用电子形式保存，电子档案和纸质档案具有同等效力。

第三章　封闭式框架协议采购

第一节　封闭式框架协议的订立

第二十二条　征集人应当发布征集公告。征集公告应当包括以下主要内容：

（一）征集人的名称、地址、联系人和联系方式；

（二）采购项目名称、编号，采购需求以及最高限制单价，适用框架协议的采购人或者服务对象范围，能预估采购数量的，还应当明确预估采购数量；

（三）供应商的资格条件；

（四）框架协议的期限；

（五）获取征集文件的时间、地点和方式；

（六）响应文件的提交方式、提交截止时间和地点，开启方式、时间和地点；

（七）公告期限；

（八）省级以上财政部门规定的其他事项。

第二十三条　征集人应当编制征集文件。征集文件应当包括以下主要内容：

（一）参加征集活动的邀请；

（二）供应商应当提交的资格材料；

（三）资格审查方法和标准；

（四）采购需求以及最高限制单价；

（五）政府采购政策要求以及政策执行措施；

（六）框架协议的期限；

（七）报价要求；

（八）确定第一阶段入围供应商的评审方法、评审标准、确定入围供应商的淘汰率或者入围供应商数量上限和响应文件无效情形；

（九）响应文件的编制要求，提交方式、提交截止时间和地点，开启方式、时间和地点，以及响应文件有效期；

（十）拟签订的框架协议文本和采购合同文本；

（十一）确定第二阶段成交供应商的方式；

（十二）采购资金的支付方式、时间和条件；

（十三）入围产品升级换代规则；

（十四）用户反馈和评价机制；

（十五）入围供应商的清退和补充规则；

（十六）供应商信用信息查询渠道及截止时点、信用信息查询记录和证据留存的具体方式、信用信息的使用规则等；

（十七）采购代理机构代理费用的收取标准和方式；

（十八）省级以上财政部门规定的其他事项。

第二十四条　供应商应当按照征集文件要求编制响应文件，对响应文件的真实性和合法性承担法律责任。

供应商响应的货物和服务的技术、商务等条件不得低于采购需求，货物原则上应当是市场上已有销售的规格型号，不得是专供政府采购的产品。对货物项目每个采购包只能用一个产品进行响应，征集文件有要求的，应当同时对产品的选配件、耗材进行报价。服务项目包含货物的，响应文件中应当列明货物清单及质量标准。

第二十五条　确定第一阶段入围供应商的评审方法包括价格优先法和质量优先法。

价格优先法是指对满足采购需求且响应报价不超过最高限制单价的货物、服务，按照响应报价从低到高排序，根据征集文件规定的淘汰率或者入围供应商数量上限，确定入围供应商的评审方法。

质量优先法是指对满足采购需求且响应报价不超过最高限制单价的货物、服务进行质量综合评分，按照质量评分从高到低排序，根据征集文件规定的淘汰率或者入围供应商数量上限，确定入围供应商的评审方法。货物项目质量因素包括采购标的的技术水平、产品配置、售后服务等，服务项目质量因素包括服务内容、服务水平、供应商的履约能力、服务经验等。质量因素中的可量化指标应当划分等次，作为评分项；质量因素中的其他指标可以作为实质性要求，不得作为评分项。

有政府定价、政府指导价的项目，以及对质量有特别要求的检测、实验等仪器设备，可以采用质量优先法，其他项目应当采用价格优先法。

第二十六条　对耗材使用量大的复印、打印、实验、医疗等仪器设备进行框架协议采购的，应当要求供应商同时对 3 年以上约定期限内的专用耗材进行报价。评审时应当考虑约定期限的专用耗材使用成本，修正仪器设备的响应报价或者质量评分。

征集人应当在征集文件、框架协议和采购合同中规定，入围供应商在约定期限内，应当以不高于其报价的价格向适用框架协议的采购人供应专用耗材。

第二十七条　确定第一阶段入围供应商时，提交响应文件和符合资格条件、实质性要求的供应商应当均不少于 2 家，淘汰比例一般不得低于 20%，且至少淘汰一家供应商。

采用质量优先法的检测、实验等仪器设备采购，淘汰比例不得低于40%，且至少淘汰一家供应商。

第二十八条　入围结果公告应当包括以下主要内容：

（一）采购项目名称、编号；

（二）征集人的名称、地址、联系人和联系方式；

（三）入围供应商名称、地址及排序；

（四）最高入围价格或者最低入围分值；

（五）入围产品名称、规格型号或者主要服务内容及服务标准，入围单价；

（六）评审小组成员名单；

（七）采购代理服务收费标准及金额；

（八）公告期限；

（九）省级以上财政部门规定的其他事项。

第二十九条　集中采购机构或者主管预算单位应当在入围通知书发出之日起30日内和入围供应商签订框架协议，并在框架协议签订后7个工作日内，将框架协议副本报本级财政部门备案。

框架协议不得对征集文件确定的事项以及入围供应商的响应文件作实质性修改。

第三十条　征集人应当在框架协议签订后3个工作日内通过电子化采购系统将入围信息告知适用框架协议的所有采购人或者服务对象。

入围信息应当包括所有入围供应商的名称、地址、联系方式、入围产品信息和协议价格等内容。入围产品信息应当详细列明技术规格或者服务内容、服务标准等能反映产品质量特点的内容。

征集人应当确保征集文件和入围信息在整个框架协议有效期内随时可供公众查阅。

第三十一条　除剩余入围供应商不足入围供应商总数70%且影响框架协议执行的情形外，框架协议有效期内，征集人不得补充征集供应商。

征集人补充征集供应商的，补充征集规则应当在框架协议中约定，补充征集的条件、程序、评审方法和淘汰比例应当与初次征集相同。补充征集应当遵守原框架协议的有效期。补充征集期间，原框架协议继续履行。

第二节　采购合同的授予

第三十二条　确定第二阶段成交供应商的方式包括直接选定、二次竞价和顺序轮候。

直接选定方式是确定第二阶段成交供应商的主要方式。除征集人根据采购项目特点和提高绩效等要求，在征集文件中载明采用二次竞价或者顺序轮候方式外，确定第二阶段成交供应商应当由采购人或者服务对象依据入围产品价格、质量以及服务便利性、用户评价等因素，从第一阶段入围供应商中直接选定。

第三十三条　二次竞价方式是指以框架协议约定的入围产品、采购合同文本等为依据，以协议价格为最高限价，采购人明确第二阶段竞价需求，从入围供应商中选择所有符合竞价需求的供应商参与二次竞价，确定报价最低的为成交供应商的方式。

进行二次竞价应当给予供应商必要的响应时间。

二次竞价一般适用于采用价格优先法的采购项目。

第三十四条　顺序轮候方式是指根据征集文件中确定的轮候顺序规则，对所有入围供应商依次授予采购合同的方式。

每个入围供应商在一个顺序轮候期内，只有一次获得合同授予的机会。合同授予顺序确定后，应当书面告知所有入围供应商。除清退入围供应商和补充征集外，框架协议有效期内不得调整合同授予顺序。

顺序轮候一般适用于服务项目。

第三十五条　以二次竞价或者顺序轮候方式确定成交供应商的，征集人应当在确定成交供应商后 2 个工作日内逐笔发布成交结果公告。

成交结果单笔公告可以在省级以上财政部门指定的媒体上发布，也可以在开展框架协议采购的电子化采购系统发布，发布成交结果公告的渠道应当在征集文件或者框架协议中告知供应商。单笔公告应当包括以下主要内容：

（一）采购人的名称、地址和联系方式；

（二）框架协议采购项目名称、编号；

（三）成交供应商名称、地址和成交金额；

（四）成交标的名称、规格型号或者主要服务内容及服务标准、数量、单价；

（五）公告期限。

征集人应当在框架协议有效期满后10个工作日内发布成交结果汇总公告。汇总公告应当包括前款第一项、第二项内容和所有成交供应商的名称、地址及其成交合同总数和总金额。

第三十六条　框架协议采购应当订立固定价格合同。

根据实际采购数量和协议价格确定合同总价的，合同中应当列明实际采购数量或者计量方式，包括服务项目用于计算合同价的工日数、服务工作量等详细工作量清单。采购人应当要求供应商提供能证明其按照合同约定数量或者工作量清单履约的相关记录或者凭证，作为验收资料一并存档。

第三十七条　采购人证明能够以更低价格向非入围供应商采购相同货物，且入围供应商不同意将价格降至非入围供应商以下的，可以将合同授予非入围供应商。

采购项目适用前款规定的，征集人应当在征集文件中载明并在框架协议中约定。

采购人将合同授予非入围供应商的，应当在确定成交供应商后1个工作日内，将成交结果抄送征集人，由征集人按照单笔公告要求发布成交结果公告。采购人应当将相关证明材料和采购合同一并存档备查。

第四章　开放式框架协议采购

第三十八条　订立开放式框架协议的，征集人应当发布征集公告，邀请供应商加入框架协议。征集公告应当包括以下主要内容：

（一）本办法第二十二条第一项至四项和第二十三条第二项至三项、第十三项至十六项内容；

（二）订立开放式框架协议的邀请；

（三）供应商提交加入框架协议申请的方式、地点，以及对申请文件的要求；

（四）履行合同的地域范围、协议方的权利和义务、入围供应商的清退机制等框架协议内容；

（五）采购合同文本；

（六）付费标准，费用结算及支付方式；

（七）省级以上财政部门规定的其他事项。

第三十九条　征集公告发布后至框架协议期满前，供应商可以按照征集公告要求，随时提交加入框架协议的申请。征集人应当在收到供应商申请后7个工作日内完成审核，并将审核结果书面通知申请供应商。

第四十条　征集人应当在审核通过后2个工作日内，发布入围结果公告，公告入围供应商名称、地址、联系方式及付费标准，并动态更新入围供应商信息。

征集人应当确保征集公告和入围结果公告在整个框架协议有效期内随时可供公众查阅。

第四十一条　征集人可以根据采购项目特点，在征集公告中申明是否与供应商另行签订书面框架协议。申明不再签订书面框架协议的，发布入围结果公告，视为签订框架协议。

第四十二条　第二阶段成交供应商由采购人或者服务对象从第一阶段入围供应商中直接选定。

供应商履行合同后，依据框架协议约定的凭单、订单以及结算方式，与采购人进行费用结算。

第五章　法律责任

第四十三条　主管预算单位、采购人、采购代理机构违反本办法规定的，由财政部门责令限期改正；情节严重的，给予警告，对直接负责的主管人员和其他责任人员，由其行政主管部门或者有关机关依法给予处分，并予以通报。

第四十四条　违反本办法规定，经责令改正后仍然影响或者可能影响入围结果或者成交结果的，依照政府采购法等有关法律、行政法规处理。

第四十五条　供应商有本办法第十九条第一款第一项至三项情形之一，

以及无正当理由放弃封闭式框架协议入围资格或者退出封闭式框架协议的，依照政府采购法等有关法律、行政法规追究法律责任。

第四十六条　政府采购当事人违反本办法规定，给他人造成损失的，依法承担民事责任。

第四十七条　财政部门及其工作人员在履行监督管理职责中存在滥用职权、玩忽职守、徇私舞弊等违法违纪行为的，依法追究相应责任。

第六章　附　则

第四十八条　除本办法第三十五条规定外，本办法规定的公告信息，应当在省级以上财政部门指定的媒体上发布。

第四十九条　本办法规定按日计算期间的，开始当天不计入，从次日开始计算。期限的最后一日是国家法定节假日的，顺延到节假日后的次日为期限的最后一日。

第五十条　本办法所称的“以上”“以下”“内”“以内”“不少于”“不超过”，包括本数；所称的“不足”“低于”，不包括本数。

第五十一条　各省、自治区、直辖市财政部门可以根据本办法制定具体实施办法。第五十二条本办法自 2022 年 3 月 1 日起施行。

参考文献

［1］国家发展和改革委员会法规司．中华人民共和国招标投标法实施条例释义［M］．北京：中国计划出版社，2012.

［2］财政部国库司，等．《中华人民共和国政府采购法实施条例》释义［M］．北京：中国财政经济出版社，2015.

［3］胡志敏．全国公共资源交易法规与实务汇编［M］．北京：中国检察出版社，2018.

［4］陈川生．《国有企业采购操作规范》释义［M］．北京：中国财富出版社，2019.

［5］陈川生．《国有企业采购管理规范》释义［M］．北京：中国财富出版社，2020.

［6］陈川生．国有企业采购文件示范文本（商务部分）［M］．北京：中国财富出版社，2021.

［7］平庆忠．交易平台经济学［M］．北京：经济科学出版社，2019.

［8］韩方运．企业智慧采购模式探索［M］．北京：中国财富出版社，2021.

作者简介

主　编：平庆忠

中国招标投标公共服务平台原总经理、首席经济学家，中国物流与采购联合会公共采购专家委员会专家，中国招标投标协会专家，清华大学互联网产业研究院产业学者，中国人民大学公共资源交易研究中心特聘专家。

平庆忠先生还是中国电子招标投标系统检测认证技术委员会秘书长，中国网络安全审查技术与认证技术管理委员会委员，中央企业网络安全与信息化服务共享联盟智库专家委员，中国施工企业管理协会工程物资设备工作委员会专家委员，中国标准化协会常务理事，是《电子招标投标办法》《电子招标投标系统检测技术规范》《电子招标投标系统检测认证管理办法》《"互联网+"招标采购行动方案（2017—2019 年）》等多部法规和标准的主要起草人。

平庆忠先生曾任国家电子招标投标交易平台试点工作领导小组办公室主任，组织推动了我国电子招标投标交易平台网络和公共服务平台建设，为我国招标投标电子化、数字化作出了重要贡献，被授予"招标投标行业专家"荣誉称号。

现担任"国有企业网上商城采购交易操作规范"课题组专家组长、团体标准《国有企业网上商城采购交易操作规范》主要起草人。

副主编：彭新良

中国物流与采购联合会公共采购分会秘书长、采购与供应链管理专业委员会常务副主任，法学博士、对外经贸大学客座教授。兼任"国有企业采购管理与操作规范"课题组召集人、全国公共资源交易论坛组委会秘书长、团体标准《国有企业采购操作规范》和《国有企业采购管理规范》参与起草者、《〈国有企业采购操作规范〉释义》和《〈国有企业采购管理规范〉释义》副主编。

副主编：肖　政

信息工程博士，高级工程师，融通集团运营部处长。一直从事央企供应链管理、信息智能化领域系统规划建设及运营工作，在智慧供应链系统、产业“互联网+”等方面拥有较丰富的理论及实践经验，参与编制《国有企业采购操作规范》《国有企业网上商城采购交易操作规范》等多部标准文件。